Das mitwirkende Verschulden des Beschädigten

bei Schadensersatzansprüchen

nach dem

Bürgerlichen Gesetzbuch

von

Dr. Alfred Gottschalk.

Berlin 1903.
J. Guttentag, Verlagsbuchhandlung,
G. m. b. H.

Inhaltsverzeichnis.

Literatur.

v. Bar, Die Lehre vom Kausalzusammenhang im Rechte, besonders im Strafrechte, Leipzig 1871.

v. Bar, Zur Lehre von der Kulpa und dem Kausalzusammenhange im Straf- und Zivilrecht, in Grünhuts Zeitschrift für das Privat- und öffentliche Recht der Gegenwart Bd. 4 S. 21 ff.

Birkmeyer, Über Ursachenbegriff und Kausalzusammenhang im Strafrecht im Gerichtssaal Bd. 37 S. 257 ff. Auch als Sonderabdruck erschienen, Rostock; nach letzterem zitiert.

Bolze, Praxis des Reichsgerichts in Zivilsachen.

Broh, Abstrakte Schadensberechnung beim Verzuge des Verkäufers in der Deutschen Juristen-Zeitung Bd. VI S. 284.

v. Buri, Über Kausalität und deren Verantwortung. Leipzig 1873.

v. Buri, Die Kausalität und ihre strafrechtlichen Beziehungen im Gerichtssaal Bd. 37 (Beilageheft).

Cohn, Untersuchungen zu § 254 des Bürgerlichen Gesetzbuchs bei Gruchot Bd. 43.

Cosack, Lehrbuch des Bürgerlichen Rechts 3. Aufl. Bd. 1.

Crome, System des Deutschen Bürgerlichen Rechts Bd. 1.

Demelius, Über Kompensation der Kulpa in Jherings Jahrbüchern Bd. 5 S. 52 ff.

Dernburg, Pandekten 5. Aufl. 3 Bde.

Dernburg, Das Bürgerliche Recht des Deutschen Reichs und Preußens.

Deutsche Juristen-Zeitung, herausgegeben von Laband, Stenglein, Staub.

Eck, Vorträge über das Recht des Bürgerlichen Gesetzbuchs. Lieferung 2, herausgegeben von Leonhard. Berlin 1902.

Eck, Sammlung von Vorträgen über den Entwurf eines Bürgerlichen Gesetzbuchs, Allgemeiner Teil. Berlin 1896.

Eger, Reichshaftpflichtgesetz.

Endemann, Lehrbuch des Bürgerlichen Rechtes 8. Aufl. Bd. 1.

Endemann, Die Rechtswirkungen der Ablehnung einer Operation seitens des körperlich Verletzten. Berlin 1893.

Enneccerus-Lehmann, Das Bürgerliche Recht Bd. 1.

Entscheidungen des Reichsgerichts in Zivilsachen Bd. 1—52.

Entscheidungen des Reichsoberhandelsgerichts.

Hachenburg, Das Bürgerliche Gesetzbuch. Vorträge 2. Aufl. 1900.

Haß, Über die Verwertbarkeit des Gegensatzes von adäquatem und inadäquatem Kausalzusammenhang in der Lehre vom Interesse in Jherings Jahrbüchern Bd. 37 S. 327 ff.

Hellwig, Lehrbuch des Deutschen Zivilprozeßrechts Bd. I, Leipzig 1908.
Horn, Der Kausalitätsbegriff in der Philosophie und im Strafrecht.
v. Jecklin, Der Entwurf des BGB. bei Gruchot Bd. 36.
v. Ihering, Der Geist des römischen Rechts.
v. Ihering, Scherz und Ernst in der Jurisprudenz.
Juristische Wochenschrift. Organ des deutschen Anwaltvereins.
Knauer, Die höhere Gewalt im Reichsrecht. 1901.
Kohler, Studien aus dem Strafrecht Bd. 1.
Köhler, Umfang der Schadensersatzpflicht in Geld nach dem Bürgerlichen Gesetzbuch. Bonner Inaugural-Dissertation 1901.
v. Kries, Über den Begriff der objektiven Möglichkeit und einige Anwendungen desselben. Vierteljahrsschrift für wissenschaftliche Philosophie Bd. 12. Auch als Sonderabdruck erschienen; nach letzterem zitiert.
Labowsky, Eigenes Verschulden bei Schadensersatzansprüchen. Berlin 1899.
Lammasch, Handlung und Erfolg in Grünhuts Zeitschrift Bd. 9 S. 221 ff.
Laß und Maier, Haftpflichtrecht und Reichsversicherungsgesetzgebung 2. Aufl. München 1902.
Levison, Compensatio culpae. Bonner Inaugural-Dissertation. 1891.
v. Leyden, Die sogenannte Kulpakompensation nach dem Bürgerlichen Gesetzbuch, Berlin 1902.
Liepmann, Einleitung in das Strafrecht, Berlin 1901.
Linckelmann, Die Schadensersatzpflicht aus unerlaubten Handlungen nach dem Bürgerlichen Gesetzbuch für das Deutsche Reich. 1898.
v. Liszt, Lehrbuch des deutschen Strafrechts 10. Aufl.
v. Liszt, Die Deliktsobligationen im System des Bürgerlichen Gesetzbuchs. 1898.
Mill, Logik. Übersetzt von Schiel.
Mommsen, Beiträge zum Obligationenrecht. Bd. II, Zur Lehre vom Interesse.
Motive zum Entwurf eines Bürgerlichen Gesetzbuchs für das Deutsche Reich.
Motive zur Zivilprozeßordnung (Novelle vom 20. Mai 1898).
Nußbaum, Haftung für Hilfspersonen nach § 278 BGB. in Vergleichung mit dem Gemeinen und Landrecht. 1898.
Oertmann, Kommentar zum Bürgerlichen Gesetzbuch Bd. 2, Recht der Schuldverhältnisse.
Oertmann, Die Vorteilsausgleichung beim Schadensersatzanspruch im Römischen und Deutschen Bürgerlichen Recht. Berlin 1901.
Paech, Der Leistungsverzug, eine Studie zum Bürgerlichen Gesetzbuch. Berlin 1902.
Pernice, Marcus Antistius Labeo. Bd. 2, 1. 2. Aufl.
Pernice, Zur Lehre von den Sachbeschädigungen nach römischem Rechte. 1867.
Planck, Bürgerliches Gesetzbuch 6 Bde.
Priester, Compensatio culpae. Erlanger Inaugural-Dissertation. 1896.
Protokolle zum Bürgerlichen Gesetzbuch 2. Lesung (Spahn). 6 Bde.
Radbruch, Die Lehre von der adäquaten Verursachung in v. Liszt, Abhandlungen des kriminalistischen Seminars an der Universität Berlin. Neue Folge Bd. 1 Heft 8. Berlin 1902.
Ramdohr, Rechtsmißbrauch bei Gruchot Bd. 46.
Rechtsprechung der Oberlandesgerichte auf dem Gebiete des Zivilrechts, herausgegeben von Mugdan und Falkmann.

Rospatt in Das Recht, Jahrgang 1902 S. 96.
Ruhm, Das eigene Verschulden des Verletzten als Grund zur Ausschließung der Ersatzpflicht im Gemeinen Recht. Greifswalder Inaugural-Dissertation. 1898.
Rümelin G., Kulpahaftung und Kausalhaftung, Archiv für die zivilistische Praxis Bd. 88.
Rümelin M., Die Verwendung der Kausalbegriffe in Straf- und Zivilrecht im Archiv für die zivilistische Praxis Bd. 90. Auch als Sonderabdruck erschienen; nach letzterem zitiert.
Rümelin M., Der Zufall im Recht.
Rümelin M., Die Gründe der Schadenszurechnung und der Stellung des deutschen Bürgerlichen Gesetzbuchs zur objektiven Schadensersatzpflicht. 1896.
Schneider, Treu und Glauben im Rechte der Schuldverhältnisse des Bürgerlichen Gesetzbuchs. München 1902.
Schollmeyer, Kommentar zum Bürgerlichen Gesetzbuch. Recht der Schuldverhältnisse.
Schopenhauer, Die Welt als Wille und Vorstellung. (Griesebach.)
Schopenhauer, Über die vierfache Wurzel des Satzes vom zureichenden Grunde.
Seuffert, Archiv.
v. Sigwart, Logik Bd. 2.
Staub, Kommentar zum Handelsgesetzbuch 6./7. Aufl. 2. Bde. Berlin 1900.
Staub, Abstrakte Schadensberechnung beim Verzuge des Verkäufers. Deutsche Jur.-Zeitung Bd. 6 S. 160.
v. Staudinger, Kommentar zum Bürgerlichen Gesetzbuch Bd. 2.
Stenographische Berichte zur zweiten und dritten Beratung des Entwurfs eines Bürgerlichen Gesetzbuchs im Reichstage.
Stübel, Über den Tatbestand der Verbrechen. Wittenberg 1805.
Titze, Die Unmöglichkeit der Leistung nach deutschem bürgerlichen Recht. Leipzig 1900.
Verhandlungen des 26. Deutschen Juristentages.
Verhandlungen der Reichstagskommission über den Entwurf eines Gesetzes betreffend Änderungen der Zivilprozeßordnung.
Wach, Die Novelle zur Zivilprozeßordnung in der Deutschen Juristen-Zeitung Bd. 8.
v. Weinrich, Die Haftpflicht wegen Körperverletzung und Tötung eines Menschen nach den im Deutschen Reiche geltenden Rechten. 2. Aufl. Berlin 1902.
Wendt, Eigenes Verschulden in Iherings Jahrbüchern Bd. 31.
Wendt, Die im Verkehr erforderliche Sorgfalt. Archiv für die zivilistische Praxis Bd. 87.
Windscheid in der (Heidelberger) Kritischen Zeitschrift für die gesammte Rechtswissenschaft Bd. 2.
Wundt, Logik Bd. 1. 2. Aufl.
Zitelmann, Das Recht des Bürgerlichen Gesetzbuchs. Allgemeiner Teil. Leipzig 1900.

Einleitung.

Rudolf von Jhering sagt einmal in seinem „Geist des römischen Rechts“ (Bd. I S. 31 5. Aufl.), es gäbe neben den ausgesprochenen Rechtssätzen auch latente Rechtssätze, und die ausgesprochenen selbst enthielten nicht immer eine adäquate Formulierung, „so daß also“, wie er fortfährt, „die Theorie es in ihrer Hand hat, aus dem bestehenden Recht sowohl die Summe der Rechtssätze zu vermehren als letztere selbst zu verbessern“. Diese Worte kann man auf eine große Zahl von Bestimmungen des Bürgerlichen Gesetzbuchs anwenden, dessen knappe, oft an Papiniansche Dunkelheit erinnernde Sätze meist einen unendlich reichen Inhalt verbergen, welcher nur durch viele Mühe und lange Arbeit klargelegt werden kann. Aber es verlohnt der Mühe, an die Ausschachtung dieser Schätze zu gehen, denn der Erfolg bleibt nicht aus; neue Gesichtspunkte ergeben sich, neue Wege bahnen sich an, es scheidet sich das Wertvolle von dem Unzulänglichen, das in kürzerer oder längerer Zeit der Verbesserung bedarf. Schwierige Fragen, welche das Gesetz nicht zur Erledigung gebracht, sondern deren Beantwortung es der Wissenschaft und der Praxis überlassen hat, können vollkommener und gründlicher nur in Monographien ihre Bearbeitung finden, Monographien aber, welche, wie Savigny (Vorrede zu Bd. I des Systems S. XL) es verlangt, vom Standpunkt eines einzelnen Rechtsinstituts aus die Beziehungen zu dem Ganzen zu erkennen versuchen. An solchen Schwierigkeiten ist im Bürgerlichen Gesetzbuch kein Mangel.

Eine Bestimmung, welche eine Fülle interessanter Erörterungen in sich birgt, ist die des § 254, welcher die nachstehenden Untersuchungen gewidmet sind. Sie führt uns auf grundlegende Probleme, wie die des Kausalzusammenhanges, des Verschuldens, welchen das Gesetz einen bestimmten Ausdruck nicht gegeben hat, sondern welche aus dem Sinne des Ganzen heraus erforscht werden müssen, sie berührt andererseits Fragen von so hervorragender praktischer Bedeutung wie diejenige der

Haftung für Hilfspersonen, sie gewährt uns vermöge ihres allgemeinen Charakters eine Umschau in der gesamten Gesetzgebung, sie ist nicht zum mindesten auch dadurch von Bedeutung, daß sie das rechtspolitisch und sozial so weittragende Problem der Schadensverteilung regelt. So behalten wir stets den Zusammenhang mit dem Ganzen.

Es verlohnt sich daher wohl, den § 254 BGB. zum Gegenstand einer Untersuchung zu machen. Es bedarf keiner weiteren Begründung, wenn wir den das Thema selbst betreffenden Erörterungen einen allgemeinen Teil vorausschicken, welcher die von v. Bar so genannte Kardinalfrage des Kausalzusammenhanges in seinen allgemeinen Beziehungen und mit Rücksicht insbesondere auf das Bürgerliche Gesetzbuch sowie die Lehre des Verschuldens behandelt. Es soll ein Versuch zur Lösung der Kausalfrage sein, die endgültige Lösung wird wohl nie gelingen.

Allgemeiner Teil.

I. Abschnitt.

Die Lehre vom Kausalzusammenhange.

§ 1. Das Kausalitätsproblem.

Das Problem der Kausalität ist nicht auf dem Boden der Rechtswissenschaft entstanden, so unentbehrlich es auch für diese geworden ist; es handelt sich vielmehr um Begriffe, welche von der Philosophie entwickelt, in den Kreis der allgemeinen Vorstellungen eingetreten und ein Gemeingut aller geworden sind. Die Philosophie in ihrem Streben, das Wesen der Dinge und ihre Erscheinungsformen zu ergründen, hat auch das Gesetz von Ursache und Wirkung erforscht, und der Jurist, der mit diesem Gesetze zu rechnen hat, der es täglich gebraucht, wird es bei der Untersuchung der Frage nach der Verursachung nicht vermeiden können, auf die Lehren der Philosophie zurückzugehen.

Man darf aber nicht etwa glauben, daß es in dem Gebiete der Philosophie einen einheitlich festgestellten und unbestrittenen Begriff der Verursachung gäbe. Seit der Begriff der Kausalität durch Heraklit von Ephesus in die Philosophie eingeführt worden ist, ist er, wie einer der wichtigsten, so auch einer der umstrittensten geblieben; es scheint fast, als ob das Wort des Ephesiers vom Streite, als dem Vater aller Dinge, sich an seinem Kausalitätsbegriffe bewahrheiten solle. Die Anschauungen aller Philosophen aufzuzählen, ist hier nicht der Ort. Erst Kant und nach ihm Schopenhauer haben die Lehre von der Kausalität auf jene Basis gestellt, von der aus auch wir das Wesen derselben betrachten.

Ein Blick auf die täglichen Verhältnisse lehrt uns den ewigen Wechsel der Erscheinungen. Auf ein Ereignis folgt ein anderes, jeder Zustand erzeugt einen neuen. Jeder neue Zustand aber gibt uns den Beweis, daß ein früherer dagewesen sein muß. Diesen früheren nun bezeichnet man als Ursache, den späteren als die Wirkung. Der

Eintritt des neuen Zustandes kann aber nur durch eine Veränderung des ersten erklärlich werden; denn würde er sich unverändert erhalten, so ist eben die daraus hergeleitete Entwicklung eines zweiten Zustandes undenkbar. Dieser Prozeß der Veränderung ist es, den Schopenhauer immer wieder als den allein richtigen Ausdruck für das Gesetz der Kausalität betont.[1] Beachtenswert ist hierbei, wie bereits bemerkt, daß der neue Zustand sich aus dem alten entwickelt haben muß, es genügt nicht die Aufeinanderfolge.[2] Wenn Schopenhauer indessen den Eintritt des neuen Zustandes eine Veränderung nennt, so ist dies zu eng. Er übersieht, daß das Wirksamwerden der Ursache selbst schon eine Veränderung enthält; den Grund der letzteren können wir hier nicht erörtern.[3] Es ist also ein doppelter Veränderungsprozeß zu unterscheiden, die Veränderung der Ursache, oder richtiger der Bedingung zur Ursache, und die hierdurch erzeugte Zustandsveränderung.

Nimmt man nun ferner an, daß zum Eintritt des neuen Zustandes der alte Zustand d. h. der Inbegriff dessen, was bis dahin geworden ist und also besteht, sich ändert, so fragt man sofort nach dem diesem Zustande vorhergehenden. So erhält man das Resultat, daß der alte Zustand in Hinsicht auf den neuen eine Ursache, in Hinsicht auf den ihm selbst vorhergehenden eine Wirkung ist. Weiter wird man zu dem Ergebnis geführt, daß die Reihe der Kausalität eine unendliche ist.[4]

Wenn man von dieser Anschauung aus den philosophischen Ursachenbegriff erklären will, so muß man sagen: Im streng philosophischen Sinne wird jede Veränderung der Erscheinungen durch die Gesamtheit der vorangehenden Momente (Antezedentien) hervorgerufen. Diese Antezedentien nennt man auch Bedingungen. Die Ursache im abstrakt-philosophischen Sinne ist daher die Gesamtheit aller Bedingungen. Diesen Begriff hat Mill[5] angenommen. Schopenhauer hatte dagegen bereits unterschieden; für die allgemeine Betrachtung ist der ganze Zustand die Ursache des folgenden; im einzelnen Falle aber kann

---

[1] Schopenhauer (Griesebach), Satz vom Grunde § 20, S. 47; Welt als Wille und Vorstellung Bd. II § 4.

[2] Endemann, Die Rechtswirkungen der Ablehnung einer Operation S. 6.

[3] Sigwart, Logik Bd. II S. 144; Horn, Der Kausalitätsbegriff in der Pilosophie und im Strafrecht S. 13.

[4] Schopenhauer, Satz vom Grunde S. 47.

[5] Mill, Logik I 387 ff. (übers. v. Schiel). Vgl. Birkmeyer, Über Ursachenbegriff und Kausalzusammenhang im Strafrecht S. 6.

man „die zuletzt eingetretene Bestimmung eines Zustandes, weil sie die Zahl der hier erforderlichen Bedingungen voll macht, also ihr Eintritt die hier entscheidende Veränderung wird, die Ursache κατ᾽ ἐξοχήν nennen."[6]

Mit dem allgemeinen Ursachenbegriff kann die Wissenschaft aber nichts anfangen. Sie muß sich einen Begriff suchen, der nicht in die Unendlichkeit hinführt, der die Ursache vor den Bedingungen hervorhebt, es ist ein Begriff der Ursache κατ᾽ ἐξοχήν erforderlich. Diesen Ursachenbegriff hat man den „vulgären" genannt, weil er dem allgemeinen Sprachgebrauch entspricht. Er stellt die Bedingungen, deren Zahl eine unendliche sein kann, in den Gegensatz zur Ursache, die mit der eingetretenen Wirkung unabänderlich verknüpft wird; die Ursache ist also im Verhältnis zur Bedingung der engere Begriff, sie ist, wie Wundt sagt, diejenige Bedingung, „aus der qualitativ und quantitativ die Wirkung unmittelbar und vollständig hervorgehen kann."[7]

Wir sind in der Philosophie vom Begriff der Gesamtursache, die alle Bedingungen umfaßt, zum Begriff der Einzelursache gelangt. Erst dieser Begriff gestattet der Philosophie, ein brauchbares Ergebnis zu erzielen; das Moment der Veränderung ist erhalten, aber der Begriff auf eine allgemeine Basis gestellt. Das Gesetz der Kausalität ist ein allgemeines, welches uns überall begegnet, es muß als solches von der Philosophie behandelt und ausgebildet werden. Es ist ein logisches Gesetz. Erst die Tätigkeit unseres Verstandes, die Denkkraft, vermag die Dinge dem Gesetz der Kausalität unterzuordnen.[8]

Wenn wir nach dieser kurzen Vorbemerkung die philosophischen Erörterungen verlassen und uns zur Rechtswissenschaft wenden, um hier den Begriff der Verursachung festzustellen, so tritt uns gleich hier schon eine Streitfrage entgegen.

Es ist bestritten, ob der Kausalitätsbegriff der Philosophie von dem juristischen verschieden ist. Während einige Schriftsteller wie z. B. Endemann, v. Bar, Birkmeyer, Zitelmann[9] u. a. den philosophischen

---

[6] Schopenhauer a. a. O. S. 48.

[7] Wundt, Logik I S. 597 (2. Aufl.), Birkmeyer a. a. O. S. 9.

[8] Vgl. Schopenhauer, Die Welt als Wille und Vorstellung, Bd. II § 4.

[9] Fr. Endemann, Die Rechtswirkungen der Ablehnung einer Operation S. 7; vgl. aber Einführung Bd. I S. 568 Anm. 2; v. Bar, Grünhut Bd. IV S. 36; Birkmeyer a. a. O. S. 9; Zitelmann, Das Recht des Bürgerl. Gesetzbuchs, Allg. Teil S. 154. Vgl. RG. 10 S. 51, wo zwischen ursächl. Zusammenhang im natürl. u. i. Rechtssinn untersch. wird.

Ursachenbegriff als unbrauchbar für die Rechtswissenschaft verwerfen, behaupten andere, daß er begrifflich ein gleicher sei.[10] Die sich hieraus ergebenden Widersprüche sind auf verschiedene Weise zu lösen versucht worden.[11] Die einfachste Lösung ergibt sich aber wohl aus folgender Unterscheidung. Man kann unter dem „Begriff der Verursachung" einmal in einem allgemeinen Sinne das ganze Gesetz der Kausalität verstehen, indem man, vom Ursachenmoment ausgehend, den Veränderungsprozeß unter diesem Gesichtspunkt betrachtet. Ist dies aber richtig, so ergibt sich aus dem von uns Gesagten, daß das Gesetz der Kausalität ein allgemein gültiges sei, sofort, daß es auch im Gebiete des Rechtes nicht etwas anderes bedeuten kann, als im Gebiete der Philosophie. Es bezeichnet weiter nichts, als den Umstand der Erscheinungsveränderung, es ist der Ausdruck dafür, daß aus einem Zustand ein anderer folgt. Der Begriff der Verursachung in diesem Sinne ist ein allgemein gültiger. Es ist dasselbe Gesetz der Kausalität, auf welches wir die Erscheinungen der Natur zurückführen, welches uns in der Psychologie entgegentritt, dasselbe Gesetz, auf welches wir das Schaffen des Künstlers gründen und das wir in der Rechtswissenschaft verwenden.

Betrachten wir dagegen den „Begriff der Verursachung" unter einem engeren Gesichtspunkt, indem wir darunter das im Einzelfall wirksame Moment verstehen, welches wir die Ursache nennen, so werden wir folgendes Ergebnis erhalten.

Wir gehen dabei von der Annahme des Begriffs der Einzelursache aus. Diese aber wird eine verschiedene sein, je nach der Wissenschaft, welche wir gerade behandeln. So muß sie für die Rechtswissenschaft nach der Seite hin liegen, auf welcher die Grundlagen des Rechtes sich befinden.[12] Daher kann man nur aus dem Zusammenhang der Rechtswissenschaft heraus, nur dadurch, daß man gewissermaßen das Leben in ihr beobachtet, dazu gelangen für ihre Erscheinungen den Begriff der Ursache zu finden. Ob z. B. der A. die Ursache eines Erfolges geworden ist, kann man eben nur aus den Zweckmomenten des Rechtes selbst bestimmen, für eine solche Be-

[10] Haß, Iherings Jahrbücher Bd. XXXVII S. 336, 338 ff.; Linckelmann Die Schadensersatzpflicht S. 53 f.

[11] Vgl. Rümelin, Verwendung der Kausalbegriffe S. 7 ff.

[12] Es erscheint daher zutreffend, wenn Endemann, Rechtswirkungen S. 6 sagt, daß nach der subjektiven Anschauung die Angabe der Ursache des Erfolges wechsele. Vgl. auch Linckelmann a. a. O. S. 54.

stimmung können psychologische, ästhetische und sonstige Betrachtungen keine Handhabe bieten, nur juristische Erwägungen kommen in Betracht. So wird vor allem das für den allgemeinen Kausalbegriff sich ergebende Moment der Unendlichkeit der Kausalreihen in Fortfall gelangen müssen. Mit der Begehung der folgentragenden Tat erst beginnt das Recht in Tätigkeit zu treten.

Dadurch verändert sich aber das Wesen der Verursachung nicht, der Begriff der Veränderung und Entwickelung bleibt derselbe. Der juristische Ursachenbegriff wird ferner nur so weit auf die Wirkungen ausgedehnt, als er sich auf die Sphäre des Rechts erstreckt. Die Wesensgleichheit des juristischen Kausalbegriffes mit dem allgemeinen hat sich aus dem Gesagten ergeben. Wir sehen den Unterschied nur in der juristischen Färbung sowie darin, daß wir die Kausalreihe nicht bis in ihre letzten Glieder verfolgen. Man hat dies auch so ausgedrückt, daß man sagt, der juristische Ursachenbegriff sei ein „Ausschnitt der Kausalität überhaupt“.[13]

Innerhalb der Rechtswissenschaft selbst aber hat man wieder unterschieden zwischen dem zivilrechtlichen Kausalbegriff und dem strafrechtlichen. Diese Unterscheidung hat insofern auch praktische Konsequenzen nach sich gezogen, als sich die Zivilsenate des Reichsgerichts in der Frage des Kausalzusammenhanges grundsätzlich auf einen anderen Standpunkt als die Strafsenate gestellt haben. Ob dies nun berechtigt ist oder nicht, soll hier nicht entschieden werden, wünschenswert ist der Dualismus jedenfalls nicht; es wäre zu billigen, wenn sich ein Weg finden ließe, auf welchem man zu einer Einigung gelangen könnte. Die Anfänge sind schon gemacht, besonders Rümelin hat darauf hingearbeitet.

Nach dem Verhältnis, in welches man den juristischen Kausalbegriff zum philosophischen gebracht hat, ist man zu Ergebnissen gelangt, die dem Kausalbegriff für das Recht einen größeren oder geringeren Umfang gewähren. Es ist die Ursache einerseits als die Gesamtheit der Bedingungen bezeichnet worden. Andererseits aber wurde sie — und auf diesem Standpunkt steht wohl die Mehrheit der Schriftsteller — als eine Bedingung, welche sich besonders qualifiziert, den anderen unendlichen Bedingungen gegenüber gesetzt, welch letztere die Voraussetzung des Ursachenbegriffs

---

[13] Zitelmann a. a. O. S. 154; vgl. Dernburg, Bürgerl. R. II 2 S. 617, Birkmeyer a. a. O. S. 8; Endemann, Einführung Bd. I S. 568 Anm. 2.

bilden sollen.[14] Dies ist der hauptsächlichste Gegensatz, der sich durch alle Formulierungen des Ursachenbegriffs hindurchzieht und den man in der letzten Zeit wohl auch den Gegensatz der conditio sine qua non zur adäquaten Theorie genannt hat.[15]

Ein bei der Formulierung der juristischen Kausaltheorien häufiger Fehler ist der, daß man die Kausalfrage mit der Schuldfrage vermischte. Die Lehre von der Verschuldung hat an sich mit der Lehre von der Verursachung nichts gemein, es gibt eine Verursachung auch ohne eine Verschuldung.[16] Eine solche Verwechselung ist leicht erklärlich, es ist aber daher eine besondere Aufmerksamkeit auf diese Beziehungen der causa und der culpa zu verwenden. Es wird bei der Lehre vom Verschulden dargetan werden, inwieweit die Schuldfrage eingreift und aus welchem Grunde.

§ 2. Die Theorie vom Kausalzusammenhange.

Da die bisher aufgestellten zahlreichen Kausaltheorien hinreichend in der Literatur besprochen worden sind, werden wir uns auf eine kurze Erwähnung beschränken dürfen.

Die Literatur über die Frage der Verursachung ist erst zu positiven Resultaten gelangt, nachdem alte Mißverständnisse und Unrichtigkeiten durch eine von Stübel in seinem „Tatbestand der Verbrechen"[1] unternommene Kritik beseitigt waren. Unter den wichtigen Theorien erwähnen wir folgende.[2]

1. Mommsen[3] geht bei der Bestimmung des Kausalzusammenhanges von einer zum Ersatz verpflichtenden Tatsache aus und sagt, daß aller Schaden, welcher sich als ihre wirkliche Folge darstellt, zu ersetzen ist. Zwischen dem Schaden und der verpflichtenden Tat-

---

[14] v. Bar bei Grünhut Bd. IV S. 36.

[15] Rümelin, Verwendung der Kausalbegriffe S. 87.

[16] Besonders s. Birkmeyer S. 8 ff.; Haß, S. 852; Wendt, Eigenes Verschulden in Iherings Jahrbücher Bd. XXXI S. 148. Den Vorwurf einer solchen Verwechselung macht v. Liszt besonders der v. Kriesschen Theorie des adäquaten Zusammenhangs. v. Liszt, Strafrecht 10. Aufl. S. 111; Kohler, Studien aus dem Strafrecht I S. 85; v. Weinrich, Die Haftpflicht wegen Körperverletzung und Tötung eines Menschen. 2. Aufl. Berlin 1902. S. 16 (im Anschluß an Birkmeyer).

[1] Vgl. besonders § 35 das.

[2] Es werden dabei die zivilrechtlichen mit den strafrechtlichen nebeneinander gestellt, da diese Nebeneinanderstellung u. E. für die vorliegende Abhandluug nicht von besonderer Erheblichkeit erscheint.

[3] Beilage zum Obligationenrecht Bd. II. Zur Lehre vom Interesse S. 139 ff.

sache braucht ein unmittelbarer Zusammenhang nicht vorzuliegen, es genügt vielmehr ein mittelbarer. Die verpflichtende Tatsache ferner braucht auch nicht die alleinige Ursache des Schadens gewesen zu sein, es können ebenso andere Tatsachen daneben mitgewirkt haben, sofern diese für sich die fragliche Wirkung nicht gehabt hätten. So dehnt Mommsen auf der einen Seite den Kausalzusammenhang bedeutend aus, während er auf der anderen Seite die Ersatzpflicht von zum Teil etwas willkürlich angenommenen Ausnahmen abhängig macht. Ein Fehler, den ihm Windscheid schon nachgewiesen hat,[4] ist der, daß er unter der zum Ersatz verpflichtenden Tatsache nicht in allen Fällen dasselbe versteht, sondern bald die schadende Handlung selbst, bald diejenige, welche die Verpflichtung zum Ersatz begründe. Trotz mancher Mängel hat sich die Mommsensche Theorie in der gemeinrechtlichen Literatur die erste Stelle errungen. Ihre Wirkungen sind sogar noch im Bürgerlichen Gesetzbuch wahrnehmbar.[5]

2. Einen anderen Standpunkt in der Frage der Kausalität nimmt v. Bar[6] ein. Er geht aus von der Annahme der Regelmäßigkeit im Laufe der Erscheinungen und gelangt zu dem Schlusse, daß die letzte Bedingung, welche bei der Hervorbringung einer Erscheinung tätig sei, die Ursache genannt werde. Durch diese aber werde der sonst als regelmäßig gedachte Lauf der Erscheinungen ein anderer. Er sagt daher: „Ein Mensch ist im rechtlichen Sinne Ursache einer Erscheinung, insofern er als die Bedingung gedacht wird, durch welche der sonst als r e g e l m ä ß i g gedachte Verlauf der Erscheinungen des menschlichen Lebens ein anderer wird"[7] und ferner in etwas allgemeinerer Form: die Ursache ist „diejenige Bedingung einer Erscheinung, welche wir uns denken als unterbrechend den sonst von uns vorausgesetzten (notwendigen oder) regelmäßigen Verlauf der Erscheinungen".[8] Gegen v. Bars Theorie ist besonders durch v. Buri

---

[4] Windscheid in der (Heidelberger) Krit. Zeitschrift für die ges. Rechtswissenschaft Bd. II, S. 540 ff., vgl. auch v. Bar. Die Lehre vom Kausalzusammenhange S. 186 ff.

[5] RG. 18, 66; vgl. BGB. § 249.

[6] v. Bar, Die Lehre vom Kausalzusammenhange, und Zur Lehre von der Kulpa und dem Kausalzusammenhange im Straf- und Zivilrecht in Grünhuts Zeitschrift für das Privat- und öffentl. Recht der Gegenwart Bd. IV S. 21 ff.

[7] Die Lehre vom Kausalzus. S. 11. Die „letzte" Bedingung braucht nicht die der Zeit nach letzte zu sein. Vgl. a. a. O. S. 11 Anm. 10. Vgl. Birkmeyer a. a. O. Anm. 92.

[8] Bei Grünhut S. 87.

und Birkmeyer[9] Widerspruch erhoben worden; in der Tat unterliegt die v. Bar'sche Theorie schweren Bedenken. Wenn auch das Bestreben v. Bars, dem Begriff der Ursache eine einschränkende Bedeutung zu verleihen, anzuerkennen ist, so leidet die Theorie andrerseits an zwei gewichtigen Mängeln. Einmal ist in ihr gesagt, daß nur regelwidrige Erscheinungen kausal werden können, so daß also eine der „Regel des Lebens" entsprechende Handlung nie als Ursache anzusehen wäre, eine offenbar gänzlich unrichtige Auffassung des Wesens der Kausalität. Sodann aber ist die von v. Bar aus seiner Lehre sich ergebende Konsequenz, welche das Verursachen mit dem Verschulden verwechselt, unhaltbar. Dies ergibt aber folgendes Beispiel (S. 14): Wenn der Arzt an einem Kranken eine fehlerlose Operation vornimmt, der Kranke aber nun, zwar nicht an der Krankheit, sondern an der Operation stirbt, so läßt v. Bar den Arzt nicht für die Tötung haften, indem er fragt: „Ist da wohl der Arzt der Tötung schuldig?" Sicherlich nicht, ist zu antworten, aber verursacht hat er den Tod jedenfalls. Dies aber leugnet v. Bar, da ja eine regelmäßige, nicht eine regelwidrige Handlung vorliegt. Auch aus dem von v. Bar zu Grunde gelegten Prinzip des regelmäßigen Handelns ergeben sich Widersprüche.[10]

3. Läßt, wie eben dargetan, v. Bar die Ursache aus dem großen Kreise der Bedingungen heraustreten als eine besonders qualifizierte Bedingung, so verwirft v. Buri[11] jede Unterscheidung zwischen Bedingung und Ursache und sagt, daß die Summe aller zum Erfolg mitwirkenden Kräfte als die Ursache anzusehen sei. Er sagt ferner aber, daß auch jede einzelne Kraft die ganze Erscheinung verursache, „denn die Existenz derselben hängt so sehr von jeder Einzelkraft ab, daß, wenn man aus dem Kausalzusammenhang auch nur eine Einzelkraft ausscheidet, die Erscheinung selbst zusammenfällt". In dieser Auffassung liegt, wie Birkmeyer treffend anführt, ein Widerspruch; denn wenn alle Bedingungen die Ursache einer Erscheinung sind, so kann nicht auch die einzelne Bedingung die Ursache der ganzen Erscheinung sein. Die v. Burische Anschauung stammt aber aus seiner

---

[9] v. Buri, Über Kausalität und deren Verantwortung S. 4 ff.; Birkmeyer a. a. O. S. 4 f.

[10] Vgl. bes. 21; vgl. Buri a. a. O.

[11] a. a. O. zu Anfang. Der v. Burischen Theorie haben sich die Strafsenate des Reichsgerichts angeschlossen. Entscheidungen in Strafs. Bd. V S. 29; Rechtsprechung Bd. III S. 546, 641 u. a. m.

— unrichtigen — Lehre von der Unteilbarkeit des Erfolges: „Jede beim Erfolg mit wirksam gewesene Kraft," sagt er, „verursacht den ganzen Erfolg".[12] Die v. Burische Theorie führt wie der philosophische Ursachenbegriff in die Unendlichkeit. Um aber dieser Konsequenz abzuhelfen, nimmt v. Buri seine Zuflucht zum Schuldbegriff und fordert (S. 15) neben seiner Kausalität auch einen „Willenszusammenhang zwischen der eigenen Handlung und dem eingetretenen Erfolge".

4. Einen ähnlichen Standpunkt, jedoch wesentlich geläutert, nimmt v. Liszt ein.[13] Als Inbegriff aller Bedingungen, sagt er, kann die menschliche Handlung nie eine Ursache sein, denn immer wirken so viele Umstände mit, die nicht wegzudenken sind, „ohne daß der Lauf der Dinge als verändert sich darstelle". Er will die menschliche Handlung nur in jener „bescheidenen und beschränkten Bedeutung" als Ursache eines Erfolges ansehen, in welcher sie nicht mehr als „eine der vielen notwendigen Bedingungen des Erfolges" ist. „Ursache ist mithin", sagt v. Liszt in den Deliktsobligationen, „jede Bedingung, die nicht hinweggedacht werden kann, ohne daß der Eintritt des eingetretenen Erfolgs (d. h. so wie er eingetreten ist) entfallen müßte." Ist dies einerseits unbedingt richtig, so gibt der v. Lisztsche Ursachenbegriff andererseits dem Kausalzusammenhang eine allzuweite Ausdehnung. Die Theorie hat aber den Vorzug auch schon deshalb von den bisher genannten, weil sie es weder auf rein subjektive noch auch objektive Momente abstellt; sie ermöglicht sodann auch den unbedingt notwendigen Begriff der Mitursache.

5. Birkmeyer hat als Ursache die wirksamste Bedingung bezeichnet, diejenige, „welche mehr als die übrigen Bedingungen zur Hervorbringung des Erfolges beigetragen hat".[14] Wenn auch andere Bedingungen zum Erfolg beitragen, so verlange doch das praktische Bedürfnis eine von ihnen, die sich vor den übrigen auszeichne. Die Schwierigkeit, das verschiedene Maß der Wirksamkeit zu erkennen, werde durch die im Einzelfall vom Rechte vorzunehmende Feststellung behoben. Wie liegt aber der Fall, wenn mehrere Ursachen einen Erfolg herbeiführen? Hieran scheitert diese Theorie der „wirksamsten"

---

[12] Die Kausalität und ihre strafrechtlichen Beziehungen Gerichtssal Bd. XXXVII (Beilageheft) S. 1.

[13] Strafrecht § 29; Die Deliktsobligationen im Bürgerl. Gesetzbuch S. 68 f.

[14] Birkmeyer a. a. O. S. 17 f. Laß-Maier Haftpflichtgesetz und Reichsversicherungsgesetzgebung, 2. Aufl. München 1902, bezeichnen Birkmeyers Theorie als die im Zivilrecht siegreiche S. 22. Dies ist nicht richtig.

Bedingung. Die „wirksamste" kann nur eine Bedingung sein. Die gewundene Erklärung Birkmeyers kann dies nicht beseitigen.[15] Die Birkmeyersche Theorie ist als eine gleichsam in das Praktische übersetzte Theorie Bindings aufzufassen. Die Theorie von Birkmeyer hat, wie man wenigstens allgemein annimmt, im § 254 BGB. Anwendung gefunden.[16]

6. Die Theorie, welche Endemann aufgestellt hat, wird von v. Liszt als der seinen nahe verwandt bezeichnet, indem auch Endemann von notwendigen und nachweisbaren Voraussetzungen der Handlung zu dem eingetretenen Erfolg spricht.[17] Endemann sagt, man müsse vom Schaden bis auf die Handlung desjenigen „verkehrsfähigen" Menschen zurückgehen, „der dem schädigenden Erfolge zunächst steht. Seine Handlung gilt dann als kausal im juristischen Sinne, wenn von ihr eine Veränderung in dem gegenwärtigen Zustande der Dinge ausgegangen ist, welche eine der notwendigen und nachweisbaren Voraussetzungen zu dem eingetretenen Erfolge bildet." Rümelin[18] glaubt aus der Endemannschen Theorie entnehmen zu dürfen, daß er der Lehre von der adäquaten Verursachung „außerordentlich" nahe stehe. Endemann geht bis auf den der Handlung zunächst stehenden Menschen zurück. Die Handlung dieses Menschen ist die Ursache des daran sich knüpfenden schädlichen Erfolges. Wie weit die Kausalität sich auszudehnen habe, bestimmt sich nach der Unterscheidung von „Erfolg" und „Wirkung". „Erfolg" ist nach Endemanns Lehre „die unmittelbare Folge, welche sich an die verursachende Handlung für die Person oder das Vermögen des Verletzten anschließt." Unter „Wirkung sind dagegen die weiteren Folgen zu verstehen, die eine schädigende Handlung nach den persönlichen Verhältnissen und der individuellen Vermögenslage des Betroffenen äußert". Daß Endemann nur bis zu dem dem Erfolge nächsten Menschen zurückgeht, scheint uns unrichtig zu sein, denn er engt dadurch die Kausalität zu sehr ein. Es dürfte übrigens auch unzutreffend sein, stets einen Menschen als Ursache zu

---

15 A. a. O. Anm. 90. Vgl. Rümelin, Verwendung der Kausalbegriffe S. 41.

16 Vgl. v. Liszt, Deliktsobligationen S. 81. Den Birkmeyerschen Ursachenbegriff hat auch Oertmann, Komm. Vorbemerkung 2 a zu § 249 angenommen. Später jedoch hat er sich der Rümelinschen Ansicht angeschlossen, vgl. Vorteilsausgleichung S. 79.

17 Einführung in das Studium des BGB. Bd. I § 200 S. 568; Die Rechtswirkungen der Ablehnung einer Operation S. 7f.

18 Kausalbegriffe S. 98ff.

bezeichnen; auch Ereignisse verursachen. Im allgemeinen dürfte aber die Vermutung v. Liszts etwas für sich haben, daß Endemann seinen Anschauungen näher steht, als denen Rümelins und der Lehre von der adäquaten Verursachung.

7. Die Theorie von der adäquaten Verursachung ist von v. Kries in seiner Schrift: „Über den Begriff der objektiven Möglichkeit und einige Anwendungen desselben"[19] aufgestellt worden. Diese Lehre ist gerade in den letzten Jahren so eingehend besprochen worden, daß an dieser Stelle einige wenige Bemerkungen genügen können. v. Kries geht von der Betrachtung aus, daß in dem Fall, wenn ein Moment als kausal für den Erfolg anzusehen ist, zu unterscheiden sei, ob dies Moment „allgemein geeignet" sei, „eine Tendenz besitzt" einen derartigen Erfolg hervorzubringen oder ob es nur „in zufälliger Weise die Veranlassung desselben geworden ist". Im ersten Fall spricht v. Kries von „adäquater", in letzterem von „zufälliger" Ursache und Wirkung. Die Unterscheidung des adäquaten und des zufälligen Kausalzusammenhanges beruht daher stets auf einer „generalisierenden Betrachtung des Einzelfalls". Man unterscheidet, sagt v. Kries, neben den zahlreichen verursachenden Momenten eine „Hauptursache". Diese kann man im subjektiven und objektiven Sinn auffassen. v. Kries kommt schließlich zu dem Resultat, die adäquate Verursachung im subjektiven Sinn, d. h. so aufzufassen, daß es bei der Begehung der Handlung auf die Voraussehbarkeit ankommt.[20] Nach v. Kries muß also das Ursachenmoment eine Begünstigung enthalten. Wo aber findet man da die Grenze zwischen der adäquaten und der zufälligen Verursachung! Es ist schwer zu ermitteln, wo die eine anfängt und die andere aufhört. Wenn sich ferner v. Kries auf einen subjektiven Standpunkt stellt, so kommt er zu dem Resultat, daß der Handelnde nur für den Schaden verantwortlich gemacht gemacht werden kann, den er vorausgesehen hat. Dieses Resultat erscheint uns aber völlig unhaltbar,

[19] Vierteljahrsschrift für wissenschaftliche Philosophie Bd. XII. Auch als Separatabdruck Leipzig 1888 erschienen; nach letzterem wird hier zitiert. Über die Lehre von der adäquaten Verursachung sind ferner besonders zu vergleichen Liepmann, Einleitung in das Strafrecht, Berlin 1900, S. 66ff.; Radbruch, Die Lehre von der adäquaten Verursachung, Berlin 1902 (in v. Liszt, Abhandlungen des kriminalistischen Seminars an der Universität Berlin. Neue Folge Bd. I Heft 3). Letzterer stellt sich für das Strafrecht auf den Boden der herrschenden (v. Lisztschen) Lehre. Vgl. v. Weinrich, Haftpflicht . . . S. 17. Vgl. v. Leyden, Kulpakompensation, Berlin 1902 S. 5ff.

[20] Vgl. im allgem. S. 25ff.

denn, wie noch an anderer Stelle gezeigt werden soll, kommt es auf die Voraussehbarkeit des Schadens nicht an.[21]

8. In Gegensatz zur subjektiven Theorie v. Kries' setzt sich M. Rümelin in seiner des öftern erwähnten Schrift: „Die Verwendung der Kausalbegriffe in Straf- und Zivilrecht." Er sagt daselbst,[22] man könne, wie v. Kries tue, alle dem Täter bekannten und erkennbaren Bedingungen voraussetzen; man könne sich aber auch auf einen objektiven Standpunkt stellen „und alles zu Grund legen, was zur Zeit der Handlung in irgendwie erkennbarer Weise schon vorlag. Es wird also allerdings vorausgesetzt, was dem Täter bekannt war oder bekannt sein mußte, außerdem aber auch, was sonst bekannt war oder bekannt geworden ist." Diesen Standpunkt nennt Rümelin „den Standpunkt der objektiven nachträglichen Prognose". Er abstrahiert „von dem der menschlichen Erkenntnis Unzugänglichen". Dies nötigt ihn aber zu weitgehenden Einschränkungen (vgl. S. 130f.), die die Brauchbarkeit seiner Theorie erheblich mindern. Eine genauere Auseinandersetzung gerade mit dieser Theorie erfolgt an anderer Stelle (s. unten S. 16).

9. Eine an die Lehre von der adäquaten Verursachung sich anschließende Theorie hat Enneccerus aufgestellt.[23] Ursache ist ihm jede Bedingung, „es sei denn, daß sie ihrer Natur nach für den Eintritt des Schadens im allgemeinen ganz indifferent war und nur infolge außerordentlicher Umstände zu einer Bedingung des Schadens wurde".

Neben den genannten Theorien sei noch die Ansicht Dernburgs erwähnt, welcher aus praktischen Erwägungen heraus zu der Unterscheidung von Verursachung und Veranlassung kommt.[24] Kohler[25] hat ausgeführt, daß die Ursache im Gegensatz zur Bedingung „das die Existenz erregende und darum für Art und Intensität wesentlich bestimmende Element" sei. Die Ursache unterscheide sich von den Bedingungen ferner durch ihre Triebkraft.

Wir wollen es bei den bisher erwähnten Theorien bewenden

---

[21] Vgl. G. Rümelin, Kulpahaftung und Kausalhaftung im Archiv f. d. ziv. Praxis Bd. 88 S. 285ff.; bes. 291f.; M. Rümelin, Verwendung der Kausalbegriffe S. 19; Haß in Iherings Jahrb. Bd. XXXVII S. 327ff. Vgl. auch Crome, System des Deutschen Bürgerlichen Rechts. Allg. Teil S. 476.

[22] S. 19. Vgl. auch M. Rümelin, Zufall im Recht S. 45ff.

[23] Enneccerus-Lehmann, Das Bürgerliche Recht Bd. I S. 402ff., bes. S. 406.

[24] Bürgerliches Recht II Abt. I S. 66.

[25] Kohler, Studien aus dem Strafrecht I S. 88ff.

lassen, und die anderen Theorien nicht in den Kreis der Betrachtung ziehen, da sie uns im Verhältnis zu den bisher besprochenen nicht so wesentlich erscheinen, um sie besonders zu widerlegen.

Während von allen genannten Autoren die Lehre von der Kausalität als eine der wichtigsten hingestellt worden ist, wird von Lammasch[26] behauptet, daß der Begriff der Ursache „aufs ungebührlichste überschätzt" würde und für die Funktion, zu der er gebraucht würde, wenig brauchbar sei. Dem dürfte kaum zuzustimmen sein.

Wenn man die zahlreichen Theorien übersieht und nun fragt, welches Ergebnis sie gehabt haben, so lautet die Antwort darauf: in einer Beziehung ein großes, in anderer nur ein geringes. Der erste Teil der Antwort bezieht sich auf das theoretische Interesse der Untersuchung; es ist nicht zu leugnen, daß hier durch eingehende scharfsinnige Forschungen manche wertvollen neuen Gesichtspunkte aufgedeckt sind; der zweite Teil der Antwort aber trifft das praktische Ergebnis. Daß man hier dem Richter bei der Prüfung der Frage, wer der Urheber dieser oder jener Tat gewesen sei, eine Unterstützung und Erleichterung durch ein praktisches System geschaffen hätte, wird man nicht leicht behaupten können. Die Rechtsprechung des Reichsgerichts läßt dies an ungezählten Beispielen erkennen. Daß aber die Frage nach der Verursachung eine sehr erhebliche praktische Spitze hat, ist ohne weiteres einleuchtend. Ein praktisches Ergebnis wird man erst erzielen, wenn man ein möglichst einfaches aber umfassendes Verursachungsprinzip aufgestellt hat, welches das wirkliche Wesen der Kausalität erfaßt. Dies ist aber bisher nicht gelungen.

Am nächsten noch scheinen die Theorien vom adäquaten Kausalzusammenhang sowie Endemann dem Ergebnisse, welches uns als richtig vorschwebt, gelangt zu sein. Aber erhebliche Mängel widersprechen doch der Annahme einer solchen Theorie. Die Fehler Endemanns sind oben erwähnt; was Endemann aber richtig in seine Begriffsbestimmung aufgenommen hat, ist das Moment der „Veränderung in dem gegenwärtigen Zustande der Dinge". Dies ist auch unserer Meinung nach ein Essentiale des Kausalbegriffes.

Was dagegen die adäquaten Theorien anlangt, so scheint die subjektive, welche v. Kries entwickelt — unter der Voraussetzung der Richtigkeit einer adäquaten Verursachung überhaupt — unbrauchbar. Es kommt auf die Voraussehbarkeit nicht an, wie v. Kries meint.

---

[26] Handlung und Erfolg in Grünhuts Zeitschrift Bd. IX S. 271 ff., bes. 279.

Bestechender erscheint auf den ersten Blick M. Rümelins Standpunkt „der objektiven nachträglichen Prognose“, den er mit vielem Scharfsinn zu verteidigen sucht. Aber die Mängel sind doch sehr erhebliche. Er setzt, wie oben dargelegt, voraus, was dem Täter bekannt war und geworden ist, und sagt sodann: „Abstrahiert wird von dem der menschlichen Erkenntnis Unzugänglichen.“[27] Er ist aber genötigt infolge seiner weiteren Auseinandersetzungen diese Ausnahme beträchtlich auszudehnen, so daß er seinen Standpunkt nur unter bedeutenden Modifikationen halten kann. Er sagt:

„Wird durch einen an sich haftungbegründenden Vorgang der Verletzte lediglich in räumliche und zeitliche Beziehung gebracht zu einem später eintretenden Ereignis, so wird von außer aller Berechnung liegenden auch dem Haftpflichtigen nicht bekannten oder erkennbaren Bedingungen dieses zweiten Ereignisses selbst dann abstrahiert, wenn dieselben zur Zeit des ersten Vorgangs schon vorlagen.“[28]

Ferner läßt er bei Anlegung seines Maßstabs nicht rechnen „mit bloßen zur Zeit der Tat vorliegenden Entschlüssen oder Neigungen anderer Menschen, soweit sie nicht vom Täter mit in die Berechnung gezogen waren oder hätten gezogen werden sollen“.

Mit diesen Modifikationen, besonders aber den letzten Worten, verläßt er den rein objektiven Standpunkt und nähert sich wieder dem subjektiven, den er selbst verwirft. Daß er aber seine objektive Theorie auch aus anderen Gesichtspunkten nicht durchgeführt hat, ergibt sich, wenn man folgendes erwägt. Er will (S. 47) den Erfolg durch die menschliche Handlung objektiv begünstigt sein lassen. Dann aber hätte er von allen Voraussetzungen in der Person des Täters abstrahieren müssen und es allein abstellen auf den Entwickelungsgang der Dinge. Damit wäre er zur Zufallshaftung und zur Bedingungslehre gekommen, die er selbst reprobiert.[29]

Hieraus folgt, daß auch die objektive Theorie der adäquaten Verursachung ein günstiges Ergebnis nicht gehabt hat.

Es drängt sich hier die Frage auf, ob die adäquaten Theorien denn überhaupt geeignet sind, die Lehre von der Kausalität zu einem Ziele zu führen. Wenn oben auch gesagt ist, daß sie dem Ziele nahe zu sein scheinen, so haben wir andererseits doch gesehen, wie großen

---

[27] Verwendung der Kausalbegriffe S. 19f.; Radbruch a. a. O. (oben Anm. 19) § 2.

[28] A. a. O. S. 180f.

[29] Vgl. Enneccerus-Lehmann a. a. O. S. 404 Anm. 4, der Rümelins Theorie aus Gründen de lege lata verwirft. Radbruch a. a. O. § 3.

Mängeln die einzelnen Ansichten innerhalb des Gebietes der adäquaten Verursachung unterliegen. Ist es aber wirklich unbedingt notwendig von einer Generalisierung zu sprechen und nur dann einen relevanten Kausalzusammenhang anzunehmen, wenn das verursachende Moment „allgemein geeignet ist", einen solchen Erfolg hervorzubringen? Was ergibt sich aus einer solchen Auffassung? Die adäquate Theorie spricht von einer Begünstigung des Erfolges; es ist hierüber schon sehr richtig bemerkt worden,[30] daß von der zu beachtenden Begünstigung bis zur nicht zu beachtenden ein so allmählicher Übergang stattfinde, daß die Entscheidung zu treffen eine bedeutende Schwierigkeit, oft die Unmöglichkeit sogar, in sich birgt.

Daß für den Erfolg das verursachende Moment eine Begünstigung enthalten muß, ist andererseits einleuchtend, wir möchten diesen Ausdruck aber nicht in dem Sinne von v. Kries gebrauchen, sondern ihn dahin verstehen, daß wir sagen, das verursachende Moment muß in der Richtung des Erfolges liegen, es muß beim Zurückgehen von dem Erfolg zu der zu suchenden Ursache eine Beziehung zwischen dieser und jenem irgend welcher Art vermitteln.[31] Damit ergibt sich weiter, daß die Unterscheidung vom adäquaten und zufälligen Kausalzusammenhang eine verhängnisvolle Konsequenz der Theorie nach sich zieht. Will man eine zufällige Verursachung als haftungbegründende Verursachung nicht anerkennen, so folgt daraus, daß man hier die Verursachung mit der Verschuldung verwechselt.[32] Denn es ist doch nicht zu leugnen, daß eine zufällige Verursachung jedenfalls eine Verursachung und bei Vorliegen der erforderlichen Momente selbst eine Verursachung im Rechtssinne ist.

Es läßt sich demnach so viel sagen, daß eine adäquate Theorie der Bestimmung der juristischen Kausalität als Prinzip nicht zu Grunde zu legen ist, wenn auch nicht verkannt werden soll, daß ihre Sätze in zahlreichen Fällen zutreffen.

Da wir auch den früher erwähnten Theorien uns nicht anzuschließen vermögen, so ist die Frage berechtigt, ob es denn überhaupt möglich ist, eine Lösung der Kausalitätsfrage zu ermöglichen, oder ob es, wie Staub einmal bemerkt, ein „ewiges Problem" bleiben wird.

---

[30] G. Rümelin, Kulpahaftung und Kausalhaftung im Archiv f. d. ziv. Praxis Bd. 88 S. 291.

[31] Vgl. RG. Bd. 42 S. 298.

[32] Von anderen Gesichtspunkten ausgehend, gelangt v. Liszt, Strafrecht S. 111 sub. 4 zu dem gleichen Resultat.

Wenn im folgenden die Lösung der Frage versucht wird, so kann dabei nicht Anspruch auf völlige Neuheit der Untersuchung gemacht werden; wir wollen nur versuchen ein möglichst allgemein gültiges Resultat zu erzielen.

§ 3. Der Begriff der Ursache im Recht.

Die bisherigen Untersuchungen sind zumeist von der Feststellung des Begriffs der Ursache ausgegangen und haben von da aus die Lehre vom Kausalzusammenhang entwickelt, je nachdem sie der Ursache eine engere oder eine weitere Bedeutung einräumten. Uns erscheint dieses Vorgehen nicht zutreffend. Wenn wir im Rechte die Lehre vom Kausalzusammenhang erforschen wollen, so müssen wir u. E. zunächst die allgemeinen Grundsätze aufsuchen, nach denen sich Ursache und Wirkung bestimmen. Wir sehen dann die Veränderung als das maßgebende Moment. Wir müssen nun versuchen Beginn und Ende dieser Veränderungserscheinungen zu finden, um daraus die Begriffe der Verursachung und des Kausalzusammenhanges herzuleiten. Also nicht der Begriff der Ursache ist das Wesentlichste, sondern das allgemeine Prinzip des rechtlichen sich Veränderns, aus dem der Begriff der Ursache von selbst herausfließt.

Man unterscheidet Ursache und Bedingungen. Ohne diese Unterscheidung geht es nicht ab. Man sucht die Ursache unter den Bedingungen; man sagt sie ist eine besonders qualifizierte z. B. die wirksamste Bedingung. Indem man aber eine solche Begriffsbestimmung gibt, übersieht man u. E., daß in dem Bedingungsverhältnis eine Veränderung eingetreten sein muß, so daß man diese veränderte Bedingung als Ursache hinstellen kann. Wir kommen damit auf die oben aufgestellte Forderung zurück, daß man den Beginn der Veränderungserscheinungen aufsuchen muß. Dieser Beginn liegt, wie aus dem Vorhergesagten mit logischer Notwendigkeit gefolgert werden muß, innerhalb des Übergangs von der einzelnen Bedingung zur Ursache, wenigstens zu dem, was man Ursache nennt. Es folgt daraus auch, daß z. B. die Birkmeyersche Definition, ebenso die von Bar'sche u. a. gar keine Definitionen des ersten Veränderungsmomentes, d. h. dessen, was wir Ursache nennen, enthalten, sondern daß hier bereits die Folge des Eintritts einer ersten Veränderung ausgesprochen ist. Denn anderenfalls könnte die Ursache nicht gerade diese oder jene besonders qualifizierte Bedingung heißen. A., der den B. getötet hat, war bis zum Augenblick der Tötung Bedingung. Von diesem Augenblick an ist er Ursache des Todes geworden. Wo liegt, so fragen wir, der Umstand, der die Bedingung zur Ursache macht?

Bei der juristischen Kausalität, um welche es sich allein handelt, wird dieses Moment aber durch folgende Betrachtungen zu finden sein. Das Bedingungsverhältnis als solches ist ein reines Tatsachenverhältnis. Soll es sich aber durch eine Veränderung in ein juristisches Verhältnis umsetzen, so muß das verändernde, neu eintretende Moment die Fähigkeit haben, rechtlich bedeutsam zu wirken und den durch sein Eintreten sich ergebenden Veränderungsprozeß auf das Gebiet des Rechtes zu leiten. Hierdurch wird das nun sich entwickelnde Verhältnis ein juristisches, rechtlich bedeutsames. Welcher Art das rechtlich bedeutende Moment ist, kann zunächst dahingestellt bleiben; nur muß es sich auf das Recht beziehen. Mit dem Begriffe des Rechtes aber verbinden wir wiederum zwei Begriffe, den Begriff des Rechtes im objektiven und den des Rechtes im subjektiven Sinne. Das Recht im objektiven Sinne ist die Rechtsnorm, der Inbegriff der Rechtsvorschriften. Dieses objektive Recht wird aber erst dadurch wertvoll, daß es dem Menschen zur Wahrung seiner Interessen, seien diese nun wirtschaftlicher oder idealer Natur, die Macht gibt, sich gegen Verletzungen durch andere zu schützen. Der Begriff des Rechtes im subjektiven Sinne ist sehr bestritten, wir schließen uns der Ansicht Iherings an, welcher sagt: „Rechte sind rechtlich geschützte Interessen."[1] Jede Berührung mit den geschützten Interessen, mag eine solche nun durch Menschen oder außerhalb der menschlichen Sphäre durch Ereignisse irgend welcher Art geschehen, jeder Eingriff in diese Interessen wirkt fördernd oder hemmend auf die geschützten Rechtsgüter des Menschen.

Durch diesen Eingriff wird der Rechtsgüterkreis des einzelnen in seinem Zustande, in dem er sich bis dahin befand, verändert. Welchen Umfang diese Veränderung hat, und wie groß sie ist, kann erst an dem eingetretenen Erfolg abgemessen werden. Im allgemeinen kann nur gesagt werden, daß der Verlauf, den die einmal in der Rechtssphäre des anderen Teils eingetretene Einwirkung gehabt hat, sich auch auf die Rechtssphäre weiter erstrecken wird. Sie berührt die rechtlich geschützten Güter und bewirkt eben dadurch, daß das bis dahin reine Tatsachenverhältnis sich zu einem rechtlich-bedeutsamen Verhältnis, zu einem rechtlichen Tatsachenverhältnis qualifiziert. Ist

[1] Ihering, Geist des r. R. Bd. III § 60 S. 339.

ferner erst einmal ein Einbruch in dem Rechtskreise des anderen geschehen, so spricht man nicht mehr von den Bedingungen, sondern von der Ursache. Denn aus dem Bereiche der Bedingungen trat eine oder treten mehrere Bedingungen heraus, welche durch den Eingriff in das fremde Recht verändert wurden und durch diese Veränderung die Gestalt der Ursache annahmen.

Ist dies alles, was wir bisher hervorgehoben haben, richtig, so folgt daraus, daß der Eingriff in den rechtlich geschützten Interessenkreis eines anderen erstens das bis dahin vorhandene reine Tatsachenverhältnis zu einem juristischen erhebt, zweitens, daß er den Übergang vom Bedingungs- zum Ursachenverhältnis vermittelt, d. h. also innerhalb dieses Übergangs liegt, und daß er drittens den Veränderungsprozeß in der Interessensphäre des anderen einleitet. Damit haben wir das Recht, den Eingriff in die Rechtssphäre als Beginn der juristischen Kausalreihe zu bezeichnen. Denn er erfüllt die Bedingungen, welche wir oben aufgestellt haben. Wir finden also auch unsere Behauptung bestätigt, daß z. B. der Birkmeyersche Ursachenbegriff bereits die Folge des Eintritts dieses ersten Veränderungsvorganges ausspricht. Die wirksamste Bedingung zum Erfolg kann erst nach dem Eingriff in die Rechtssphäre gegeben sein.

Man wird entgegenhalten, daß sich dieser Eingriff auch erst als das Produkt einer komplizierten Entwicklungsreihe darstellt, z. B. die Handlung des Menschen als das Ergebnis von Willensvorgängen. Dies ist richtig; es ist aber zu entgegnen, daß wir es hier mit juristischen Untersuchungen zu tun haben und daher nicht alle Handlungen, wie es z. B. der Psychologe tut, auf innere, auf Willensvorgänge zurückführen dürfen. Wir haben ferner, wie wiederholt hervorgehoben wird, ein juristisches Tatsachenverhältnis vor uns, welches als solches völlig unabhängig sein muß von allen nicht rein tatsächlichen Fragen, welches insbesondere mit Willensbetätigungen nichts zu tun hat. Man hat bisher sehr selten nur die Ursache als reines Tatsachenverhältnis in der theoretischen Behandlung allen jenen anderen Begriffen und Verhältnissen gegenübergestellt, die epheuartig den Begriff der Ursache umrankten und einhüllten. Eine scharfe Trennung der Begriffe ist das erste Erfordernis einer richtigen Würdigung der einschlägigen Fragen. Wir können unsere Betrachtungen nur da anknüpfen, wo wir jene Willensvorgänge an die Außenwelt hervortreten sehen. Die Willenstätigkeit und ihre Nachwirkungen, so wie sie sich z. B. im Verschulden zeigen, sind, wie schon hier voraus bemerkt werden soll, als rechtlich bedeutsam zu beachten, besonders da sie sich in der Handlung widerspiegeln. In die Lehre von der Verursachung gehören sie nicht.

Aus allem folgt, daß wir berechtigt sind, den Eingriff in die Rechtssphäre als Beginn der rechtlichen Verursachung hinzustellen. Daß in der Literatur mit diesem Begriff bereits operiert worden ist, ist uns wohl bekannt,[2] er ist aber niemals in dieser allein wertvollen Bedeutung als Beginn der Verursachung richtig gewürdigt worden.

Wir haben den Beginn der juristischen Verursachung gefunden; es erübrigt sich nunmehr eine weitere Frage, die nämlich, wie weit wir den aus dem Eingriff sich ergebenden Veränderungsprozeß als juristischen Kausalzusammenhang auffassen; m. a. W. wir müssen den Punkt aufzufinden suchen, wo wir von einer juristischen Kausalität nicht mehr sprechen können, das ist aber das Ende der Kausalreihe. Diese Frage der Ausdehnung ist es ja gerade, an der die bisherigen Theorien mehr oder weniger gescheitert sind. Hier wird die feinste theoretische Untersuchung zu keinem Ergebnis gelangen, nur die Erfahrung kann uns eine Antwort geben.

Die verwickelten, komplizierten Verhältnisse des realen Lebens gestatten oftmals nicht die klare Einsicht in den Lauf der Ereignisse. Der unmittelbare Zusammenhang, den die Theorie mit leichter Hand konstruiert, fehlt in der Wirklichkeit. Die Wahrheit über den Zusammenhang der Ereignisse zu finden, ist meist überhaupt nicht möglich; die Überzeugung der Wahrheit tritt an ihre Stelle, welch erstere ihrerseits wieder begrenzt ist durch die beschränkten Mittel menschlicher Erkenntnis. So sagt das Reichsgericht zutreffend:[3] „Deswegen gilt im praktischen Leben der hohe Grad von Wahrscheinlichkeit, welcher bei möglichst erschöpfender und gewissenhafter Anwendung der vor-

---

[2] Rümelin, Verwendung der Kausalbegriffe S. 67; Endemann, Einführung S. 572.

[3] RG. 15 S. 339; vgl. 10 S. 148: „Wollte man in solchen Fällen (d. h. den Fällen, in denen sich die unmittelbar wirkende Ursache nicht ermitteln läßt) außer dem zur Herbeiführung des Erfolges völlig geeigneten schuldbaren Verhalten auch noch den Beweis des wirklichen ursächlichen Zusammenhangs fordern, so würde die Rechtsverfolgung nahezu ausgeschlossen sein.“ S. auch 12 S. 190; 18 S. 246; 25 S. 77. Vgl. Rechtsprechung der OLG. II S. 483 (OLG. Dresden). Vgl. RG. b. Gruchot Bd. XXXXVII S. 109 ff., bes. 111: „Die Kausalität beschränkt sich eben begrifflich nicht auf den unmittelbaren, d. h. nicht durch das Hinzutreten weiterer Bedingungen vermittelten Erfolg.“

handenen Mittel der Erkenntnis entsteht, als Wahrheit, und das Bewußtsein des Erkennenden von dem Vorliegen einer so ermittelten hohen Wahrscheinlichkeit, als die Überzeugung von der Wahrheit." Der Kausalzusammenhang ist danach zu beweisen, bei der Würdigung des Beweises ist es zu vermeiden, mechanisch vorzugehen.[4] Es ist bei dem Aufsuchen der Ursachen eines Erfolges so weit zurückzugehen, bis sich ein Moment auffinden läßt, aus welchem der Erfolg herauszuleiten ist. Hierbei besteht jedoch auch eine Grenze, denn die Zurückführung soll nur so weit geschehen, bis man auf ein rechtlich bedeutsames Moment stößt, d. h. einen Eingriff in die Rechtssphäre wahrnimmt.

Aus dem Prinzip, nicht mechanisch bei der Ermittelung der Ursache vorzugehen, folgt auch, daß die Kausalität nicht schon bei der Handlung jedes verkehrsfähigen Menschen, wie Endemann behauptet (§ 2 Anm. 17), aufhört. Es wird sich die Prüfung vielmehr darauf zu stützen haben, ob diese menschliche Handlung für die Entwickelung eine neue selbständige Kausalreihe beginnt oder nicht.

Wann und ob dies der Fall ist, darüber ist es schwierig, eine allgemein gültige Regel aufzustellen, da gerade hier die Einzelfälle verschieden sind und es meist zweifelhaft erscheint, ob der Mensch, dessen Handlung in Frage steht, tatsächlich die Veränderung in der Rechtssphäre des anderen begonnen hat. Um aber gleichwohl eine allgemeine Regel abzuleiten, ist es nötig zu unterscheiden. Jede rechtlich bedeutende Handlung eines Menschen ist ein Eingriff in die Rechtssphäre eines anderen. Nicht jedesmal aber wird sie die Bedingungen erfüllen, welche wir an den Eingriff stellten, wenn er den Beginn der rechtlichen Ursachenreihen enthalten soll. Ist dies nicht der Fall, so wird die menschliche Handlung keine selbständige Veränderung in der Rechtslage des anderen erzeugen. Man wird sie daher als kausal unselbständige Handlung bezeichnen können. Sie tritt nur innerhalb eines bestehenden Kausalverhältnisses ein.[5]

Im Gegensatz dazu stehen die kausal selbständigen Handlungen. Hierunter fallen einmal diejenigen, welche überhaupt erst den Entwickelungsprozeß erzeugen, sodann aber auch solche, welche innerhalb eines bestehenden Veränderungsprozesses selbst eine derartige fernere Veränderung erzeugen, daß der Erfolg auf sie zurückzuführen ist, also ohne sie nicht eingetreten wäre. Das Letztgesagte hindert nicht, daß

[4] Vgl. RG. 29 S. 121, 42 S. 292f.

[5] RG. 29 S. 121f.; 50 S. 223.

daneben noch andere, etwa ältere Kausalreihen laufen. Es führen dann eben mehrere Reihen den Erfolg herbei. Die kausal selbständigen Handlungen heben die früheren Kausalreihen nicht auf, sie brechen den Veränderungsprozeß nicht ab, sondern setzen ihn fort, woraus dann die Folge sich ergibt, daß sie mit früheren Kausalreihen den Erfolg herbeiführen können. Bisweilen aber erfolgt eine Auslösung, eine Überleitung der Prozesse, so daß dann die letzte Reihe allein den Erfolg nach sich zieht. Eine Unterbrechung des Kausalzusammenhanges im Sinne, daß die eine Kausalkette die andere abbricht, gibt es allerdings nicht. Wenn man gleichwohl von einer Unterbrechung des Kausalzusammenhanges spricht, so meint man im Grunde gar nicht eine Kausalfrage, sondern eine Haftungsfrage. Dies wird nur zu oft nicht beachtet. Wir sprechen daher von einer Unterbrechung des Kausalzusammenhanges erst, wenn wir die Lehre vom Verschulden behandeln.

Es ist allerdings nicht zu verkennen, daß die Schuld- und die Haftungsfrage in all den erwähnten Fällen eine besonders wichtige Rolle spielen. Die schuldhafte Verursachung dehnt die einfachen Kausalbegriffe aus, gibt ihnen erweiterte Bedeutung und macht sie praktisch wertbar. Wir wollen indes die Scheidung streng durchführen, auf der einen Seite Verursachen, auf der anderen Verschulden. Erst wenn wir beide Begriffe erkannt haben, können wir vom schuldhaften Verursachen Näheres sagen.

Kausal selbständige Tatsachen können, wie wir hinzufügen wollen, auch Ereignisse sein. Es gilt dann von ihnen das oben Gesagte.

Die zweite von uns aufgeworfene Frage nach der Ausdehnung des juristischen Kausalzusammenhanges ist demnach dahin zu beantworten, daß derselbe ausgedehnt wird bis zum Eingreifen einer neuen selbständigen Kausalreihe.

Wenn wir die gefundenen Resultate zusammenstellen, so erhalten wir für die juristische Kausalität folgendes Prinzip:

Die Kausalität beginnt mit dem Eingriff in die Rechtssphäre und erstreckt sich soweit, als nicht eine neue selbständige Kausalreihe in den sich aus dem Eingriff ergebenden Veränderungsprozeß eingreift.

Ist also der Eingriff in die Rechtssphäre der Anfang einer Veränderung, so setzt er dadurch die folgende Entwickelung in Bewegung, er ist, um mit Aristoteles zu sprechen, das „erste Bewegende". Wir haben ferner schon wiederholt hervorgehoben, daß die Ursache nur eine Tatsache sein kann.

Wenn wir also den Begriff der Ursache im juristischen Sinne ableiten wollen, so müssen wir sagen: Die Ursache ist die Tatsache des Eingriffs in die Rechtssphäre. Der juristische Kausalzusammenhang ist der aus diesem Eingriff sich ergebende Veränderungsprozeß in der Rechtslage eines Menschen.

Es wird sich hiernach auch die Frage beantworten lassen, wann wir einen Menschen als die Ursache eines Erfolges anzusehen haben. Wir hatten oben das Beispiel gebildet, daß der A. bis zu dem Augenblick, in dem er den B. ermordet, die Bedingung, von diesem Moment an aber die Ursache heißt. Dies kommt, wie wir jetzt sagen können, daher, daß der A. einen Eingriff in die Rechtssphäre des B. vorgenommen hat. Denn hierdurch tritt ein neues Moment in den Kreis der Bedingungen. Diese Tätigkeit des Menschen kann aber nach den Anschauungen des Rechts nun nicht als abstrakte Tatsache eine Ursache genannt werden, sondern es wird die Tätigkeit auf den Menschen selbst bezogen, welcher sie ausgeübt hat. Wenn wir daher den Menschen als Ursache bezeichnen wollen, so müssen wir, falls wir dieses Ursächlichwerden ausdrücken wollen, sagen: Der Mensch ist im rechtlichen Sinne Ursache durch eine einen Eingriff in die Rechtssphäre darstellende Handlung oder Unterlassung.[6] In dieser Definition sehen wir zugleich eine weitere Folge unserer Theorie, daß nämlich nur die erkenntlich an die Außenwelt tretende Tat eine Ursache genannt werden kann, denn nur diese ermöglicht den Veränderungsprozeß.

Erweitern wir das vorstehend Gesagte auf das Verhältnis des Ursachen- zum Bedingungsverhältnis überhaupt, so werden wir sagen können, daß diejenige Bedingung, durch welche der Eingriff erfolgt, von welcher er ausgeht, ihr reines Bedingungsverhältnis verläßt und zum Ursachenverhältnis wird. Wir können daher wohl sagen, daß das kausale Moment des Eingriffs in die Rechtssphäre die Bedeutung hat, die Bedingung zur Ursache zu erheben, ihr etwas von ihrem Wesen mitzuteilen. Daher kommt es denn auch, daß man oftmals ohne weiteres sagt, die Ursache ist diese oder jene Bedingung, während man logisch genau sagen müßte, die Bedingung wird zur Ursache

---

[6] Über die Kausalität der Unterlassungen § 5.

durch den Eingriff in die Rechtssphäre. Will man nach dieser Vorbemerkung die Ursache als eine besonders bedeutsame Bedingung kennzeichnen, so kann man sagen: Die Ursache ist die durch den Eingriff in die Rechtssphäre qualifizierte Bedingung. Dann kann man wenigstens noch den Veränderungsvorgang erkennen.

Das Resultat, das wir erhalten haben, erscheint als ein überraschend einfaches für ein so verwickeltes Gesetz wie das von Ursache und Wirkung. Vielleicht aber gerade wegen der großen Einfachheit kann es als richtig und brauchbar erscheinen. Es wird uns der Einwand entgegengehalten werden: Wie kann ein solcher Begriff wie der des „Eingriffs in die Rechtssphäre" brauchbar sein, und wie soll er denn im Einzelfalle bestimmt werden? Läuft diese Theorie denn nicht auf dieselben theoretischen, unannehmbaren Konsequenzen hinaus, wie alle anderen Kausaltheorien? Hierauf ist zu entgegnen, daß der Begriff im Einzelfall an der Hand der Gesetzgebung zu bestimmen ist und daß unseres Erachtens gerade darin die praktische Spitze der von uns aufgestellten Theorie liegt. Denn alle anderen Theorien, so subtil sie auch sein mögen, scheitern bei der Anwendung im konkreten Falle, vielleicht eben an ihrer Subtilität; mit rein abstrakten Begriffen kann die Rechtswissenschaft nicht operieren. „Bei einer praktischen Wissenschaft", sagt v. Ihering,[7] „muß die Theorie, wenn sie nicht auf Abwege geraten will, in beständiger Fühlung mit der Praxis bleiben." Die Begriffe müssen also praktisch verwertbar sein. Soll unser Begriff praktisch verwertet werden können, so muß er sich im Einzelfall im Gebiete einer konkreten Rechtsordnung bewähren. Er kann es aber deshalb, weil er allgemein ist und doch die dem Rechte eigentümlichen Momente in sich trägt. Denn wie weit das Gesetz die geschützte Interessensphäre erstreckt, ergibt sich aus ihm selbst. Diese Handhabe durch das Gesetz erleichtert eben dem Richter die Feststellung des Eingriffs in die Rechtssphäre. Die Prüfung der Frage, wie weit sich die durch den Eingriff hervorgerufenen Veränderungen zeigen, wie weit sich m. a. W. der Kausalzusammenhang erstreckt, muß ins Ermessen des Richters gestellt werden, aber auch hier bringt das Gesetz ihm Hilfe. Aus dem von uns aufgestellten Prinzip folgt als beachtenswerter Schluß, daß der Ursachenbegriff für das Straf- und das Zivilrecht der gleiche ist. Die Unterscheidung, welche man immer getroffen hat, fällt hier weg; das wichtigste Moment bleibt allein der

---

[7] Scherz und Ernst in der Jurisprudenz S. 353; vgl. 347.

Kreis und der Umfang der durch das Gesetz geschützten Interessen, wobei denn das im Strafrecht geschützte öffentliche Interesse eine ganz besondere Bedeutung hat.

Durch unsere Theorie wird der Begriff der „Mitursache", welcher sich im Zivilrecht ebenso notwendig erweist, wie im Strafrecht, nicht ausgeschlossen.[8] Denn es ist wohl nicht zu bezweifeln, daß ein Eingriff in die Rechtssphäre von mehreren Seiten erfolgen kann und daß andrerseits auch mehrere Eingriffe in das gleiche geschützte Interesse des Berechtigten an der gleichen Stelle erfolgen können. Jeder Eingriff stellt eine Ursache dar; nehmen wir also die Zulässigkeit mehrerer Eingriffe an, so folgt daraus, daß mehrere Ursachen bei einem Erfolge mitwirken können, d. h. der Begriff der Mitursache ist zulässig.[9]

Daß ferner der „Eingriff in die Rechtssphäre" nicht die einzige Ursache des Erfolges zu sein braucht, sondern daß eine unendliche Reihe anderer Vorgänge denselben Erfolg herbeiführen oder hätten herbeiführen können, bedarf, da es allgemein in Literatur und Rechtsprechung angenommen wird, keiner besonderen Erwähnung. Der Richter, welchem die Prüfung des Kausalzusammenhanges obliegt, kann nicht, wie das Reichsgericht mehrfach ausgesprochen hat, mit unendlichen Möglichkeiten rechnen; es muß ihm genügen, wenn er einen Eingriff in die Rechtssphäre, welcher im konkreten Falle allerdings meist im Verschulden bestehen wird, nachweisen kann. Denn da ein Vorgang in tatsächlicher Beziehung aus einer ungeheuer großen Anzahl von Antezedentien entsteht, wäre es unmöglich den juristischen Kausalzusammenhang zu finden, wenn nicht ein juristisch bedeutsames Antezedens den Anhaltspunkt für die Kausalität böte.[10]

II. Abschnitt.

Die Lehre vom Verschulden.

§ 4. Begriff und Arten des Verschuldens.

Über die Frage nach dem Wesen des Verschuldens herrscht ebenso, eine Meinungsverschiedenheit, wie bei der Frage der Kausalität.

[8] Vgl. v. Liszt, Strafrecht S. 106, 111; Rümelin S. 26 f.

[9] Nach der Theorie Birkmeyers ist der Begriff der Mitursache logischerweise ausgeschlossen. Denn wenn die Ursache die „wirksamste" Bedingung ist, so folgt daraus, daß dies eben nur eine Bedingung sein kann. Wenn er aber dennoch a. a. O. Anm. 90 den Begriff der Mitursache nach seiner Lehre nicht ausschließt, so begeht er eine Inkonsequenz und verläßt den Standpunkt der „wirksamsten" Bedingung.

[10] Vgl. die § 4 Anm. 12 angef. Erkenntnisse des RG. Vgl. u. a. Pernice, Zur Lehre von den Sachbeschädigungen S. 178.

Die Streitfragen, welche sich an das Wesen des Verschuldens knüpfen, kommen für unseren Zweck weniger in Betracht, da sie sich zumeist nach anderen Richtungen hin wenden, als die uns hier interessierenden Probleme liegen. Es sollen daher in diesem Paragraphen nur die wichtigsten Fragen der Lehre vom Verschulden behandelt werden, und auch diese auch nur in großen Umrissen, da wir einige Spezialfragen im besonderen Teile eingehender behandeln müssen (so besonders die Lehre vom eigenen Verschulden).

Wir nehmen mit v. Liszt[1] an, daß das Verschulden eine Beziehung darstellt zwischen dem Täter und dem durch seine Handlung herbeigeführten Erfolg, eine Beziehung, aus welcher sich sittlich wie rechtlich seine Verantwortlichkeit ergibt. Aus dieser wiederum folgt, daß der Täter für seine Tat zur Strafe oder zum Ersatz herangezogen werden kann. Das Verschulden als solches beruht auf einen fehlerhaften Willensvorgang, es äußert sich indes erst in der Handlung. Ist dies richtig, so ergeben sich hieraus mannigfache Konsequenzen, welche uns zeigen, wie sehr sich das Verschulden vom Verursachen unterscheidet. Die Verantwortlichkeit sieht nach der Seite der Moral ebenso wie nach der Seite des Rechtes. Wir setzen aber bei der Verantwortlichkeit voraus, daß dem Täter seine Handlung zuzurechnen und der Erfolg zurechenbar ist.[2] Fehlen diese Voraussetzungen, so können wir nicht mehr von einer Verantwortlichkeit reden, die Haftung für den Erfolg ist damit fortgefallen. Es ist also einmal das Verschulden dadurch vom Verursachen verschieden, daß es sich bei ihm nicht wie bei letzterem um eine Tatsache von rechtlicher Bedeutung handelt, sondern daß es gegründet ist auf das Vorhandensein derjenigen Eigenschaften des Menschen, welche eine Zurechnung des Erfolges gestatten, auf dem Vollbesitz der moralischen Kräfte (der Willenstätigkeit). Nur so begründet es die Zurechnungsfähigkeit. Von welchen Voraussetzungen diese abhängig gemacht wird, ist eine Frage, welche zu beantworten hier zu weit führen würde, welche in den verschiedenen Gesetzbüchern verschieden beantwortet wird.

Die Frage nach der Verursachung dagegen ist lediglich, wie erwähnt, eine reine Tatsachenfrage, welche von den Begriffen des Verschuldens und der Zurechnungsfähigkeit an sich völlig absieht. Hier handelt es sich eben nur darum, festzulegen, daß eine Tatsache durch

[1] Lehrbuch des Strafrechts § 36; Deliktsobligationen S. 46.

[2] Liszt, Deliktsobligationen S. 47 ff.; Strafrecht § 36; Haß, a. a. O. S. 352 ff.; Dernburg, Bürgerl. Recht II Abt. 1 S. 184 ff; Endemann S. 580 ff.

eine andere erzeugt, diese demnach die Ursache jener ist. Es besteht also die Kausalität ohne das Merkmal des Verschuldens; auch ein Geisteskranker verursacht den Tod derjenigen, den er erschießt; er verschuldet ihn aber nicht, eben weil er nicht zurechnungsfähig ist.[3] Ein Ereignis „verursacht" einen Erfolg, ebenso wie ein Mensch, ein Verschulden aber kann nur letzterem zur Last fallen. Viele Verwirrung hat dabei angerichtet, daß wir für „verursachen" im Deutschen „verschulden" sagen; sind doch selbst moderne Gesetzbücher von dieser Verwechselung nicht frei!

Ein anderer Unterschied, den wir zwischen Verschulden und Verursachen finden, liegt in folgendem. Die Ursache ist eine juristische Tatsache; darin liegt enthalten, daß sie niemals ihre Qualität ändern kann; sie kann zwar stärker oder schwächer wirken, sie kann vorwiegend gegenüber anderen Tatsachen zu einem Erfolge beitragen, d. h. also ihre Intensität ändern; qualitativ ist sie unveränderlich. Das Verschulden dagegen, welches auf Willensvorgängen beruht, kann mit der Veränderung der Intensität und Stärke, mit der es auftritt, auch seine Qualität verändern. Denn sicherlich unterscheidet sich qualitativ die culpa levissima vom dolus.

Diese Unterscheidungen zu differenzieren ist erst dem entwickelten Rechtsbewußtsein gelungen. Wir haben also im Verschulden verschiedene der Qualität nach verschiedene Abstufungen, im Verursachen dagegen nur verschiedene Intensität. Die verschiedenen Arten des Verschuldens erscheinen als Vorsatz und Fahrlässigkeit. Ob aber Vorsatz oder Fahrlässigkeit bei einer Handlung vorliegt, ist im Einzelfall zu entscheiden; meist verlangt das Gesetz Vorsatz oder Fahrlässigkeit zur Begründung der Schadenshaftung.

Über den Begriff und das Wesen des Vorsatzes und der Fahrlässigkeit selbst besteht Streit, der vor allem auf dem Boden des Strafrechtes entbrannt ist. Man unterscheidet die Willenstheorie und die Vorstellungstheorie.[4] Letztere scheint den Sieg davonzutragen; sie ist auch in der Tat die zutreffende; wir schließen uns ihr an und sagen daher folgendes.

1. Vorsatz ist die Voraussicht des Erfolges, welcher durch die vorangehende Willenstätigkeit eintritt oder nicht gehindert wird. Das Bewußtsein der Rechtswidrigkeit wird daher nicht erfordert, außer in

---

[3] Vgl. u. a. v. Buri, Kausalität S. 2.

[4] Vgl. v. Liszt, Strafrecht § 39.

denjenigen Fällen, in denen es das Gesetz selbst verlangt.[5] Voraussicht des Erfolges bedeutet aber, daß der Handelnde sich bewußt ist, einen Eingriff in ein Recht vorzunehmen, mag dieses ein fremdes oder ein eigenes Recht sein.

Wir können schon hier einen Zusammenhang der Begriffe des Verschuldens und des Verursachens sehen, auf welchen wir später noch zurückkommen müssen. Das Ursächlichwerden des Handelnden liegt hier bereits vorbereitet vor, indem ein Eingriff in die Rechtssphäre eines anderen erfolgen soll. Die sich im Verschulden äußernde Willenstätigkeit wirkt bei der Handlung als einer schuldhaften nach. Das Nähere müssen wir an geeignetem Orte (S. 31f.) darstellen. Jedenfalls erfordert der Vorsatz die Absicht in ein Recht einzugreifen.

2. Fahrlässigkeit ist „die Voraussehbarkeit des Erfolges".[6] Es gehört dazu, wie v. Liszt (Anm. 6) sagt, sowohl Mangel an Vorsicht wie auch Mangel an Voraussicht, der Handelnde muß in der Lage gewesen sein, den Erfolg vorauszusehen. Es ist zur Bestimmung der Fahrlässigkeit ein objektiver und ein subjektiver Maßstab erfordert. Das Kriterium der Fahrlässigkeit wird dadurch gegeben, daß man „die im Verkehr erforderliche Sorgfalt außer acht läßt" (vgl. BGB. § 276 Abs. 1).

Haben wir hiernach den Begriff des Verursachens von dem des Verschuldens abzugrenzen versucht und ferner gesehen, daß das Verschulden sich in Vorsatz und Fahrlässigkeit teilt, so fragt sich nunmehr, in welcher Weise das Verschulden in Beziehung znm Verursachen tritt. Daß das Verschulden in der von uns bisher geschilderten Weise nicht „kausal" sein könne, leuchtet ein. Denn als eine Beziehung zwischen dem Subjekt und dem Erfolg kann es unmöglich einen Eingriff in die Rechtssphäre, also eine verändernde Betätigung, ausüben; eine Betätigung, sei es als Handlung, sei es als Unterlassung, wird aber stets vom Recht als Ursache verlangt.[7] Trotzdem spricht man in der Literatur, sprechen die Gesetze und die Gerichte, auch die höchsten Gerichtshöfe, von einem Verschulden, welches kausal sei. Wir können dies nur so verstehen, daß man damit nicht das Verschulden als solches in dem genannten Sinne versteht, sondern nur die schuld-

---

[5] v. Liszt, Strafrecht § 41.

[6] v. Liszt, Strafrecht § 42; Deliktsobligationen S. 55.

[7] Es ist im § 8 bereits gesagt, daß der Wille als solcher nicht eine Verursachung im Rechtssinne enthalte. Das Verschulden in dem bisher gebrauchten Sinne stellt aber zweifellos einen Willensakt dar.

hafte Handlung bezw. Unterlassung, d. h. das in Tätigkeit umgesetzte Verschulden meint, wenn man von der Kausalität des Verschuldens spricht. Es handelt sich nur um eine ungenaue, an sich unjuristische Ausdrucksweise, welche aber so allgemein verbreitet ist, daß wir uns derselben nicht entziehen können. Wenn man ferner sagt, „es trifft jemanden ein Verschulden", so soll damit im allgemeinen gesagt sein, es habe jemand eine Handlung begangen, welche sich als schuldhafte darstellt und — dies ist meist die Hauptsache — seine Haftpflicht begründet. Während man im allgemeinen unter Verschulden den Vorsatz und die Fahrlässigkeit begreift und nur ausdrücken will, daß ein Haftung begründender Vorgang vorliegt, versteht man in einem engeren Sinne allein die Fahrlässigkeit unter diesem Begriffe.[8]

Über die Beziehungen des Verschuldens, d. h. der schuldhaften Handlung, zum Verursachen wäre in Kürze noch folgendes zu sagen. An sich wäre es richtig, nicht von der schuldhaften Handlung als Ursache zu sprechen, sondern zurückzugehen auf die Willenstätigkeit und diese als das kausale Element zu bezeichnen. Aber was wir im § 3 bereits ausgeführt haben, gilt auch hier. Gerade beim Verschulden zeigt es sich, daß die Willensvorgänge einen nachhaltigen Einfluß auf die Handlung und auch auf deren Beurteilung ausüben. Denn da, wo die Handlung auf nicht zurechenbaren Willensvorgängen, wenn man so sagen kann, beruht, liegt kein Verschulden mehr vor, die Handlung eines Unzurechnungsfähigen ist keine schuldhafte. Auf der anderen Seite genügt auch ein bloßer schuldhafter Wille nicht, wenn die Handlung nicht schuldhaft ist. Die Lehre des Strafrechts vom Versuch am untauglichen Objekt kann hier nicht in Betracht kommen. Die schuldhafte Handlung allein ist kausal.[9]

Das Verschulden begründet die Haftbarkeit. Erst langsam hat sich die Anschauung durchgerungen, daß zur Verantwortlichkeit eine Schuld vorauszusetzen sei. So wird denn auch nach heutigem Rechte

---

[8] Dernburg, Bürgerl. Recht II Abt. 1 S. 137.

[9] Vgl. Haß, a. a. O. S. 352 ff. Wenn er aber S. 353 sagt, daß zur Bejahung der Frage, ob Kausalzusammenhang und Schuld zusammenzufassen und gemeinsam festzustellen seien, nur „Zweckmäßigkeitsrücksichten" führen, so irrt er. Gemeint ist offenbar, daß man von der Kausalität des Verschuldens spricht. Diese ist doch aber nur, wenn auch die gewöhnliche, so doch nur eine Art juristischer Kausalität, von der man erst dann reden kann, wenn der Begriff der Verursachung und der Verschuldung genügend festgestellt sind. Man läuft sonst Gefahr, in Verwechselungen zu verfallen.

in den meisten Fällen zur Ersatzpflicht eine Schuld gefordert. Indessen ist in neuerer Zeit die Anschauung, daß ein Verschulden nicht vorliegen müsse, um eine Haftung zu begründen, vorwiegend auf Grund der Entwickelung der modernen Industrie und der damit verbundenen Betriebsgefahren in zahlreichen Fällen durchgedrungen und ist in den verschiedenen Gesetzgebungen erweitert worden, so daß in einer großen Reihe von Fällen ein Verschulden zur Haftungsbegründung nicht gehört. In wie weit eine solche Haftung im allgemeinen reichen und in welchen Fällen sie Anwendung finden soll, ist eine Frage, deren Beantwortung an der Hand der einzelnen Gesetze gegeben werden kann. Schon das römische Recht kannte ganz vereinzelte Fälle, in denen eine Haftung vom Verschulden unabhängig war, bei Gastwirten und Schiffern.[10] Über den Grund dieser Haftung ohne Verschulden ist in der jüngsten Zeit viel gestritten worden. Im allgemeinen steht man jetzt auf dem Standpunkt, daß die Gefährdung allgemeiner Interessen einen Ersatz des aus solchen gefährdenden Veranstaltungen und Unternehmungen entstehenden Schadens fordert.[11] Die Einzelheiten dieser Lehre können an dieser Stelle nicht gegeben werden. Soviel sei nur erwähnt, daß für diese sog. Kausalhaftung besonders der § 1 des Reichshaftpflichtgesetzes und die §§ 833—838 BGB. in Betracht kommen.

Im allgemeinen aber wird zur Entstehung eines Schadens Verursachung und Verschuldung verlangt; auf diesem Standpunkt steht, wie wir noch sehen werden, das BGB. Wird eine culpa gefordert, so kann in den Fällen, in denen ohne Verschulden eines Menschen ein Schaden entstanden ist, eine Haftbarkeit für denselben nicht eintreten. Von einer Ersatzpflicht ohne Verschulden ist nur in den gesetzlich besonders geregelten Fällen zu sprechen; eine Verursachung liegt aber auch in dem letzterwähnten Fall vor, sie ist nur juristisch irrelevant.

Das Verschulden kann aus bestimmten Gründen auch für die Frage der Ermittelung des Kausalzusammenhanges und der Ursache von besonderer Bedeutung werden. Wir haben bereits auf die Schwierigkeiten hingewiesen, welche sich ergeben, wenn der unmittelbare Zusammenhang der Ereignisse erforscht werden soll. Wir sahen, daß die Wahrscheinlichkeit als Wahrheit zu gelten hat. Die Wahrscheinlich-

---

[10] S. l. 3 § 1 D. nautae caupones 4, 9.

[11] Vgl. bes. M. Rümelin, Die Gründe der Schadenszurechnung S. 45 ff.

keit aber, daß ein Verhalten den Erfolg herbeigeführt hat, wird erhöht durch den Nachweis, daß es ein schuldhaftes Verhalten gewesen ist, da die Rechtsverfolgung „nahezu ausgeschlossen" sein würde, wenn man außer dem zur Herbeiführung des Erfolges geeigneten schuldhaften Verhalten noch den Nachweis des wirklichen ursächlichen Zusammenhanges forderte. An das schuldhafte Verhalten wird sich der Richter zu halten haben, von hier aus wird er die Fragen prüfen, ob ein Zusammenhang vorliegt, ob eine Haftung eintreten kann.

Wenn also ein schuldhaftes Verhalten vorliegt, „auf welches bei gewöhnlichem Verlaufe der angerichtete Schaden zurückzuführen ist," so darf man nicht noch fragen, ob der Schaden nicht vielleicht auch anderweit entstanden sein könne. Wenn man „im unerschöpflichen Gebiete der Möglichkeiten" nach der unmittelbar wirkenden Ursache forschen wollte, so würde eine Ersatzpflicht so gut wie ausgeschlossen sein.[12] Die schuldhafte Handlung gewährt uns also oft, wenn man so sagen darf, die Präsumtion einer Verursachung des Erfolges, d. h. zwecks Erleichterung der Beweislast ist uns die schuldhafte Handlung, wenn sie eine innere Beziehung zum Erfolge enthält, die Ursache des Erfolges. Dies ist nur eine Folge der Kulpahaftung; denn findet sich unter den Antezedentien eine schuldhafte Handlung, welche sich in Beziehung zum Erfolg setzen läßt, so nimmt man diese eben als Eingriff in die Rechtssphäre an.

Wir sehen, daß das Verschulden dem Juristen bei der Ermittelung der Kausalität stets hilfreich an die Hand geht. Dadurch, daß es sich in eine Tätigkeit umsetzt und in die Erscheinung tritt, wird es auch stets einen Eingriff in das Recht des anderen enthalten. Wir können daher dem oben von uns aufgestellten Satze, daß es ein Verursachen ohne Verschulden gäbe, den Satz entgegenstellen, daß es ein Verschulden ohne Verursachen nicht gibt. Das Vorhandensein eines Verschuldens macht die Anwendung des Ursachenbegriffs praktisch verwertbar und wertvoll. Es rückt den Begriff der Ursache in das richtige juristische Licht, es stellt den Zusammenhang her zwischen dem Tatsachenbegriff der Ursache und dem psychischen Begriff des Verschuldens, welches wir uns ohne die Willenstätigkeit nicht denken können. Sahen wir uns oben (S. 20) genötigt, von der Ursache alle Willenshandlungen auszuschließen und erst beim Eingriff in die Rechtssphäre die Betätigung des kausalen Momentes zu sehen, so

[12] RG. 10 S. 143; 12 S. 190; 42 S. 298; S. 49 ff. u. a. m.

werden wir hier, wenn wir von einem schuldhaften Verursachen sprechen, wegen des Schuldmomentes zurückzugehen haben auf die vorangehenden inneren Entwickelungen und den Menschen als Ursache nicht mehr als eine Tatsache des Eingriffs ansehen, sondern ihn als wollendes, denkendes und fühlendes Wesen betrachten. Die Ursache ist gewissermaßen das Gerippe, an welches sich das Verschulden ansetzt, um dem Ganzen Form und Gestalt zu geben. Aber nötig ist dazu eben auch das Gerippe als die Grundlage des Ganzen. Wie sich ein Zusammenhang zwischen Verschulden und Verursachen herstellen läßt, konnten wir bereits oben (S. 29) andeuten, als wir vom Vorsatz sprachen. Die Voraussicht des Erfolges deutet bereits auf den kommenden Eingriff hin. Sie enthält schon die Willensmomente, da sie ohne einen Willen überhaupt undenkbar ist. Es ist aber die Voraussicht nicht die normale Willenstätigkeit, sie ist vielmehr bereits ein Willensfehler. Wenn sich nun die Voraussicht durch die Tat verwirklicht, so ist der Zusammenhang zwischen causa und culpa gegeben. Weil aber das Verschulden das praktisch verwertbarere Moment ist, kommt es, daß die Praxis sich mit seinem Vorhandensein zufrieden gibt. Man sieht die Möglichkeit, aus dem Verschulden das Verursachen herzuleiten, und so kommt man denn zu der Ausdrucksweise der Kausalität des Verschuldens. Die theoretischen Untersuchungen scheitern wie erwähnt, oft an dieser Klippe. Die Theorie muß aber sorgfältig beide Begriffe scheiden und für sich behandeln. Erst dann können sie in Beziehungen zu einander gebracht werden, wobei ihre Eigenheiten bewahrt bleiben müssen.

Treten nun zwischen ein schuldhaftes Verursachen und den Erfolg andere schuldhafte Handlungen, so werden die oben (S. 22) aufgestellten Begriffe der kausal selbständigen und der kausal unselbständigen Handlungen hier in ihr volles Recht treten. Wann das eine oder das andere vorliegt, ist dem Einzelfall zu überlassen.

Ein aus der Rechtsprechung des Reichsgerichts entlehntes Beispiel[13] wird dies erweisen. Durch das Verschulden eines Kutschers gingen die Pferde eines Wagens durch. Der Kläger, welcher im Wagen saß, sprang heraus und ergriff die Zügel um die Pferde zu bändigen. Es gelang ihm nicht, er kam vielmehr unter die Räder und wurde verletzt. Seiner Klage auf Ersatz der Heilungskosten gegen den Kutscher hat das Reichsgericht stattgegeben und in der Begründung

[13] Bd. 29 S. 120 f. Gegen diese Entscheidungen polemisiert heftig Endemann, Rechtswirkungen S. 30 ff.; allerdings u. E. ohne Grund.

des Urteils folgendes ausgeführt: „Hat jemand durch seine Schuld eine Situation herbeigeführt, in welcher es für einen anderen zur rechtlichen oder moralischen Pflicht wird, ohne Rücksicht auf die damit verbundene eigene Gefahr zum Schutze des Lebens, der Gesundheit oder vielleicht auch wertvoller Güter Dritter einzugreifen, so wird derjenige, welcher für die Entstehung der Gefahr verantwortlich ist, sich der Haftung für den bei den Rettungsversuchen entstehenden Schaden nicht entschlagen können." Hieraus folgt, daß die Haftung für das Verschulden auch diejenigen Handlungen anderer Personen in sich begreift, welche auf Grund jener schuldhaften Handlung tätig wurden, vor allem wenn sie bei der Abwendung des daraus entstehenden Schadens selbst einen Schaden erleiden.

Man wird hieraus den weiteren Schluß ziehen müssen, daß die Voraussehbarkeit der Schadensfolgen kein Erfordernis für die Haftung bildet. Wenn sich der Vorsatz und die Fahrlässigkeit auch als Voraussicht und Voraussehbarkeit darstellen, so ist dies doch höchstens auf den Erfolg zu beziehen, welchen der Handelnde erstrebt. Auf die sich daraus ergebenden Wirkungen kann man dies nicht anwenden.[14] Dafür wird gehaftet, auch wenn sie der Handelnde nicht vorausgesehen hat. Indes, diese Haftung ist nicht ins Unendliche ausgedehnt. Denn mit dem Eingreifen einer selbständigen Handlung hört die Haftung auf.

§ 5. Die Unterbrechung des Kausalzusammenhangs. Die Kausalität der Unterlassungen.

Die letzten Erwägungen führen uns zu der gleichfalls viel umstrittenen Frage der Unterbrechung des Kausalzusammenhanges. Wir halten es für zulässig, von einer Unterbrechung des Kausalzusammenhangs zu sprechen; es scheint auch als ob diese Anschauung vorwiege.[1] Die Gegner[2] führen meist folgendes aus: sie sagen, es besteht entweder ein Kausalzusammenhang oder er besteht nicht, ein drittes, d. h.

[14] Rümelin, Kausalbegriffe S. 67 f.; Endemann, Einführung S. 572.

[1] Dafür haben sich ausgesprochen u. a. v. Bar, a. a. O. § 4; Birkmeyer S. 20 ff.; Pernice, Zur Lehre von den Sachbeschädigungen S. 174; Endemann, Rechtswirkungen S. 35 ff.; Einführung S. 516 f.; vgl. RG. 10 S. 50 u. a. Das Reichsgericht vertritt überhaupt in einer großen Reihe von Entscheidungen den Standpunkt, daß eine Unterbrechung des Kausalzusammenhanges zulässig sei.

[2] v. Liszt, Deliktsobligationen S. 74 ff.; v. Kries S. 35; Haß S. 403; Titze, Unmöglichkeit der Leistung S. 186 Anm. 22; Pach, Der Leistungsverzug, Berlin 1902, S. 111. Unserer Ansicht ähnlich Köhler, Umfang der Schadensersatzpflicht nach dem Bürgerl. Gesetzbuch, Bonner Inaug.-Diss. S. 52 f.

ein Unterbrechen desselben gibt es nicht, denn es könne die einmal begonnene Kausalreihe nicht wieder zum Stillstand gebracht werden. Aber darum handelt es sich ja auch bei der Frage nach der Unterbrechung des Kausalzusammenhangs gar nicht, es handelt sich vielmehr um die Frage, wie weit die Haftung aus dem Eingriff in die Rechtssphäre sich erstreckt.[3] Daraus folgt, daß diese Lehre von der Unterbrechung des Kausalzusammenhanges nicht in die Lehre von der Kausalität, sondern in die Lehre vom Verschulden gehört. Die Haftung beruht auf dem Verschulden, das eintretende schuldhafte Handeln führt die Unterbrechung herbei (s. ob. S. 33). Es ist die Frage, ob durch ein neu eintretendes Moment die Haftung aufgehoben werden kann; eine solche Aufhebung ihrerseits kann nur mit Wirkungen in futurum, nicht auch in praeteritum erfolgen. Die entstandenen Wirkungen bleiben bestehen und ebenso die Haftung. Daß aber ein neues Moment eingreifen muß, ergibt der Begriff der „Unterbrechung des Kausalzusammenhangs". Denn eine Unterbrechung des Kausalzusammenhangs ist eben nur da möglich, wo ein solcher bereits besteht; es muß eine Ursache und der sich ergebende Veränderungsprozeß vorhanden sein, welcher noch nicht beendet ist. Nach der Verursachung, aber vor dem Eintreten der schließlichen Wirkung erfolgt die Unterbrechung, und zwar derart, daß sie eingreift, die bereits eingetretene Wirkung fortsetzt und eine neue Wirkung herbeiführt. Dies ist allein die Bedeutung, welche man einer Unterbrechung des Kausalzusammenhangs beimessen kann. Eine Abschwächung der Haftung erfolgt, gleich ob diese auf Verschulden beruht oder nicht. Die Frage nach der Unterbrechung des Kausalzusammenhanges bedeutet nichts als eine Haftungsfrage.

Gründe für die Annahme und Herleitung der Unterbrechung des Kausalzusammenhangs sind in der verschiedensten Weise aufgestellt worden; so sagt Pernice,[4] indem er davon ausgeht, daß das Verhältnis von Ursache und Wirkung ein ausschließliches sei und eine Ursache, die nicht allein die Wirkung hervorbringe, keine Ursache sei, daß jeder Umstand, „der selbständig die nämliche Wirkung herbeiführt," die Kausalität durchschneide. Diese Behauptung geht zu weit, denn es ist nicht möglich anzunehmen, daß jeder Umstand, der später eingreift, jede neue causa, den Zusammenhang unterbricht. Zu eng ist

[3] Endemann, Rechtswirkungen S. 38.

[4] Sachbeschädigungen S. 174.

andererseits die Ansicht Endemanns, daß nur eine menschliche Handlung den Zusammenhang unterbrechen könne, nie aber ein casus.[5] Es drängt sich die Frage auf, wo liegt hier die Grenze? Wann ist eine Unterbrechung des Kausalzusammenhangs gegeben, wann nicht? Wir glauben, einen Hinweis in den Entscheidungen der römischen Juristen zu finden, welche ihre Sätze nicht auf allgemeinen Prinzipien aufbauten, sondern die nach Lage des einzelnen Falles urteilten. Vielleicht gelingt es uns, daraus gewisse Grundsätze herzuleiten.

Von den hierher gehörenden Stellen spricht am deutlichsten die l. 11 § 3 D. ad leg. Aqu. 9,2:

> Celsus scribit, si alius mortifero vulnere percusserit, alius postea exanimaverit, priorem quidem non teneri quasi occiderit, sed quasi vulneraverit, quia ex alio vulnere periit, posteriorem teneri, quia occidit.

Der Fall liegt einfach: A. hat den B. tötlich verwundet, C. aber tötet ihn. Durch diese Handlung greift C. in den durch A. verursachten Entwickelungsprozeß ein, welcher an sich zum Tode des B. führen würde. C. aber führt den Prozeß durch seine Tat zum Ende. Der Kausalzusammenhang zwischen der Tat des A. und dem Tode des B. ist hier unterbrochen. Es besteht bereits eine Kausalkette von der Verwundung durch A.; in diese Kette — postea — greift die Handlung des B. ein; sie bewirkt, daß die Haftung des A., welche voraussichtlich bis zur Tötung sich erstreckt hätte, in dem Moment aufhört, in welchem diese selbständige neue Handlung des C. eingreift. A. haftet quasi vulneraverit, weil B. ex alio vulnere periit.[6] Für die Haftung des C. kommt es nicht in Betracht, daß der Erfolg durch A. schon vorbereitet war. Es beginnt durch seine schuldhafte Handlung eine neue Kausalreihe. In dem besprochenen Fall ist es klar, an welcher Stelle der Zusammenhang unterbrochen ist, oder wie der Jurist sagt (l. 11 § 2 eod.) cuius ictu perierit; wäre es nicht ersichtlich, so müßten alle haften quasi occiderint. Es läge dann das Verhältnis der Mitursache vor, es sind mehrere Eingriffe in die Sphäre

---

[5] Endemann, Rechtswirkungen S. 87. In der Einführung S. 577 scheint er indes diese Ansicht auch zu Gunsten der Unterbrechung durch casus gemildert zu haben.

[6] Wir weisen besonders darauf hin, daß hier nur die Frage des **Umfangs** der Haftung interessiert, nicht auch die Frage des **Inhalts** der Haftung. Letztere Frage war nach der lex Aquilia für das erste und dritte Kapitel besonders und abweichend vom heutigen Rechte geregelt. Die Unterbrechung des Kausalzusammenhangs dagegen ist für römisches und heutiges Recht gleicherweise abzuleiten.

des Verletzten erfolgt, ein für den Einzelnen charakteristischer Entwickelungsprozeß hat sich nicht herausgestellt; es kann also von dem Eingreifen einer neuen causa nicht die Rede sein. Es wird dann auch nicht von einer Unterbrechung des Kausalzusammenhanges gesprochen.

Eine andere Stelle, welche hierher gehört ist die l. 15 § 1 D. ad legem Aquiliam 9,2. Sie lautet:

> Si servus vulneratus mortifere postea ruina vel naufragio vel alio ictu maturius perierit, de occiso agi non posse, sed quasi de vulnerato, sed si manumissus vel alienatus ex vulnere periit, quasi de occiso agi posse Julianus ait. Haec ita tam varie, quia verum est eum a te occisum tunc cum vulnerabas, quod mortuo eo demum apparuit: at in superiore non est passa ruina apparere an sit occisus.

Der Jurist scheidet 2 Fälle. Im ersten ist der Sklave tötlich verwundet worden, er geht aber ehe die Kausalreihe zum Ende geführt ist, d. h. ehe der Tod eintrat, an einer anderen Todesursache zu Grunde, z. B. durch einen Einsturz des Gebäudes in welchem sich der Sklave befand. Hier kann nicht de occiso, sondern nur quasi de vulnerato geklagt werden. Denn da das neu eintretende Moment des Einsturzes eingreift und nunmehr den Tod herbeiführt, kann es nicht mehr festgestellt werden, an sit occisus. Die neue, den Tod herbeiführende Kausalreihe, bricht jedenfalls die Haftung des Verwundenden ab, sie verhindert, daß die Verwundung die Todesursache werden konnte.[7] Jedenfalls handelt dieser Fall von einer Unterbrechung des Kausalzusammenhanges in dem von uns oben erwähnten Sinne. Da hier nicht de occiso geklagt werden kann, ist zu folgern, daß an sich zwar die Kausalreihe weiter laufen würde, daß aber der culpa nicht die Ausdehnung gegeben werden kann, daß sie über den Eintritt der ruina hinaus wirksam sein soll.[8] — Anders verhält es sich in dem zweiten Falle, in welchem der Verwundete nach einem Zwischenraum — manumissus vel alienatus — zu Grunde geht. Hier ist der Zusammenhang nicht unterbrochen, der eintretende Tod ist die schließliche Wirkung der Verwundung; es ist kein neuer Eingriff vorhanden, der einmal in die Erscheinung getretene Veränderungsprozeß wickelt sich, wenn auch vielleicht langsam, ab.

---

[7] Vgl. Endemann, Rechtswirkungen S. 44.

[8] Das in Anm. 6 Gesagte gilt auch hier.

Die l. 15 § 1 D. 9,2 kommt für uns aber noch in anderer Beziehung in Betracht. Es handelt sich hier nicht um den Eingriff einer auf menschlicher Tätigkeit beruhenden neuen **causa**, sondern um das Eingreifen einer davon unabhängigen Tatsache, einer **ruina**, eines **naufragium** oder **alius ictus**. Auch solche Ereignisse unterbrechen nach der Ansicht der römischen Juristen den Kausalzusammenhang, d. h. das eintretende Ereignis bricht die Haftung des Täters ab; was jenseits des Ereignisses liegt, wird nicht mehr dem Täter zugerechnet, sondern führt als selbständige Ursache den, vielleicht auch vom Täter herbeigeführten, Erfolg herbei. Mit den Möglichkeiten, die sich ergeben könnten, kann die Rechtswissenschaft aber nicht rechnen. Da der Erfolg, d. h. der Tod des Sklaven, nicht mehr auf die Tat des Menschen zurückgeführt werden kann, so muß dieser durch das dazwischen tretende Ereignis befreit werden von der weiteren Haftung. Anders, wie gesagt, wenn zwei menschliche Handlungen einen Erfolg herbeiführen. Hier kann die frühere Handlung mit der zweiten Handlung zusammen den Erfolg als Mitursache herbeiführen, es kann aber auch eine Unterbrechung des Kausalzusammenhanges eintreten. Nimmt man eine Unterbrechung des Kausalzusammenhanges nicht an, so muß man sich, wie es Endemann tut, herauszuwinden versuchen und verfängt sich dabei in Widersprüchen.[9]

Wir nehmen an, daß auch ein Ereignis anderer Art als eine menschliche Handlung den Kausalzusammenhang unterbricht. Es fragt sich, welcher Art die Ereignisse sein können. **Naufragium** und **ruina** finden wir noch an mehreren Stellen in den Pandekten als Haftung hindernde Tatsachen erwähnt, und zwar meist in Zusammenstellung mit anderen Ereignissen, wie **hostium incursus** 2c. Diese Ereignisse werden als **maior casus, cui humana infirmitas resistere non potest** oder ähnlich bezeichnet.[10] Wir bezeichnen die Ereignisse als Zufall oder als höhere Gewalt und nehmen allgemein an, daß für dieselben eine Haftung nicht begründet wird.

Wenn wir nunmehr die Ausführungen, die wir im Anschluß an das römische Recht gegeben haben, überblicken, so werden wir folgendes als Resultat aufstellen dürfen.

Die Unterbrechung des Kausalzusammenhanges ist gegeben durch menschliche Handlungen und durch unabhängig von diesen eintretende

---

[9] Endemann, Rechtswirkungen S. 43.

[10] l. 1 § 4 D de O et A. 44,7; l. 18 D. commodati vel contra 13,6; l. 15 § 2 D. locati conducti 19,2; l. 3 § 1 D. nautae caupones 4,9 (damnum fatale).

Ereignisse (z. B. Blitz, Erdbeben). Es handelt sich hierbei nicht um die reine Kausalfrage, sondern um die Verschuldungs- und Haftungsfrage. In den Fällen, in denen kein Verschulden mehr angenommen werden kann, weil eine neue Tatsache eingreift, wird die Haftung abgebrochen und es tritt der neue Eingriff in den bisherigen Veränderungsprozeß, indem er nun den schließlichen Erfolg herbeiführt. Ist dies nicht klar ersichtlich, sondern tritt eine spätere Handlung in eine bestehende Kausalkette ein, ohne daß aber kenntlich wird, welche der beiden Ursachen den Erfolg herbeigeführt hat, so kann auch nicht mehr von einer Unterbrechung des Kausalzusammenhanges durch den letzten Eingriff die Rede sein, sondern es liegt dann ein Mitursachenverhältnis vor (z. B. der Fall der l. 11 § 2; l. 51 pr. D. 9,2). Wir werden daraus zu schließen haben, daß nicht alle ein Verschulden enthaltenden Handlungen auch kausal selbständige in dem von uns oben im § 3 festgelegten Sinne sein müssen. Würden wir die entgegengesetzte Ansicht annehmen, so müßten wir in allen später eintretenden schuldhaften Handlungen eine Unterbrechung des Kausalzusammenhanges sehen. Es können also sowohl kausal selbständige als auch kausal unselbständige Handlungen sich als schuldhafte Handlungen darstellen. Hieraus ergibt sich für die kausal unselbständigen schuldhaften Handlungen, daß sie wie alle ein Verschulden enthaltenden Handlungen die Zurechnungsfähigkeit und also die freie Willensbetätigung voraussetzen und daß demnach nicht jede freie Handlung eines Menschen bereits den Kausalzusammenhang unterbricht.[11]

Nicht allein Menschen, sondern auch Ereignisse können die Haftung abbrechen. Es wird im allgemeinen zu sagen sein, daß das Verschulden aufhört, wenn Naturvorgänge oder sonstige Ereignisse in den Kreis der Rechtsgüter einbrechen und den Erfolg herbeiführen. Man wird aber bisweilen diese Ereignisse einschließen müssen in den Kreis der Haftung, besonders wenn ein schuldhaftes Verhalten selbst ihren Eintritt verursacht hat. Man könnte hier entsprechend kausal selbständige und kausal unselbständige Ereignisse scheiden und von ersteren da sprechen, wo eine Unterbrechung des Kausalzusammenhanges anzunehmen ist. Indessen würden wir auf eine solche Unterscheidung keinen besonderen Wert legen. Die außerhalb der menschlichen Machtsphäre liegenden Einwirkungen auf den Rechtsgüterkreis bezeichnet man als Zufälle und sagt, Zufälle würden von niemandem vertreten. Dieser

[11] Birkmeyer, a. a. O. S. 21.

Satz ist aber nicht richtig, denn, wie wir sahen, kann auch das Gegenteil der Fall sein. Eine bestimmte Art der Zufälle sind die als höhere Gewalt bezeichneten. Sie unterbrechen stets nach unserer Meinung den Kausalzusammenhang. Wann man den Zufall als höhere Gewalt bezeichnet, werden wir im § 6 darlegen. Es ist bisher stets von der Kausalität der Handlungen gesprochen worden. Eine früher sehr umstrittene, jetzt aber im allgemeinen erledigte Frage ist die nach der Kausalität der Unterlassungen.

Wenn wir das Wesen der Kausalität in einem Veränderungsprozeß erblicken, der sich aus einem Eingriff in die Rechtssphäre ergibt, so werden wir auf den ersten Blick sagen müssen, daß die einzig mögliche Form der Betätigung dieses Eingriffs in einem positiven Tun besteht, d. h. daß nur an die Außenwelt tretende Handlungen als Ursachen zu bezeichnen sind. Unterlassungen dagegen sind ein Negatives, sie sind ein Nichttun, und könnten daher niemals die Ursache eines Erfolges sein. Man hat gesagt, es würde in dem Falle, daß die Unterlassungen eine Haftpflicht begründen würden, d. h. daß sie kausal seien, die Haftung eine unendlich ausgedehnte sein. Dies wäre in der Tat der Fall, wenn nicht andere Betrachtungen einer Kausalität der Unterlassungen eine gewisse Grenze ziehen würden.

Für das römische Recht ist es äußerst streitig gewesen, ob nach der lex Aquilia Unterlassungen derart kausal sein können, daß sie eine Haftung zu begründen vermöchten. Man hat zum Beweise manche Stellen angeführt, in denen aus der Unterlassung ein Schadensersatzanspruch erzeugt wird.[12] So die l. 27 § 9 D. ad legem Aquiliam 9,2, in welcher eine Haftung des Herrn mittels actio utilis festgesetzt ist für den Sklaven, der auf einen Ofen aufpassen sollte, dies aber unterließ, so daß das Feuer um sich griff.[13] Endemann[14] hat der Stelle allerdings die Bedeutung abgesprochen, die ihr von anderen, wie Pernice, Dernburg[16] u. a. m. beigelegt ist; sie gibt uns jedenfalls einen Anhaltspunkt für die Kausalität der Unterlassungen. Die Annahme Endemanns, daß der Grund der Haftung in dem Ein-

---

[12] Endemann, Rechtswirkung S. 19 ff. ist für eine Verneinung der Frage; indessen verhält er sich in der Einführung § 131 angesichts des BGB. etwas weniger ablehnend. Für die Kausalität der Unterlassung dagegen spricht sich Dernburg, Pandekten II § 131 Anm. 11 aus.

[13] Außerdem l. 8 pr. D. 9,2.

[14] Rechtswirkungen S. 21.

[16] Dernburg a. a. O. Pernice Sachbesch. S. 164 ff.

stehen des Herrn für seine Sklaven liege, fällt mit der weitergehenden Frage, aus welchem Grunde denn hier der Herr haften solle, wenn der Sklave nichts getan hätte, was eine Haftbarkeit begründen könnte; die Haftung des Herrn aus der negligentia in eligendis ministeriis reicht nicht aus. Vielmehr liegt die Sache so, daß der Sklave eine Unterlassung sich hat zuschulden kommen lassen, indem er nicht das Feuer bewachte, sondern einschlief, daß infolgedessen auch der Herr für die Unterlassung einstehen soll. Der nächste Grund zur Haftung ist also die Unterlassung des Sklaven; zu derselben tritt die Haftung für den Sklaven. Wir meinen daher, daß die Stelle sehr wohl geeignet ist, anzunehmen, daß die Römer eine Kausalität der Unterlassungen gekannt haben.

Im neueren gemeinen Recht war die Frage umstritten. Die Judikatur hat sich meist für die Zulässigkeit entschieden. Es sind die verschiedensten Versuche gemacht worden die Kausalität der Unterlassungen zu begründen.[18] Diese Versuche sind aber mehr oder weniger mißglückt. Der Stand der Frage ist im allgemeinen der folgende.[19]

Schon die angeführte l. 27 § 9 D. 9,2 sagt, der Sklave habe dadurch, daß er eingeschlafen sei, eine Pflichtverletzung begangen, cum deberet vel ignem extinguere vel ita numire, ne evagetur. Eine Pflichtverletzung also ist der Grund der Haftung für die Unterlassung. Mit Recht. Nur dann, so sagen wir in Übereinstimmung mit der herrschenden Lehre, kann eine Unterlassung zur Haftung begründenden Ursache werden, wenn sie eine Pflichtverletzung enthält. Die Pflichtverletzung ist aber etwas rechtswidriges, so daß wir sagen können, daß nur die rechtswidrige Unterlassung, die eine schuldhafte ist, kausal wird.[20] Dieses Moment der Rechtswidrigkeit ist es, das die Kausalität der Unterlassungen abgrenzt. Hierdurch kommt es, daß die Unterlassungen dem Tun gleich gesetzt werden.[21] Es erfolgt dann durch

[17] Vgl. RG. bei Seuffert XXXX Nr. 95; XXXXV Nr. 90; XXXXVI Nr. 171, 189.

[18] Vgl. v. Liszt, Strafrecht § 30 III und das. angeführte; s. auch v. Bar S. 90ff.

[19] v. Liszt, Strafrecht § 30 II, Deliktsobl. S. 72ff. Rümelin, Kausalbegriffe S. 27ff.; Haß a. a. O. S. 416; Enneccerus-Lehmann a. a. O. S. 404; Dernburg bürgerl. R. II Abt. 1 S. 68; Zitelmann a. a. O. S. 160fg.; vgl. RG. 47 S. 330; RG. b. Gruchot XXXXVI S. 376.

[20] Die Verbindung mit der Verschuldung ist der Grund, weshalb wir die Lehre von der Kausalität der Unterlassungen im § 5 behandeln.

[21] Vgl. auch zum folgenden v. Liszt, Strafrecht § 30 II; Deliktsobligationen 72, Zitelmann a. a. O. S. 161f.

das Nichttun, wo doch eine Pflicht zum Tun bestand, der Eingriff. Aus diesem ergibt sich die Veränderung.

Die Unterlassung kann aber nur dann eine rechtswidrige werden, wenn eine Rechtspflicht zum Handeln bestand. Diese wiederum kann durch besondere Vorschriften auferlegt sein, wo dann die Unterlassung die Nichterfüllung solcher Gebote ist;[22] sie kann auch in der Verletzung allgemeiner Rechtspflichten bestehen; z. B. wenn es jemand unterläßt gemäß den guten Sitten zu handeln.[23]

Die Unterlassung kann ferner rechtswidrig sein, wenn aus vorhergegangenem Tun ein Handeln erfolgen müßte, dieses aber unterbleibt,[24] so daß nunmehr ein Erfolg eintritt, der bei rechtzeitigem oder überhaupt erfolgendem Handeln nicht eingetreten wäre.

Es ergibt sich aus dem Gesagten, daß das Unterlassen, soweit es nach dem Gesagten kausal werden kann, einen Eingriff in die Rechtssphäre eines anderen enthält, so daß sich die im § 3 gegebene Definition der Verursachung auch bei der Unterlassung bewährt. Die Bezeichnung „Kausalität der Unterlassung" ist eine ungenaue; man muß sie dahin ergänzen, daß nur schuldhafte Unterlassungen die Ursache von Erfolgen werden können, welche eine Haftpflicht begründen.

Wenn im vorstehenden die Möglichkeit einer Kausalität der Unterlassung zugegeben ist, so wird sich die zweite Frage danach leichter beantworten lassen, ob eine Unterlassung den Kausalzusammenhang unterbrechen könne. Diese Frage möchten wir ohne weiteres bejahen. Denn es ist kein Grund vorhanden, welcher dagegen sprechen könnte, wenn man einmal die Kausalität der Unterlassungen anerkannt hat. Tritt durch eine schuldhafte Unterlassung der Erfolg ein und hört die Haftung des Täters auf, so ist eben der Zusammenhang unterbrochen.

Wichtig ist diese Frage bei der Verweigerung der Operation geworden.[25] Denn wenn der Verletzte sich weigert, sich einer Operation zu unterziehen, obwohl er durch dieselbe Heilung erlangen könnte, so würde er sich eines Unterlassungsvergehens schuldig machen können.

---

22 RG. 47 S. 330; bei Gruchot XXXXVI S. 376; z. B. StGB. § 367 Nr. 9, 12.

23 § 826 BGB. v. Liszt, Deliktsobl. S. 72. Über die Kausalität der Unterl. im BGB. siehe d. folg. Paragraphen.

24 Zitelmann S. 168.

25 Endemann, Rechtswirkungen. Vgl. Einführung § 131. RG. bei Seuffert Bd. 46 Nr. 189. Oertmann, Komm. § 254 Ziff. 3. Dernburg, bürgerl. R. II Abt. 1 S. 76.

Indessen ist die Frage nicht allgemein in bejahendem oder verneinendem Sinne zu beantworten, denn es spielen dabei soviel Momente mit, daß der Einzelfall allein entscheidend sein kann. Durch die Verweigerung einer leichten schmerzlosen Operation, durch welche der Verletzte wieder arbeitsfähig werden könnte, kann man sich der Unterlassung schuldig machen und den Kausalzusammenhang dadurch unterbrechen, daß man einen Erfolg herbeiführt, der sonst nicht eingetreten wäre, und der dem Verletzenden nicht mehr angerechnet werden kann.

III. Abschnitt.

§ 6. Die Lehre vom Kausalzusammenhange im Bürgerlichen Gesetzbuch.

Das BGB. hat keine der Kausalitätstheorien angenommen, die zur Zeit seiner Entstehung verbreitet waren; es hat verzichtet Grundsätze aufzustellen, sondern diese Aufgabe der Wissenschaft und der Praxis überlassen. Dies ist aus doppeltem Grunde zu billigen: einmal war keine der Theorien geeignet, legislatorisch verwertet zu werden, dann aber glaubte man im einzelnen Falle eine bessere und treffendere Entscheidung geben zu können, als wenn man sich auf eine bestimmte Theorie verlegt hätte. Aus den Einzelfällen kann nunmehr die Wissenschaft durch Vergleichung und analytische Untersuchung das Prinzip herausschälen, welches den Bestimmungen des Gesetzes zu Grunde liegt.

Zunächst wollen wir einen Augenblick bei der Frage verweilen, ob das Gesetz das System der Kulpahaftung oder das der reinen Kausalhaftung angenommen hat. Das BGB. enthält, so können wir mit der herrschenden und allein richtigen Lehre sagen, beide Systeme, es kennt die Kulpahaftung, es kennt aber auch die Kausalhaftung. Entsprechend jedoch den modernen Anschauungen des Rechtes, welches für die Verantwortung und Haftung ein Verschulden erfordert, ist auch im BGB. das vorwiegende System das Schuldprinzip.[1] Indessen ist dieses Prinzip durchbrochen durch dasjenige der Kausalhaftung; so besonders in den Fällen der §§ 833—838 BGB. Der Tierhalter z. B. haftet für den durch das Tier angerichteten Schaden, mag nun ein Verschulden vorliegen oder nicht. Es finden sich aber außer den

[1] Planck II S. 600; vgl. auch § 670 Ziff. 3 S. 415, Dernburg, bürgerl. R. II Abt. 1 S. 61. G. Rümelin, Kulpahaftung und Kausalhaftung a. a. O. S. 308 sagt, das BGB. habe die Kausalhaftung nicht prinzipiell, sondern nur in einzelnen Fällen anerkannt. Vgl. Köhler, Umfang der Schadensersatzpflicht S. 47ff., auch S. 41f.

genannten noch andere Fälle, in welchen zur Haftung ein Verschulden nicht erforderlich ist; so haftet z. B. gemäß § 795 Abs. 3 der Aussteller einer ohne staatliche Genehmigung in den Verkehr gebrachten Urkunde dem Inhaber für den durch die Ausgabe „verursachten Schaden". Ebenso ist der Gastwirt, wie bereits nach gemeinem Recht, haftpflichtig für den dem Gast entstehenden Schaden § 701 Abs. 1. Das BGB. scheidet schon terminologisch die Begriffe „Verschulden" und „Verursachen".[2] Wenn auch bisweilen hieraus zu folgern sein dürfte, wann eine Kausal- und wann eine Kulpahaftung angenommen ist, so darf man doch — trotz der sorgfältigen Fassung des Gesetzestextes — auf diese Ausdrucksweise nicht unbedingtes Gewicht legen, da die Bedeutungen des „Verursachens" und des „Verschuldens" oft identifiziert werden.[3] Nur da, wo beide Begriffe neben einander stehen, wie im § 254 BGB., muß man annehmen, daß jeder Begriff die ihm eigene Bedeutung hat. Das gleiche gilt von den §§ 701 und 702 BGB.

Wenn man nunmehr aus dem BGB. einen Anhaltspunkt für eine Theorie des Kausalzusammenhangs gewinnen will, so wird man die Fälle in Betracht ziehen müssen, welche von der Schadensersatzpflicht handeln. Von hier aus wird sich am leichtesten der Standpunkt des BGB. auffinden lassen, den es in der Frage des Kausalzusammenhangs einnimmt.

Es sind bereits Versuche gemacht worden, in das Gesetz Theorien hineinzukonstruieren, an die es augenscheinlich nicht gedacht hat. Es ist nicht richtig, wenn v. Liszt meint, daß das Bürgerliche Gesetzbuch jede Bedingung als Ursache bezeichne, indem es die Ursache der Bedingung gleichstelle.[4] Ähnlich sagt auch Enneccerus, man müsse die Kausalität des Bürgerlichen Gesetzbuchs im Sinne der condicio sine qua non auffassen.[5] Aber aus dem Gesetze läßt sich dies in keiner Weise entnehmen. Denn wenn auch § 249 S. 1 BGB. sagt: „Wer zum Schadensersatze verpflichtet ist, hat den Zustand herzustellen, der bestehen würde, wenn der zum Ersatze verpflichtende Umstand nicht eingetreten wäre", eine Fassung, die allerdings an die Mommsensche[6] erinnert, so folgt daraus doch nicht, daß nun jede

[2] B. B. §§ 254, 278, 701, 795 Abs. 3; 830 Abs. 1 u. a.

[3] S. oben § 4.

[4] Deliktsobl. S. 68ff. Radbruch, die Lehre von der adäquaten Verursachung § 8.

[5] Enneccerus-Lehmann II S. 403f.

[6] Oben § 2 Anm. 3.

einzelne Bedingung des Erfolges als Ursache desselben anzusehen ist. Es ist nicht zu verkennen, daß das BGB. die Haftbarkeit in gewisser Weise ausgedehnt hat; daß aber jede notwendige Voraussetzung eines Erfolges haftbar machen soll, ist zu weit gegangen. Enneccerus meint, daß das Gesetz in den Worten daß man „den daraus entstehenden Schaden“ zu ersetzen habe, den Kausalzusammenhang bezeichnet habe. Dies ist unzweifelhaft zutreffend. Wenn man aber in diesen Worten einen Hinweis, und zwar nur einen indirekten, dafür erblicken will, daß das Gesetz die Lehre vom Kausalzusammenhang im Sinne der adäquaten Theorie angenommen habe, so ist dies verfehlt. Die Art, wie Rümelin, der dies zuerst behauptet hat, diesen Nachweis zu erbringen sucht, zeigt die Unhaltbarkeit der Auffassung. Seine Schlußfolgerungen sind die folgenden.[7] Das BGB. kennt Fälle, in denen für nicht adäquaten Schaden gehaftet wird; es sind die Bestimmungen der §§ 287 und 848, in welchen gesagt ist, daß der Schuldner für zufälligen Untergang hafte, es sei denn, daß dieser auch bei korrektem Verhalten eingetreten wäre. Hätte man nun unter dem „daraus entstehenden Schaden“, so folgert Rümelin, allgemein den im Bedingungsverhältnis stehenden gemeint, so wären die Bestimmungen der §§ 287 und 848 überflüssig gewesen, so aber folge aus der Aufnahme beider Bestimmungen, daß es sich um eine Ausnahme des als Regel geltenden Prinzips der adäquaten Verursachung handele. Mit anderen Worten: der „daraus entstehende Schaden“ bezeichnet im allgemeinen nur die Haftung im Sinne der adäquaten Theorie; in den genannten Fällen ist eine Ausnahme hiervon statuiert. Einen dritten Fall will Rümelin noch hierher rechnen, den des § 447 Abs. 2, in welchem der Verkäufer, wenn er von Versendungsanweisungen des Käufers abweicht, den „daraus entstehenden“ d. h. „bedingten kasuellen“ Schaden vertreten soll. Hier den historischen Zusammenhang entscheiden lassen und dem an ungezählten Stellen des Gesetzes vorkommenden Ausdruck „der daraus entstehende Schaden“ hier eine „abnorme Bedeutung“[8] beilegen, heißt offensichtlich eine Ansicht und eine Theorie in das Gesetz hinein konstruieren. Es liegt auch nicht der geringste Grund vor, im § 447 Abs. 2 den Worten eine andere Bedeutung beizulegen als in den übrigen Fällen, in welchen sie gebraucht werden. Es herrscht aber

[7] Kausalbegriffe S. 104. Ebenso v. Leyden, Kulpakompensation S. 16—19. Gegner u. A. Paech, Leistungsverzug S. 111 (Anm.).

[8] A. a. O. S. 116.

Einstimmigkeit darüber, daß in dem Falle des § 447 Abs. 2 der zufällige Schaden ersetzt werden muß, der sich aus einer Abweichung von der Versendungsanweisung ergibt. Warum also sollte nicht in allen Fällen die Haftung des BGB. sich soweit erstrecken wie im § 447 Abs. 2. Derjenige, durch dessen Handlung ein Schaden entsteht, müßte eben nach dem BGB. alle, auch die zufällig eintretenden Folgen, grundsätzlich tragen. Rümelin selbst sagt,[9] daß der Schädiger auf die „weitgehendste Haftung" gefaßt sein muß. Er will diesem Satze die rechte Gestalt durch die Theorie der adäquaten Verursachung im Sinne der objektiven nachträglichen Prognose geben und kommt dabei auf Schwierigkeiten und gewaltsame Schlüsse.

Das BGB. will nun auch nicht eine Haftung im Sinne der Bedingungstheorie eintreten lassen, sondern will ihr bestimmte Grenzen setzen. Dies bringt es dadurch zum Ausdruck, daß es sagt, die Haftpflicht hört auf, wenn der Schaden auch dann eingetreten sein würde, falls das beschädigende Ereignis ohne das schuldhafte Eingreifen des Ersatzpflichtigen den Erfolg herbeigeführt hätte.[10] Dieser Gedanke kommt an mehreren Stellen des Gesetzes zum Durchbruch, so in den genannten §§ 287 und 848, so auch in den §§ 831 Abs. 1 a. E. und 832 Abs. 1 a. E. Denn wenn es in der letzteren Bestimmung heißt, die Ersatzpflicht eines zur Führung der Aufsicht über eine minderjährige oder geistig und körperlich kranke Person Verpflichteten wegen des von dem Beaufsichtigten verübten Schadens tritt nicht ein, „wenn der Schaden auch bei gehöriger Aufsichtsführung entstanden sein würde," so ist es klar, daß damit dasselbe gesagt ist wie im § 287 BGB. Denn die trotz der Aufsichtspflicht verübte Schadenshandlung stellt sich dem Verpflichteten gegenüber als Zufall dar, welcher nicht mehr im Zusammenhang mit der aus der Aufsichtspflicht herrührenden Ersatzpflicht steht. Daher rechtfertigt sich die Bestimmung des § 832 Abs. 1 a. E. Ergibt sich somit das Prinzip des BGB., daß es für den Schaden, der unabhängig von der menschlichen Handlung entsteht, nicht mehr haften läßt, so folgt weiter, daß man den von Rümelin für § 447 Abs. 2 aufgestellten Satz:[11] „Wenn der

[9] A. a. O. S. 96.

[10] Inwieweit dies praktisch die Befreiung des Schuldners von der Haftpflicht herbeizuführen geeignet ist, beruht auf einem anderen Betrachtungspunkte. Hier soll nur versucht werden, die Lehre von der Kausalität des BGB. theoretisch, d. h. unter Außerachtlassung der Beweisfragen herauszuschälen aus dem oft schwer zu enträtselnden Wortlaut des Gesetzes.

[11] S. 116.

Schaden auch bei korrekter Versendung entstanden wäre, so ist es eben kein aus der inkorrekten Versendung entstehender Schaden" dahin erweitern muß, daß man sagt: Wenn ein Schaden durch eine vom menschlichen Handeln (selbst dem schuldhaften) unabhängige Tatsache eintritt, so wird eine Haftung als nicht mehr vorhanden angesehen. Daraus folgt **a contrario**, daß für den zufälligen Schaden dann gehaftet wird, d. h. daß der Eintritt einer sich als Zufall darstellenden Tatsache nicht imstande ist, den Kausalnexus zu unterbrechen, wenn der Eintritt des zufälligen Ereignisses durch die Tätigkeit des Handelnden herbeigeführt ist und ohne die letztere nicht stattgehabt hätte. Dies ist besonders wichtig für den Fall des schuldhaften Handelns bezw. Verursachens. Im Falle des Verschuldens wird die Voraussicht bezw. Voraussehbarkeit des Erfolges gefordert (ob. § 4).

Aus den bisherigen Ausführungen ist schon mancherlei gewonnen worden, was zur Begründung einer Kausallehre des BGB. in Betracht kommen kann. Zunächst scheint die Anschauung widerlegt zu sein, welche im BGB. eine adäquate Theorie sehen will. Die Bestimmungen der §§ 287, 848 u. a. m. BGB. stellen sich nach dem von uns Gesagten nicht als Ausnahmen des Prinzips des Gesetzes dar; das gleiche ist von dem § 447 Abs. 2 zu sagen. Wir haben vielmehr als Prinzip der Haftung eruiert, daß im allgemeinen sogar ein zufällig eintretendes Ereignis für den Schaden haftbar machen kann. Nur dann hört die Haftung auf, wenn das Ereignis unabhängig von der verursachenden Tatsache eingreift. Stellt sich dies aber als der wahre Standpunkt des Gesetzes dar, so ist es ausgeschlossen, daß das BGB. eine adäquate Theorie angenommen hat in dem Sinne, wie sie von Kries und Rümelin vertreten wird.[12]

Es mag hier gleich bemerkt werden, daß auch neuerdings von Titze[13] die Behauptung aufgestellt worden ist, daß das BGB. die adäquate Theorie angenommen habe. Titze stützt sich auf § 254 Abs. 2 und sagt, der Umstand, daß dort bestimmt sei, daß der Schuldner nicht hafte, falls der Gläubiger den Schaden vergrößert habe, sei „ein Ausfluß des Prinzips der Nichthaftung des Schuldners

---

[12] Gegen diese Annahme auch besonders v. Liszt, Deliktsobl. S. 71. Anhänger der Rümelinschen Theorie ist neuerdings auch Oertmann Vorteilsausgleichung S. 79. Dies übersieht v. Leyden a. a. O. S. 17 Anm. 8.

[13] Die Unmöglichkeit der Leistung nach deutschem bürgerl. Recht S. 186.

für die inadäquate Folge seines Handelns." Uns erscheint dies aus anderen Gründen als unrichtig.[14]

Weder die Theorie des adäquaten Kausalzusammenhanges noch die Bedingungstheorie ist vom Gesetze angenommen worden. Welchen Standpunkt aber nimmt das BGB. in der Lehre vom Kausalzusammenhang ein? Streng genommen gar keinen, es überläßt, wie wir sahen, die Abgrenzung des Begriffs der Wissenschaft. Wenn wir uns jetzt der Untersuchung der Lehre vom Kausalzusammenhang im BGB. zuwenden, so müssen wir von diesen rein subjektiven Tatsachen des Verschuldens absehen und versuchen, aus den Andeutungen im Gesetz das zu entwickeln, was auf eine Lehre von der Verursachung schließen läßt. Am besten wird sich nach unserer Ansicht die Frage bei dem bereits erörterten Sprachgebrauch des BGB. vom „daraus entstehenden Schaden" beginnen lassen.

Zwei hauptsächliche Kategorien scheiden wir im BGB., in denen der Terminus vom „daraus entstehenden Schaden" vorkommt. In die erste fallen diejenigen Fälle, in denen das Gesetz den „daraus entstehenden Schaden" aus einem Verschulden herleitet.[15] Das Verschulden, d. h. die schuldhafte Handlung (oben § 4) ist der Grund, welcher zum Schadensersatz verpflichtet. Daraus ergibt sich, daß in einer solchen Handlung die Ursache zu suchen ist, welche den entstehenden Schaden zur Entstehung gebracht hat. Wir haben aber bereits ausgeführt (§§ 3 und 4), daß das Verschulden nur eine rechtlich qualifizierte Art der Verursachung ist, d. h. daß dieses subjektive Moment zu der Tatsache des Verursachens hinzutritt. Rekurriert man nun auf diese Tatsache selbst, so ist zu sagen, daß sie sich als eine Verletzung der Rechte eines anderen darstellt. Dies ergibt sich für die Deliktsobligationen ganz klar, indem das Gesetz im § 823 Abs. 1 sagt: „Wer vorsätzlich oder fahrlässig das Leben, den Körper, die Gesundheit, die Freiheit, das Eigentum, oder ein sonstiges Recht eines anderen widerrechtlich verletzt" . . . Es liegt hier, wie § 907 sich ausdrückt, „eine unzulässige Einwirkung", und zwar in den geschützten Rechtskreis der Person vor. Das gleiche Ergebnis erhalten wir in den Fällen eines kontraktlichen Verschuldens, in den Fällen also, in

---

[14] Titze a. a. O. Anm. 22 leugnet die Annahme einer Unterbrechung des Kausalzusammenhanges. Vgl. oben § 4.

[15] §§. 42 Abs. 2, 53, 160 Abs. 1, 280 Abs. 1, 286, 447 Abs. 2, 498 Abs. 2, 523, 524, 628 Abs. 2, 671, 678, 723, 823 ff., 989, 1243 Abs. 2, 1787, 1833, 1980, 2219.

welchen auf Grund eines zwischen den Parteien bestehenden Rechtsverhältnisses, infolge eines von einem Teile zu vertretenden Umstandes, wie das Gesetz sagt, ein Nachteil entsteht, d. h. ein Recht verletzt wird. Auch unter diesen Verhältnissen ist das Verschulden des einen Teils ein Eingriff in die geschützten Rechtsgüter eines andern. Auf diesen Eingriff muß die Entstehung des Schadens zurückgeführt werden.

Die zweite Kategorie bilden die Fälle, in denen eine Schadensersatzpflicht ohne ein Verschulden aufgestellt wird. Es ist dann der verpflichtende Umstand eine Tatsache irgend welcher Art.[16] Wenn ein Schuldner an einer vom Leistungsort verschiedenen Hinterlegestelle hinterlegt, so greift er damit in das dem Gläubiger gewährte Recht auf Hinterlegung am Leistungsorte unzweifelhaft ein, so daß er dem Gläubiger den Schaden ersetzen muß, der sich aus dieser Abweichung ergibt (§ 374). Noch verständlicher tritt uns die Absicht des Gesetzes im § 867 BGB. entgegen. „Ist eine Sache aus der Gewalt des Besitzers auf ein im Besitz eines Anderen befindliches Grundstück gelangt, so hat ihm der Besitzer des Grundstücks die Aufsuchung und die Wegschaffung zu gestatten, sofern nicht die Sache inzwischen in Besitz genommen worden ist.“ Wenn mir also z. B. infolge eines Windstoßes mein Hut in den Garten eines anderen fliegt, so habe ich ein Recht darauf, von dem Besitzer in den Garten gelassen zu werden, um den Hut aufzusuchen und wegzunehmen. Hierbei kann ich — ohne jegliches Verschulden — dem Besitzer einen Schaden zufügen, etwa dadurch, daß ich in ein Blumenbeet trete und Pflanzen beschädige. Dieser Schaden ist nach § 867 BGB. zu ersetzen. Dadurch, daß ich bei einer völlig erlaubten Handlung, der Aufsuchung, dem Besitzer einen Schaden zufüge, verletze ich, wenn auch ohne jede bösliche Absicht, sein Recht, welches ihm gesetzlich zusteht; es ist eine „unzulässige Einwirkung“ vorhanden, die in der Handlung des Betretens eines Blumenbeetes besteht. Diese ist die Ursache des entstehenden Schadens.

Wenn wir das zuletzt gewonnene Resultat, welches ohne weiteres bei den anderen Fällen der Kausalhaftung gleichfalls anwendbar ist, mit dem zuerst erhaltenen zusammenstellen, so folgt, daß das BGB. eine Einwirkung in den Rechtskreis eines anderen stets als die Ursache eines Erfolges ansieht. Daß ein Verschulden in bestimmten Fällen hinzutritt, ist hier unerheblich. Der Eingriff in die Rechtssphäre, diese bloße Tatsache ist es, welche das BGB. als einfachen

[16] §§ 374, 891, 833 ff., 867, 904 u. a. m.

und praktischen Ursachenbegriff hinstellt. Damit wäre der von uns im § 3 aufgestellte Begriff der Ursache vom BGB. angenommen. Das Gesetz fragt ebensowenig nach der Bedingungstheorie wie nach der Lehre von der adäquaten Verursachung. Der Eingriff ist leicht festzustellen, da er sich aus dem Gesetz selbst, wie die angeführten Beispiele andeuten, entnehmen läßt. Daß zwischen dem entstehenden Schaden und dem Eingriff eine Beziehung statthaben muß, ist selbstverständlich. In diesem Sinne können wir auch hier von einer adäquaten Verursachung sprechen.[17]

Wenn nun das Gesetz von dem entstehenden Schaden spricht, welcher sich aus diesem Eingriff in die Rechtssphäre ergibt, so meint es damit den Entwickelungsprozeß von jenem Momente an bis zu dem Zeitpunkt, in welchem sich die Wirkung im Rechtskreise des davon Betroffenen zeigt. Daraus folgt ohne weiteres, daß sich in der Rechtssphäre des Geschädigten eine Veränderung vollzieht, da ihn gewisse Nachteile getroffen haben, die nicht eingetreten wären, wenn der Eingriff nicht stattgehabt hätte. Der Kausalzusammenhang ist also der aus dem Eingriff in die Rechtssphäre sich ergebende Veränderungsprozeß. Damit haben wir auch hier unsere frühere Ansicht bestätigt.

Die Ausdehnung des Kausalzusammenhanges ist nun aber keine endlose, wie bereits bemerkt worden ist. Es ist aus dem BGB. die Anschauung abgeleitet worden, das eine unabhängig vom menschlichen Handeln — hier können wir sagen: vom Eingriff in die Rechtssphäre — eintretende Tatsache den Kausalzusammenhang abbricht. Damit hört die Haftung auf. Der zweite Eingriff kann in einer menschlichen Handlung (vgl. § 254 BGB.), er kann aber auch in einem Ereignisse anderer Art bestehen, welches sich als Zufall oder höhere Gewalt darstellt.[18] Diese Begriffe werden sich nach dem BGB. ebenso wie nach dem bisherigen Recht nur nach einem relativen Maßstab bestimmen lassen.[19] Jedenfalls aber ist die Ansicht von Liszts unhaltbar, der eine Unterbrechung des Kausalzusammenhanges im BGB. leugnet.[20]

Es bleibt nunmehr noch die Frage nach der Kausalität der Unterlassungen zu erörtern. Daß das BGB. sie anerkannt hat, ergibt sich

---

[17] In diesem Sinne ist auch die Entscheidung des RG. (Deutsche Jur.Zeitg. 1902 S. 218) zu verstehen. Vgl. Bd. 50 S. 222.

[18] Das BGB. gebraucht diesen Begriff in den §§ 203, 701, 1996. Vgl. Knauer, D. höhere Gewalt im Reichsrecht.

[19] Vgl. Dernburg, Bürgerl. Recht II, Abt. 1 § 69 und dort angeführte.

[20] Deliktsobl. S. 79.

aus zahlreichen Bestimmungen.[21] Der Grundgedanke des Gesetzes ist derselbe wie er bereits am Ende des § 5 erörtert ist. Es muß eine bestimmte Pflicht zum Handeln vorliegen, damit von einer Kausalität der Unterlassung gesprochen werden kann. Der Mieter muß dem Vermieter von einem Mangel unverzüglich Anzeige machen, der sich im Laufe der Miete zeigt; „unterläßt der Mieter die Anzeige, so ist er zum Ersatze des daraus entstehenden Schadens verpflichtet" (§ 545 Abs. 2). Ebenso verhält es sich in den Fällen des arglistigen Verschweigens (Anm. 21). Verschweigt der Verleiher dem Entleiher arglistig einen Mangel der Sache, so muß er ihm den daraus entstehenden Schaden ersetzen (§ 600 BGB.). Dieses Prinzip ist auf alle derartigen Fälle auszudehnen. In allen solchen Fällen ist vom Gesetz eine Verpflichtung zum Handeln auferlegt. Es ist aber aus dem Gesetz zu entnehmen, daß es den Kreis derjenigen Unterlassungen, die kausal sind, erheblich gegen das frühere Recht ausgedehnt hat. Abgesehen von dem Falle, daß eine Unterlassung, die wider die guten Sitten verstößt, vorliegt § 826, (s. ob. §. 5 Anm. 23) über dessen Auslegung im einzelnen Zweifel entstehen können, kommt besonders der § 254 Abs. 2 hier in Betracht. Hiernach liegt eine — schuldhafte — Unterlassung, die kausal ist, dann vor, wenn der Beschädigte den Beschädiger nicht auf „die Gefahr eines ungewöhnlich hohen Schadens", den er weder kannte noch kennen mußte, aufmerksam gemacht hat oder wenn er den Schaden nicht abgewendet oder gemindert hat.

Hier bricht sich das Prinzip durch, auf welchem das gesamte Rechtsleben basiert, der Begriff von Treu und Glauben mit Rücksicht auf die Verkehrssitte.[22] Der Gläubiger soll den Schuldner nicht übergroßen Gefahren aussetzen, er soll ihm die Haftung nicht vergrößern. Es liegt andererseits ja auch im Interesse des Gläubigers, dem Schaden aus dem Wege zu gehen. — Wenn nun der Gläubiger es unterläßt, dem Schuldner bei der Erfüllung seiner Verpflichtung behülflich zu sein und einen übermäßigen Schaden von ihm fern zu halten, so verstößt er gegen Treu und Glauben. Auf Treu und Glauben beruht die Verkehrssitte, d. h. die im Verkehr innegehaltene Übung, welche das Geübte für sittlich und anständig hält.[23]

---

[21] §§ 254 Abs. 2, 374, 384, 545 Abs. 2. Auch § 694 ist hierher zu zählen, ebenso die Fälle des arglistigen Verschweigens, z. B. §§ 443, 523, 524, 600. Vgl. ferner §§ 824 Abs. 1 a. E., 615, 649.

[22] Vgl. Planck, Ziff. 3 zu § 254.

[23] Vgl. Staub, Komm. z. HGB., Allgemeine Einleitung Anm. 19.

Aus dem § 254 Abs. 2 BGB. läßt sich der Satz folgern, daß Unterlassungen, die gegen Treu und Glauben und die Verkehrsitte verstoßen,[24] deshalb als kausal anzusehen sind, weil durch die Verkehrssitte ein Handeln in gleicher Weise geboten ist, wie durch Rechtsvorschriften. Der Verkehr rechnet mit anständigen zuverlässigen Menschen; die Übung des Verkehrs wird vorausgesetzt als Basis, auf welcher sich das Handeln bewegt. Verstößt jemand hiergegen, so wird dies in die gleiche Reihe zu stellen sein mit der Verletzung eines Rechtsgebotes, welches ein Tun auferlegt. Wir finden somit unter den Rechtspflichten, gegen welche der Unterlassende verstoßen kann, eine Unterart derselben, die wir Verkehrspflichten nennen können.[25] Auch dort, wo diese bestehen, kann von der Kausalität der Unterlassungen gesprochen werden. Hiernach hat sich der Umkreis der Unterlassungen im Gesetze bedeutend erweitert.

Das Gleiche ist für die Unterbrechung des Kausalzusammenhanges zu sagen. Unterläßt z. B. der Beschädigte es, den Gläubiger auf die Gefahr eines ungewöhnlich hohen Schadens aufmerksam zu machen, so wird der hieraus entstehende Schaden auf diese neue selbständige Tatsache zurückzuführen sein, d. h. es wird die Haftung des Beschädigers aufhören; man wird auch in einer Reihe von Fällen von einer Unterbrechung des Kausalzusammenhanges sprechen.

---

[24] Vgl. jetzt auch RG. 52 S. 351.

[25] Vgl. über diese Fragen Schneider, Treu und Glauben im Rechte der Schuldverhältnisse des Bürgerlichen Gesetzbuchs, München 1902.

Besonderer Teil.

Einleitung.

§ 7. Das konkurrierende Verschulden und seine Voraussetzungen.

Der § 254 BGB., mit dessen Bestimmungen wir uns im folgenden zu beschäftigen haben, regelt die Lehre vom mitwirkenden Verschulden des Beschädigten bei Schadensersatzansprüchen. Diese Lehre war im gemeinen Recht als „Kulpakompensation" bekannt und ist viel umstritten worden. Die Entstehung der Bezeichnung „Kulpakompensation" stammt aus einigen Stellen der Pandekten, in welchen von einem dolus compensandus[1] gesprochen wird. Insbesondere gehört hierher die berühmte l. 39 D. soluto matrimonio 24,3: paria enim delicta mutua pensatione dissolvuntur sowie die l. 203 D. de R.J. 50,17 quod quis ex sua culpa damnum sentit, non intellegitur damnum sentire. Im Anschluß an die Lehre von der Forderungskompensation und ihre Legaldefinition[2] hat sich die Anschauung gebildet, daß in den Fällen, in welchen auf Seiten des Schädigers und des Beschädigten ein Verschulden vorhanden ist, dieses beiderseitige Verschulden gegeneinander aufgewogen und dadurch die Haftpflicht des Schädigers beseitigt wird, der Beschädigte also infolge seines eigenen Verschuldens keinen Ersatz erhalten kann. Dies ist die allgemeine Auffassung aller Schriftsteller gewesen, die sich mit der Frage beschäftigt haben.

Die jüngere gemeinrechtliche Litteratur ist vorwiegend darauf ausgegangen, die Frage nach dem Rechtsgrund dieser Kulpakompensation zu lösen. Mommsen, Demelius, Pernice, v. Bar, Wendt[3] haben in

---

[1] l. 3 § 3 D. de eo per quem 2,10: ab utraque parte dolo compensando; l. 57 § 3 D. de contr. empt. 18,1 dolo inter utramque partem compensando.

[2] l. 1 pr. D. de comp. 16, 3.

[3] Mommsen, Die Lehre vom Interesse S. 157; Demelius, Über Kompensation der Kulpa in Iherings Jahrbüchern V S. 52 ff.; Pernice, Sachbeschädigungen

der verschiedensten Weise versucht das Problem zu entwickeln,[4] ohne jedoch zu einem einigermaßen annehmbaren Resultat — Wendt ausgenommen — gelangt zu sein. Vorwiegend ist das unbefriedigende Ergebnis auf die irrige Vorstellung von der Kompensation zurückzuführen, welche hier eingriff und stets die Erinnerung an die Forderungskompensation weckte, obwohl man sich bewußt war, daß es sich doch nur um einen bildlichen Ausdruck handeln könne. Einigermaßen befreit von diesen Anschauungen hat sich erst Wendt, welcher ausführt,[5] daß es auf die Abwägung des Verschuldens ankommen solle; je nachdem das Verschulden des Beschädigten dem des Schädigers gleich sei oder es übertreffe, sei die Ersatzpflicht zu bestimmen. Danach werden die sich aus dem Verschulden ergebenden Leistungen aufgerechnet und aufgewogen, so daß z. B. bei gleichem Verschulden auf beiden Seiten der Beschädigte keine Ersatzforderung geltend machen kann. Wollen wir vorläufig gegen eine derartige Anwendung des Kompensationsbegriffes (vgl. aber unten) nichts einwenden, so ist andererseits nicht zu verkennen, daß auch bei Wendt der alte Begriff der Kulpakompensation noch seine Wirkungen übt; denn er sieht sich genötigt, eine Trennung der Fälle eigentlicher Kulpakompensation von anderen Fällen vorzunehmen, in denen von uneigentlicher Kompensation gesprochen wird,[6] eine Unterscheidung, die vermieden wäre, wenn er überhaupt jene Bezeichnung vermieden hätte.

Es ist einleuchtend und wird nunmehr auch allgemein anerkannt, daß es eine Kompensation der Kulpa im Sinne einer Aufrechnung und Aufwägung überhaupt nicht geben kann. Es ist die Kulpa keine Größe, welche mit einer anderen derart in ein Aufrechnungsverhältnis gebracht werden kann, daß dabei ein Überschuß, ein Saldo, wenn man diesen Ausdruck hier verwenden darf, herauskommt. Das ein-

S. 58 f., Labeo II; v. Bar, Kausalzusammenhang S. 22 f. bes. S. 27, S. 131; in Grünhuts Zeitschrift Bd. IV S. 21. Wendt in Jherings Jahrbüchern Bd. XXXI S. 137 ff., S. 148 ff.; vgl. ferner Levison Compensatio culpae, Bonner Inaug.-Diss., Priester compensatio culpae, Erlanger Inaug.-Diss. 1896; Ruhm, Das eigene Verschulden des Verletzten als Grund zur Ausschließung der Ersatzpflicht im gem. R., Greifswalder Inaug.-Diss. 1898; Labowsky, Eigenes Verschulden bei Schadensersatzansprüchen 1899; Endemann, Rechtswirkungen der Ablehnung einer Operation S. 51 ff.; v. Leyden, Kulpakompensation S. 20.

[4] Die genauere Darstellung der einzelnen Lehren, vgl. Priester aus §§ 1—6. Auch Levison a. a. O.

[5] A. a. O. S. 148 ff., bes. S. 165 f.

[6] A. a. O. S. 151, 166; vgl. Priester a. a. O. S. 31, 76 f.

mal in die Erscheinung getretene Verschulden bleibt bestehen, es kann nicht retrotrahierend durch ein auf der Seite des Beschädigten eintretendes Verschulden aufgehoben werden. Wollte man dies annehmen, so wäre nach dem im § 4 Gesagten die Folge, daß auch die mit dem Verschulden in unmittelbarem Zusammenhange stehende Zurechnungsfähigkeit und Verantwortlichkeit ex post fortfallen müßte. Die einmal vorhandene Verantwortlichkeit bleibt bestehen; eine andere Frage ist es, wie weit die Folgen dieser Verantwortlichkeit reichen, d. h. wie weit die Haftung geht, wie groß ihr Umfang ist.

Nicht „aufgewogen" also kann das Verschulden werden, sondern nur „abgewogen". Der Richter hat zu prüfen, auf welcher Seite ein schwereres Verschulden vorliegt. Dies tut er unter völliger Aufrechterhaltung des einmal vorhandenen Verschuldens. Auf wessen Seite sich dann das größere Verschulden ergibt, ist bedingend für den Umfang des Schadens. Nun ist aber hierfür kein fester Maßstab aufzustellen, sondern es entscheidet der einzelne Fall unter Berücksichtigung aller Umstände. Weil die einzelnen Leistungen ausgeglichen werden können, ist es aber nach unserer Ansicht nicht begründet, diesen Kompensationsgedanken auszudehnen auf das Verschulden und von einer Kompensation der Kulpa zu sprechen.[7]

Dem gegenüber tritt der Gedanke der Abwägung in stärkerem Maße hervor. Lange Zeit hat es gewährt, bis er zum Durchbruch gelangte, selbst die Judikatur war schwankend; wir haben die verschiedenartigsten Entscheidungen der höchsten Gerichte, die sich für und wider das Prinzip aussprechen.[8] Hätte man in der gemeinrechtlichen Lehre compensatio culpae mit „Abwägung des Verschuldens" wiedergegeben, so wäre viel Streit vermieden worden. Denn es steht u. E. nichts entgegen compensatio im Sinne von Abwägung, dem eigentlichen und ursprünglichen Sinne des Wortes, aufzufassen, besonders da in den Pandekten selbst pensatio mehrfach für compensatio gesetzt ist.[9] Es erscheint aber angebracht, nach dem bisher angeführten das

[7] Der Kompensationsgedanke hat Pernice, Sachbeschädigungen S. 62, dazu geführt nur dolus mit dolus und culpa mit culpa in das Aufrechnungsverhältnis zu setzen.

[8] Dagegen z. B. Oberstes LG. Bayern, Seuffert Bd. XXXV Nr. 285; OLG. Braunschweig, das. Bd. XXXXIV Nr. 86. Vgl. die in der Abhandlung von Wendt zahlreich erwähnten Entscheidungen.

[9] Z. B. l. 7 § 2 D. de comp. 16,2; l. 7 § 2 D. de neg. gest. 3,5; l. 39 D. sol. matr. 24,3. Das RG. 51 S. 278 spricht von „Vergleichung" beiderseitigen Verschuldens.

Wort Kulpakompensation, überhaupt aus dem Spiele zu lassen und durch einen geeigneteren Begriff zu ersetzen. Man hat in der Literatur und Judikatur den u. E. viel zutreffenderen Begriff des konkurrierenden oder wie das BGB. § 254 sagt, des mitwirkenden Verschuldens des Beschädigten, welcher dem vollständig entspricht, was die gemeinrechtliche Theorie unter Kulpakompensation verstand, der sogar insofern noch besser ist, als er die Scheidung der eigentlichen von der uneigentlichen Kulpakompensation unnötig macht.[10] Denn, wie noch auszuführen sein wird, setzt das mitwirkende Verschulden des Beschädigten durchaus kein Verschulden des Schädigers und Haftpflichtigen voraus; es fallen daher unter den Begriff alle jene Fälle, die man im gemeinen Recht dem Kompensationsgedanken zu Liebe ausgeschlossen hatte.[11] Es kommt nicht darauf an, ob beide Teile im Verschulden sind, sondern nur darauf, ob eine Verpflichtung zum Ersatz auf Seiten des Schädigers unabhängig von jedem Verschulden besteht und ob ein die Haftung ausschließendes Verschulden des Beschädigten selbst vorhanden ist.[12]

Der Abwägungsgedanke und nicht der Kompensationsgedanke scheint es schließlich auch zu sein, der den Entscheidungen der römischen Juristen zu Grunde gelegen hat. Von den zahlreichen Stellen, die zur Untersuchung herangezogen worden sind, halten die meisten nicht Stand. Nur wenige sind schließlich übrig geblieben; Priester hat in seiner eingehenden Analyse unter den wirklichen Beispielen für die Kulpakompensation nur vier Stellen im ganzen gefunden, von denen er in der einen, l. 52 pr. D. ad leg. Aqu. 9,2 nur eine partielle Kulpakompensation sehen will.[13] Die Stelle scheidet insofern schon ganz aus, als es sich gar nicht um ein mitwirkendes Verschulden des Beschädigten, sondern um einen Eingriff eines Dritten handelt. Die

---

[10] Die von Haß a. a. O. S. 415 vorgeschlagene Formulierung ist m. E. erstens zu umständlich, wie Haß selbst bemerkt, sodann aber bezieht sie sich auf die Haftung und garnicht auf die Kompensation. Die treffende Bezeichnung des BGB. „mitwirkendes Verschulden des Beschädigten" läßt zugleich erkennen, daß ein Verschulden eines Dritten nicht in Frage steht. Ich würde es für einen großen Vorteil für die Lehre vom Verschulden und vom Schadensersatz halten, wenn der Begriff Kulpakompensation aus der juristischen Literatur völlig verschwände. Für Beibehaltung der Bezeichnung Köhler, Umfang der Schadensersatzpflicht S. 55.

[11] Vgl. Priester a. a. O. S. 42 ff., der unter den von ihm angenommenen Beispielen der eigentl. Kulpakompensation noch wieder scheinbare Beispiele geschieden hat, § 24 S. 57 ff.

[12] So auch Wendt S. 156, der nur den Gedanken nicht strikte durchgeführt hat.

[13] Priester a. a. O. § 25 S. 67 ff.

von Priester zum erstenmal in der Lehre der Kulpakompensation erwähnte l. 30 pr. D. ad leg. Aqu. 9, 2

qui occidit adulterum deprehensum servum alienum, hac lege non tenebitur

dürfte kein glücklich gewähltes Beispiel für unsere Lehre sein, und es wird wohl seinen Grund gehabt haben, warum die Stelle niemals als Quellenbeispiel für die Kulpakompensation verwandt worden ist. U. E. bleiben überhaupt nur zwei Stellen übrig, in denen das Kompensationsprinzip anzuwenden wäre, aber auch hier ist von einer Kompensation nach unserer Meinung gar keine Rede. Die erste Stelle ist l. 11 pr. D. ad leg. Aqu. 9, 2

Item Mela scribit, si, cum pila quidem luderent, vehementius quis pila percussa in tonsoris manus eam deiceret et sic servi, quem tonsor habebat, gula sit praecisa adiecto cultello: in quocumque eorum culpa sit, eum lege Aquilia teneri. Proculus in tonsore esse culpam: et sane si ibi tondebat, ubi ex consuetudine ludebatur vel ubi transitus frequens erat, est quod ei imputetur: quamvis nec illud male dicatur, si in loco periculoso sellam habenti tonsori se quis commiserit, ipsum de se queri debere.

Proculus und Ulpian sind verschiedener Meinung; Mela hat die Frage in dubio gelassen. Proculus sagt, der Barbier ist in culpa, denn wenn er an einer so gefährdeten Stelle rasiert, so sind ihm die daraus entstehenden Folgen zuzuschreiben. Auch den Sklaven, so ist der zwischen den Zeilen liegende Gedankengang des Proculus zu ergänzen, trifft ein Verschulden, denn er braucht sich nicht an einer gefährdeten Stelle rasieren zu lassen; wenn man sich aber überlegt, welch ein Leichtsinn dazu gehört, an einer so gefährdeten Stelle andere zu rasieren, so kommt man zu der Überzeugung, daß das Verschulden des Sklaven ein geringeres ist, und wenn man beides abwägt, so kommt man zu dem Ergebnis, daß der Barbier infolge seines größeren Verschuldens haftbar ist — est quod ei imputetur; in tonsore esse culpam. Wäre hier der Kompensationsgedanke verwandt, so hätte die culpa des Barbiers gegen die des Sklaven aufgerechnet werden müssen und es hätte keiner für haftbar erklärt werden dürfen.[14] Ulpian

[14] Es ist interessant zu bemerken, daß die Karolina im Art. 146 ein gleiches Beispiel gewählt und kasuistisch entschieden hat; den Fall der l. 11 pr. l. c. entscheidet sie wie Proculus. Daß bei Anwendung des Kompensationsprinzips kein Teil für haftbar hätte erklärt werden können, folgt daraus, daß culpa gegen culpa,

geht dagegen von der entgegengesetzten Überlegung aus und sagt, es liegt auf beiden Seiten ein Verschulden vor — das ergibt der letzte Satz — das Verschulden des Sklaven ist aber ein größeres, denn er braucht sich an einer so gefährdeten Passage keinem Barbier anzuvertrauen. Entsteht ihm daraus ein Schaden, daß er es dennoch tut, so hat er sich diesen selbst zuzuschreiben. Denn da sein Verschulden das größere ist, so trifft ihn, wenn man abwägt, die Verantwortlichkeit. Es würde auch hier der Kompensationsgedanke die Haftpflicht ausschließen müssen, da culpa gegen culpa steht.

Die zweite Stelle ist l 28 pr. D. ad. leg. Aqu. 9,2:

> Qui foveas ursorum cervorumque capiendorum causa faciunt, si in itineribus fecerunt, eoque aliquid decidit factum deterius est, lege Aquilia obligati sunt: at si in aliis locis, ubi fieri solent, fecerunt, nihil tenentur. Haec tamen actio ex causa danda est, id est si neque denuntiatum est neque scierit aut providere potuerit: et multa huius modi deprehenduntur, quibus summovetur petitor, si evitare periculum potuerit.

Es ist nach Lage des Falles abzuwägen, das ist der kurze Inhalt des letzten Satzes, wen ein größeres Verschulden trifft. Wenn der Kläger in den Graben fällt an einer Stelle, wo derartige Gräben gelegt zu werden pflegen, so ist er überhaupt allein in Schuld, es kann von einem Kompensationsgedanken nicht die Rede sein. War der Graben aber an einer belebten Straße angelegt und fällt der Kläger in den Graben, so ist der Beklagte ersatzpflichtig. Es kommt vor allem darauf an, ob der Beschädigte irgend wie gewarnt war, oder wußte, daß an der betreffenden Stelle Gräben gelegt waren. In dem ersten Falle überwiegt das Verschulden des Beschädigten, im zweiten das Verschulden der Schädiger. Auch hier kann nur aus dem Gedanken der Abwägung heraus die Entscheidung gegeben werden; ein Kompensieren würde die ratio der Entscheidungen, wen die culpa trifft, nicht rechtfertigen.

Es tritt uns also in diesen Fällen nicht eine Kompensation entgegen, sondern nur das Prinzip abzuwägen, auf wessen Seite das größere Verschulden liegt. Ist dies auf Seiten des Klägers festgestellt, so ist der Schaden als durch seine Schuld entstanden an-

---

oder da die Quellen nur von beiderseitiger negligantia sprechen l. 10 pr. D. de comp. 16,2, negligentia gegen negligentia steht und hierbei kein Unterschied der Grade gemacht wird, wie etwa zwischen dolus und culpa.

zusehen; hier greift die Regel des Pomponius aus l. 203 D. d. R. 50,17 ein.[15]

Wenn wir nunmehr den Gedanken der Kompensation endgültig verlassen und auf das Prinzip der Abwägung zurückkommen, welches Wendt dargelegt hat, so wird für das mitwirkende Verschulden des Beschädigten eine zweite Frage zu lösen sein, die im gemeinen Recht ebenfalls umstritten war, ob nämlich der Abwägung das Verursachen oder das Verschulden zu Grunde zu legen ist. Pernice und v. Bar[16] sehen den Ausschluß der Haftung des Schädigers in der Unterbrechung des Kausalzusammenhanges zwischen der Tat des Schädigers und der des Beschädigten, Wendt[17] dagegen legt auf das Verschulden das Hauptgewicht; es kommt ihm darauf an die verschiedenen Grade des Verschuldens abzuwägen. Dieser Auffassung ist auch der erste Entwurf des bürgerlichen Gesetzbuchs § 222 gefolgt.[18] Es muß „bei der Entstehung des von einem anderen verschuldeten Schadens eine Fahrlässigkeit des Beschädigten . . . mitgewirkt" haben, um die Ersatzpflicht und den Umfang derselben durch den Schädiger zu begründen. Es ist also ein Abwägen beiderseitigen Verschuldens erfordert, der Entwurf sagt: „Das Gericht hat bei der Entscheidung insbesondere zu würdigen, ob und inwiefern das Verschulden des anderen oder die Fahrlässigkeit des Beschädigten überwogen hat." Vorausgesetzt ist dabei, wie die Motive sagen,[19] daß durch das eigene Verschulden der Kausalzusammenhang nicht unterbrochen wird. Der zweite Entwurf § 248 änderte diese Bestimmung ab und faßte den ersten Satz in gleicher Weise wie auch der § 254 Abs. 1 BGB. gefaßt ist. Dabei sagen die Protokolle:[20] „Als der für die Abgrenzung der Ersatzpflicht vorzugsweise maßgebende Umstand wird nicht die Schwere des beiderseitigen Verschuldens, sondern das Kausalverhältnis bezeichnet."[21]

---

15 Praktische Bedeutung ist insofern der ganzen Frage heute nicht mehr beizulegen, da ja das BGB. endgültig mit dem Kompensationsgedanken gebrochen hat. Das Prinzip der Kompensation ist ein wie gesagt ganz unnatürliches, da das Verschulden des Täters, wenn es geringer ist, als das des Beschädigten in letzterem aufgehen müßte und umgekehrt. Das ist der grobe Fehler, den wir bekämpfen und den wir auch den römischen Juristen nicht zutrauten.

16 Pernice, Sachbeschädigungen S. 178 f., Bar, Kausalzusammenhang S. 27. Ebenso Haß, a. a. O. S. 416.

17 Wendt, a. a. O. 165.

18 Vgl. Motive II S. 23 f.

19 A. a. O. S. 24.

20 Protokolle II S. 602. RG. 51 S. 277.

21 Vgl. v. Jecklin bei Gruchot Bd. 36 S. 861 f.

Das BGB. § 254 Abs. 1 hat sich demnach grundsätzlich auf den Standpunkt gestellt, daß es in erster Reihe das Ursachenverhältnis entscheiden läßt. Nach dem Zusammenhange der Bestimmung ist es aber unerläßlich auch das auf beiden Seiten vorhandene Verschulden in Betracht zu ziehen.[22] In welchem Verhältnis beide zueinanderstehen, kann an dieser Stelle nicht untersucht werden, das Gesetzbuch hat nicht eine kasuistische Regelung gegeben, es hat die Entscheidung im einzelnen Fall von dessen Umständen abhängig gemacht. Es handelt sich nicht, wie Endemann zutreffend bemerkt,[23] um eine „mechanische Verursachungskompensation", sondern um eine Verteilung des Schadens, welche auf dem Gedanken einer sorgsamen Abwägung des Falles beruht. Es ist zum mindesten — wie schon hier bemerkt werden soll — eine Abwägung der Intensität der Verursachung geboten.

Damit hat sich das BGB. auf den Standpunkt von Pernice, v. Bar und Haß gestellt, indes auch hier nicht prinzipiell gesagt, daß das mitwirkende Verschulden eine Unterbrechung des Kausalzusammenhanges bedeute. Es wird sich vielmehr auch hier aus dem Einzelfall ergeben, ob eine Unterbrechung oder ob ein Mitwirken im eigentlichen Sinne derart vorliegt, daß nicht erkennbar hervortritt, wer den Schaden vorwiegend verursacht hat. Bei gleichen Ursachen treten gleiche Wirkungen ein, d. h. der Schaden ist von beiden Teilen gemeinsam zu tragen.

Sieht das Gesetz den Rechtsgrund des mitwirkenden Verschuldens des Beschädigten in dem Gedanken der Abwägung, so regelt es die Voraussetzungen dieses Instituts im allgemeinen entsprechend der Lehre des jüngeren gemeinen Rechtes. Vorausgesetzt ist

1. Die Entstehung eines Schadens.
2. Ein Haftgrund des Schädigers.
3. Ein mitwirkendes Verschulden des Beschädigten, welches seinerseits bestehen kann
   a) in einem Tun (§ 254 Abs. 1),
   b) in einem Unterlassen (Abs. 2).
4. Die auf Grund der Voraussetzungen zu 2 und 3 streitige Verpflichtung zum Ersatze des Schadens.

Danach gibt uns das Gesetz selbst eine Handhabe zur systematischen Anordnung der Darstellung. Wir werden in einem ersten Abschnitt

[22] Dernburg, Bürgerl. Recht II Abt. 1 S. 75, ebenso Planck, Ziff. 1 zu § 254; S. unten § 14.

[23] Einführung S. 595.

die allgemeinen Voraussetzungen des § 254 BGB. behandeln; sodann im zweiten Abschnitt das mitwirkende Verschulden des Beschädigten einer genaueren Untersuchung unterziehen und im dritten Abschnitt von dem Umfang und Ersatz des Schadens sprechen. Daran schließen sich einige spezielle Fragen.

I. Abschnitt.

Die allgemeinen Voraussetzungen des § 254 BGB.[1]

§ 8. Die Entstehung des Schadens.

So mannigfache Fragen und Probleme auch im § 254 enthalten sind, wenn man die Bedeutung dieses Paragraphen auf seine Zweckbestimmung ansieht, wird man trotz aller Spezialfragen die Verteilung der Schadenslast als seinen wesentlichsten Inhalt betrachten müssen. § 254 enthält eine Regel für diese Verteilung und spricht damit ein Rechtsprinzip von allgemeiner Bedeutung aus. Dem entspricht auch sein Platz im System des Gesetzes unter den allgemeinen Bestimmungen der Lehre vom Schadensersatz. Nur da, wo ein Schaden entstanden ist, kann § 254 zur Anwendung kommen.

Was das Gesetz unter Schaden versteht, spricht es nicht besonders aus, es ergibt sich aber, daß es nichts anderes darunter versteht, als die Wissenschaft des gemeinen und des preußischen Rechtes. Demnach ist Schaden bezeichnet als Nachteil, der uns trifft, und zwar besonders als Vermögensnachteil.[2] Einen Anhaltspunkt für eine eventuelle Begriffsbestimmung könnte allein § 249 gewähren; danach müßte man sagen: Schaden ist die Verletzung eines rechtlich geschützten Zustandes. Dagegen enthält das Gesetz eine Scheidung des Schadens in Vermögensschaden und Schaden, der nicht Vermögensschaden ist (§ 253). Der letztere kann jedoch nur in den besonders erwähnten Fällen gefordert werden;[3] wir können ihn daher mit Recht aus der folgenden Betrachtung ausscheiden. Der Vermögensschaden ist seinem Grunde nach entweder kontraktlicher oder außerkontraktlicher Schaden; d. h. aus unerlaubten Handlungen entstandener. Für beide Arten gelten im allgemeinen die gleichen Bestimmungen. Die besonderen für den

---

[1] Soweit im folgenden nicht nähere Bezeichnungen für die Paragraphen gegeben sind, werden stets solche des BGB. gemeint.

[2] Dernburg, Pandekten II § 44. Bürgerl. Recht II Abt. 1 § 24; Endemann, Einführung, § 128. Vgl. v. Liszt, Deliktsobl. S. 1 ff.

[3] Z. B. §§ 847, 1300.

außerkontraktlichen Schaden gegebenen Vorschriften sollen hier nicht behandelt werden.[4]

Ist der Schaden demnach ein den Menschen in seinen Rechtsgütern treffender Nachteil, so drängt sich die Frage auf, wo und wie er in dem Rechtskreise des Individuums auftritt und welchen Umfang er annehmen kann. Wir haben es also mit zwei Momenten zu tun und müssen die Entstehung des Schadens von dem entstandenen Schaden scheiden. Zwischen diesen beiden Punkten, die weiter von einander entfernt oder näher aneinander liegen können, bewegt sich die Entwickelung des Schadens, wächst er oder mindert er sich, bis er eine übersichtliche, wenn auch nicht immer ziffermäßig bestimmbare Gestalt angenommen hat.[5] Unter dem Begriff der Entstehung des Schadens ist daher die Entwickelung des Schadens von seinem ersten Auftreten an zu verstehen. In diesem Sinne spricht auch der § 254 von einer „Entstehung des Schadens“.

Es ergiebt sich aber nunmehr die weitere Frage, ob dieses erste Auftreten erst im Augenblick des Eingriffs in die Rechtssphäre des Beschädigten stattfindet oder ob es zurückzudatieren ist auf den Zeitpunkt der schädigenden Handlung. Für den Fall, daß beide Momente so unmittelbar aufeinander folgen, hat diese Frage keine besondere Bedeutung. Es wird hier die Entstehung des Schadens zugleich mit der schädigenden Handlung angenommen, so z. B. wenn ich einen Gegenstand, etwa eine Vase, umwerfe und zerbreche. Hier fällt die Entstehung des Schadens und das Entstandensein des Schadens unmittelbar zusammen. Schwieriger ist dagegen die Frage, wenn zwischen dem Auftreten der schädigenden Handlung und dem Eintreten von deren Folgen ein größerer Zwischenraum liegt. Hierher könnte der bekannte Fall zu zählen sein, wenn A an B eine Höllenmaschine schickt, welche durch das Öffnen der Kiste, in der sie verpackt war, explodiert und den B verletzt; hierher gehört ebenfalls der vom Reichsgericht behandelte Fall,[6] in welchem jemand durch einen Brief, in dem er eine unrichtige Empfehlung gibt, einem andern einen Schaden zufügt.

Obwohl man eine Entstehung des Schadens erst in dem Augenblick annehmen kann, in welchem er tatsächlich in der Rechtssphäre des Beschädigten in die Erscheinung getreten ist, muß man doch den genannten Zeitpunkt zurückbeziehen auf den Augenblick, in welchem

---

[4] Vgl. Dernburg, Bürgerl. Recht II Abt. 2 S. 626 f.

[5] Schollmeyer, § 254 Ziff. 2; Cohn bei Gruchot Bd. XXXXIII, S. 112.

[6] RG. 19 S. 388.

seine Ursache durch die verpflichtende Handlung gegeben war, d. h. die Entstehung des Schadens wird auf den Zeitpunkt zurückgeführt, in welchem die verpflichtende Handlung begangen ist.[7]

Das Gesagte kann von Bedeutung werden im Konkurse des Ersatzpflichtigen. Denn wenn eine schädigende Handlung zur Zeit der Konkurseröffnung vorliegt, so kann der Beschädigte, wenn auch der Schaden erst nach der Konkurseröffnung entstanden ist, doch seine Schadensersatzforderung anmelden, denn die Pflicht zum Ersatz bestand bereits. Ebenso kann im Konkurse des Beschädigten der Konkursverwalter, wenn ein Schaden nach Eröffnung des Konkurses entsteht, die Begehungshandlung aber bereits zur Zeit der Eröffnung des Verfahrens vorlag, den Ersatzanspruch gegen den Beschädiger geltend machen.

Der Unterschied in der Zeit zwischen der Begehung der Handlung und dem Eintritt des Schadens kann von Bedeutung werden z. B. bei der Verjährung. Deutlich spricht dies § 11 Abs. 2 des Ges. zur Bekämpfung des unlauteren Wettbewerbes aus: „Für die Ansprüche auf Schadensersatz beginnt der Lauf der Verjährung nicht vor dem Zeitpunkt, in welchem ein Schaden entstanden ist.[8] Das Gleiche ließe sich auch für das BGB. sagen.[9]

Die Entstehung des Schadens ist beendet, wenn man die Folgen des Schadens übersehen kann.

§ 9. Die Haftpflicht des Schädigers.

Eine zweite allgemeine Voraussetzung für die Anwendung des § 254 ist die Haftpflicht des Schädigers, die wir in ihren allgemeinen Grundzügen gleichfalls kurz behandeln können. Fehlt sie, so kann von einem vorwiegenden Verursachen des einen oder des anderen Teiles nicht mehr die Rede sein. Hier kommt der Fall in Betracht, wenn der Täter nicht in dem vom Gesetz erforderten Verschulden sich befindet. Dann entfällt die Haftung.

Der Grund der Haftung kann verschieden sein; sie braucht nicht auf einem Verschulden zu beruhen. Diese Regelung hat das Gesetz abweichend vom Entwurf I. § 222 gegeben, in welchem auf seiten des Schädigers ein Verschulden, auf seiten des Beschädigten eine

---

[7] Schollmeyer § 254; vgl. v. Leyden, Kulpakompensation S. 44 f.

[8] Die letzten Worte bedeuten nur den Eintritt des Schadens, nicht etwa den entstandenen in dem Sinne, seinem Umfange nach feststehenden, wie wir eingangs des Paragraphen ausführten.

[9] Dies folgt aus § 249 in Verbindung mit § 194.

Fahrlässigkeit gefordert war. Dadurch, daß man die Änderung vornahm, hat man erreicht, daß nunmehr die Ersatzpflicht des Schädigers nicht auf schuldhaften Tun zu beruhen braucht.

Die Haftung wird im Einzelfall durch eine konkrete Handlung begründet, sie kann sich aus der ganzen juristischen Lage des Schädigers ergeben, z. B. bei der Eisenbahn nach dem Haftpflichtgesetz, beim Tierhalter. Die zum Ersatz verpflichtende Handlung kann an sich sogar bisweilen eine völlig gesetzmäßige sein, z. B. wenn jemand auf Grund eines vorläufig vollstreckbaren Urteils pfänden läßt (§ 717 Abs. 2 CPO.); erst mit dem Eintritt der Aufhebung dieses Urteils zu Gunsten der gepfändeten Partei tritt mit Rückziehung die Ersatzpflicht ein. Nur muß ein Verschulden des Beschädigten mitgewirkt haben, wenn § 254 anwendbar sein soll.

Planck[1] meint, die Ersatzpflicht trete auch ein, wenn der Ersatzpflichtige infolge einer übernommenen Garantie hafte. Er selbst ist sich bewußt, daß die Vorschrift des § 254 ihrem Wortlaute nach nicht anwendbar sei; da es sich um einen zufälligen, nicht um einen von dem Ersatzpflichtigen verursachten Schaden handele. Den Grundgedanken des § 254 hält er für anwendbar, er führe dahin, abzuwägen „ob der Schaden vorwiegend durch den Zufall oder durch das Verschulden des Beschädigten verursacht worden ist". Wir glauben, daß in diesen Fällen der Garantie und in sonstigen Fällen, in denen eine Tätigkeit irgend welcher Art seitens des Ersatzpflichtigen nicht vorliegt, eine Anwendung der Grundsätze des § 254 ausgeschlossen ist. Denn wie der Begriff des Mitwirkens sagt, soll ein Schaden durch beiderseitige Tätigkeit entstehen, nur dann kann von einem Verursachen die Rede sein.[2]

Das Verschulden des Schädigers kann nach allgemeinen Grundsätzen Vorsatz oder Fahrlässigkeit sein.

Daß die Haftpflicht auf einem Tun beruhen muß, ist nicht gesagt, es kann ebenso das Mitwirken in einem Unterlassen bestehen. Nur müssen die bereits entwickelten sonstigen Voraussetzungen der Unterlassung vorhanden sein.

Liegt auch eine Haftpflicht des Schädigers vor, so kommt als drittes Erfordernis ein mitwirkendes Verschulden des Beschädigten hinzu. Dieses Erfordernis bietet aber einerseits zu so mannigfachen

---

[1] § 254 Ziff. 5.

[2] Über die Haftung des Tierhalters vgl. RG. 51 S. 278.

Fragen Anlaß und stellt sich andererseits als Hauptproblem des § 254 dar, so daß wir seine Besprechung einem besonderen Abschnitt überlassen müssen.

II. Abschnitt.

Das mitwirkende Verschulden des Beschädigten.

§ 10. 1. Der Begriff des Mitwirkens.

Während das Gesetz auf Seiten des Schädigers die bloße Haftpflicht ohne Rücksicht auf ein Verschulden fordert, verlangt es auf Seiten des Beschädigten ein schuldhaftes Mitwirken bei der Entstehung des Schadens; eine Mitwirkung des Beschädigten die nicht schuldhaft ist, begründet daher keine Anwendung des § 254. Während der Richter Verschulden und Mitwirken gewissermaßen uno actu prüft, müssen wir, in der systematisch-theoretischen Untersuchung, jeden Begriff besonders behandeln und die aus ihm sich ergebenden Konsequenzen ziehen. Wir behandeln zunächst das Mitwirken; das Verschulden, soweit es für den § 254 Besonderheiten enthält, wird in den folgenden Paragraphen dargestellt.

Die Bedeutung des Mitwirkens liegt, wie sich aus dem § 254 ergibt, in einem zweifachen: es muß sich einmal auf die Entstehung des Schadens beziehen, sodann aber für den Erfolg maßgebend sein. Daraus folgt, daß das Mitwirken die Frage nach dem Kausalzusammenhange regelt. Es muß, und dies ergibt sich aus der kausalen Bedeutung des Begriffs, zunächst ein Kausalzusammenhang bestehen zwischen der Handlung des Täters und dem Erfolg und sodann zwischen der Handlung des Beschädigten und dem Erfolg. Jede dieser Handlungen beginnt eine besondere Kausalreihe, beide aber vereinigen sich und führen einen Erfolg herbei. Dies ist, unter dem Gesichtspunkt der Kausalität betrachtet, das Wesen des Mitwirkens. Eine Vereinigung beider Tätigkeiten erzeugt den Schaden; hierbei ist zu beachten, daß wir unter dem Vereinigen nicht ein Ineinanderübergehen der Kausalreihen verstehen, sondern ein Verbundensein zu einer Einheit, gleich wie man mehrere Sachen zu einer einheitlichen verbinden, kombinieren kann. Daher hat auch das Reichsgericht von dem Mitwirken eines Tuns oder einer Unterlassung des Beschädigten als einer „kombinierten Kausalität" gesprochen.[1]

Es tauchen bei dieser Frage wiederum die verschiedenen Probleme

---

[1] Jur. Wochenschr. 1899, S. 169 Nr. 131.

der Kausalität auf. Seltsam erscheinen hier die Ausführungen Rümelins,[2] welcher meint, die beiden Vorgänge, die Handlung des Dritten[3] und die Handlung des Beschädigten müßten condiciones sine qua non der eingetretenen Schadenswirkung sein; ob man sage, sie müßten auch im adäquaten Kausalzusammenhange stehen, sei ohne praktischen Belang, denn wenn jener nicht gegeben sei, könne auch § 254 nicht angewandt werden. Wenn Rümelin in diesen Fällen, in denen es sich doch gerade einmal um eine Anwendung des Kausalbegriffes handelt, seiner Theorie nicht mehr Bedeutung beilegt, als der von ihm bekämpften der condicio sine qua non, wenn er sich nur auf ihre allgemeine Anwendbarkeit überhaupt beruft, so zeigt dies, daß die adäquate Theorie auf recht schwacher Basis steht.

Wir können uns Rümelins Ausführungen nicht anschließen, sondern glauben, daß die von uns oben (§ 3) vertretene Lehre auch hier zu einigermaßen brauchbaren Ergebnissen führt. Wenn wir soeben die doppelte, „kombinierte" Kausalität erwähnten, so bedeutet dies nach unserer Auffassung, daß ein doppelter Eingriff in die Rechtssphäre des Beschädigten erfolgt sein muß, wobei hier die leicht hereinzuziehende Frage nach dem eigenen Verschulden des Beschädigten völlig außer Betracht bleibt. Der Kausalzusammenhang, d. h. der sich aus dem Eingriff ergebende Veränderungsprozeß, setzt sich aus beiden „kombinierten" Kausalreihen zusammen und bildet einen Schadenserfolg, dessen Umfang nun allerdings verschieden sein kann, je nach der Mitwirkung der Beteiligten. Nun muß sich aber ein Kriterium finden lassen, nach welchem eine Handlung tatsächlich als mitwirkende erscheint, so daß sie in mehr oder weniger großem Maße zum Erfolge beizutragen geeignet ist. Den Gegensatz bildet die Handlung, die den Zusammenhang unterbricht oder dem bestehenden Entwickelungsprozeß eingerechnet wird. Hier scheint mir die adäquate Theorie zu versagen. Erinnern wir uns dagegen des von uns gemachten Unterschiedes zwischen den kausal selbständigen und den kausal unselbständigen Handlungen, so werden wir sagen, daß von einem Mitwirken im Sinne des § 254 nur bei den kausal selbständigen Handlungen die Rede sein kann. Diese sind von uns als diejenigen bezeichnet worden, welche entweder einen neuen Veränderungsprozeß erzeugen oder sonst

[2] Kausalbegriffe S. 139.

[3] Von der Handlung eines Dritten zu sprechen, halten wir hier für verfehlt; es kann leicht die Vermutung aufkommen, als ob auch mitwirkendes Verschulden anderer Personen als des Schädigers und des Beschädigten gemeint sei.

eine neue Kausalreihe begründen können. Wenn z. B. A. bei B. Waren bestellt und B. diese Waren schuldhaft zu spät liefert, wozu auch ein Verschulden des A. beigetragen hat, so daß A. an C. dem er die Waren weiter verkauft hat, eine Konventionalstrafe zahlen muß, so ist durch das Verhalten des A. ein Mitwirken bei der Entstehung des Schadens gegeben, durch diese Handlungsweise wird eine neue Kausalreihe begründet,[4] welche zusammen mit der durch B. erzeugten den Erfolg herbeiführt. Dagegen wird in dem von uns mehrfach zitierten Fall,[5] wenn jemand z. B. beim Versuch einen anderen zu retten, verletzt wird, ein kausales Mitwirken bei der Entstehung des Schadens in der Regel nicht angenommen werden. Es liegt zwar auch ein gewisses Mitwirken des beschädigten Retters vor, es kann sogar ein vielleicht überaus leichtsinniges Verhalten mitgespielt haben; das charakteristische Moment, welches für den § 254 in Betracht kommt, fehlt aber; denn von einer selbständigen neuen Kausalreihe ist nicht die Rede. Es ist ein derartiger Eingriff vom Beschädigten in seine eigene Rechtssphäre nicht erfolgt, so daß seine Handlungsweise bei der Entstehung des Schadens mitwirken könnte. Die Entscheidung im Einzelfall werden die jeweiligen Umstände ergeben.

Diese werden besonders auch erkennen lassen, ob sich das Mitwirken als ein derartiges herausstellt, daß man es als Unterbrechung des Kausalzusammenhanges bezeichnen muß. Letztere scheidet sich vom Mitwirken, wie es soeben dargestellt ist, dadurch, daß der Eingriff des Beschädigten die Wirkung der Handlung des Täters auf den Erfolg hin aufhebt und den weiteren Erfolg selbst herbeiführt, so daß die Entstehung des Schadens und seine Entwickelung nicht mehr auf einer **mitwirkenden** Tätigkeit beider Teile beruht, sondern vom Beschädigten allein erzeugt ist.

Das Mitwirken ist sonach eine Art der „Mitursache", welch letztere auf der Annahme mehrerer Eingriffe in die Rechtssphäre beruht.[6] Die Mitursache enthält aber außer diesem Mitwirken im Sinne des § 254 noch eine andere Art des Mitwirkens, die der Mittäterschaft, von welcher das Mitwirken im Sinne des § 254 streng zu scheiden ist.

Die Mittäterschaft ist ein deliktischer, im Anschluß an die Bestimmungen des Strafgesetzbuchs (§ 47 ff.) gebildeter Begriff, welchen

[4] Vgl. ROHG. 18 S. 197; RG. 19 S. 25. Diese Fälle liegen allerdings etwas anders und sind hier verändert angewandt.

[5] RG. 29 S. 120.

[6] AM. v. Leyden, S. 41.

das BGB. im § 830 erwähnt und den es dahin bestimmt, daß eine von mehreren gemeinschaftlich begangene unerlaubte Handlung vorliegen muß. Dem gleich stehen die Fälle, in welchen es nicht ersichtlich ist, wer von mehreren Beteiligten den Schaden durch seine Handlung verursacht hat, sowie die Fälle der Anstiftung und der Beihülfe. Daß die Gemeinschaftlichkeit der Begehung auf einem bewußten und gewollten Zusammenwirken beruhen muß, ist nicht erfordert,[7] es kann auch der Fall der „Nebentäterschaft", wie v. Liszt ihn nennt, vorliegen. Jedenfalls aber ergiebt sich, daß das Zusammenwirken im Sinne der „Mittäterschaft" stets nur auf Seiten der Schädiger vorliegen kann, nie aber auf Seiten mehrerer mitwirkender Beschädigter. Denn wenn sie auch durch ihre Handlungen oder Unterlassungen gemeinschaftlich bei der Entstehung des Schadens, mitgewirkt haben, so fehlt doch hier das Moment der unerlaubten Handlung; gegen sich selbst gibt es eine unerlaubte Handlung nicht; daher kann von einer Mittäterschaft im Sinne des § 830 nicht die Rede sein. Ebensowenig ist dies daher der Fall bei der Mitwirkung eines Beschädigten und eines Schädigers, hier liegt nicht ein gemeinschaftliches Begehen einer unerlaubten Handlung im Sinne des § 830 vor. Sind mehrere Beschädigte vorhanden, so kann durch eigene Mitwirkung nur derjenige mit seinen Ersatzansprüchen ausgeschlossen werden, in dessen Person sie vorliegt.

Da das Mitwirken ein Kausalverhältnis darstellt, kann es sich an sich, wie wir oben (§ 4) ausgeführt haben, nicht der Qualität, sondern nur der Intensität nach verändern. Indessen hat diese Frage hier keine besondere Bedeutung. Denn da das Mitwirken in einem Verschulden bestehen muß, so wird es mehr auf den Grad des Verschuldens, als den des reinen Mitwirkens ankommen.

Der Begriff des Mitwirkens setzt ein Tätigwerden, ein Eingreifen in den Gang der Ereignisse voraus; es besteht aber nicht nur in einem Tun, sondern kann, wie § 254 Abs. 2 besonders betont, gleicherweise in einem Unterlassen bestehen. Wir haben aber bereits ausgeführt, daß die Kausalität der Unterlassung nur da gegeben ist, wo eine Pflicht zum Handeln besteht. Diese Pflichten zählt das Gesetz im § 254 Abs. 2 auf. Wir werden diese Lehren erst in den folgenden Paragraphen darstellen können.

Der Beschädigte muß „bei der Entstehung des Schadens" mitgewirkt haben. In welchem Zeitpunkt die Mitwirkung stattgefunden

[7] Vgl. Planck § 830 Anm. 1; v. Liszt, Lehrb. d. Strafr. § 50.

hat, kann dabei ganz außer Betracht bleiben. Der häufigste Fall wird der sein, daß eine Handlung des Schädigers der des Beschädigten vorangegangen ist und der letztere nunmehr im Lauf der Entwickelung des Schadens durch seine Handlung auf dieselbe einwirkt. Es kann aber die Mitwirkung tatsächlich in dem gleichen Augenblick eintreten, wie die Handlung des Schädigers, sie kann ebenso auch vor der letzteren liegen.[8] Diese Fragen sind ziemlich unbestritten. Die Hauptsache ist eben nur, daß beide Faktoren zusammen den Schaden herbeigeführt haben. Die Zahl der Einzelfälle ist eine so große und die Art der Mitwirkung eine so verschiedene, daß es unmöglich ist, eine kasuistische Darstellung zu geben.[9]

2. Der Begriff des Verschuldens des Beschädigten.

§ 11. a) Voraussetzungen.

Im § 4 haben wir die allgemeinen Voraussetzungen und Wirkungen des Verschuldens sowie seine Arten, den Vorsatz und die Fahrlässigkeit behandelt und haben gesehen, daß es sich als eine gegen andere Personen gerichtete Tätigkeit darstellt. Von dieser allgemeinen Begriffsbestimmung macht der § 254 insofern eine Ausnahme, als er von einem eigenen Verschulden des Beschädigten spricht, welches also seine Wirkungen nicht auf den Rechtskreis anderer Personen, sondern auf den des Beschädigten selbst erstreckt. Diese besondere Bedeutung des Begriffs hat zu zahlreichen Kontroversen geführt.

Die ersten Meinungsverschiedenheiten treten uns sogleich entgegen, wenn wir nach dem Grunde der Anrechnung des eigenen Verschuldens fragen. Jenen Grund hat man verschieden zu bestimmen versucht und den Unterschied des sogenannten eigenen Verschuldens von dem gegen andere gerichteten in der Art des Werturteils gefunden.[1] Zitelmann hat das eigene Verschulden als ein „Verschulden gegen sich selbst" bezeichnet. Es ist aber eine derartige Bezeichnung nicht zutreffend; es ist auch durchaus nicht ersichtlich, daß sie für die Klärung der so bestrittenen Frage etwas beizutragen imstande ist;

---

[8] Vgl. Rümelin, a. a. O. S. 189 f.; Schollmeyer § 254 Anm. 2.

[9] Die Fälle des wechselseitigen Schadens, in welchem also beide Teile sich gegenseitig beschädigen, fallen nicht unter die Bestimmung des § 254. Hier ist nicht von einem Mitwirken, sondern von einem Entgegenwirken die Rede (Cohn a. a. O. S. 115). Wir müssen die zuletzt besprochenen Fragen im folgenden Paragraphen von einem anderen Gesichtspunkt betrachten.

[1] Zitelmann, Das Recht des BGB. Bd. I S. 166 ff.

Verwechselungen mit dem eigenen Verschulden im Gegensatz zum fremden Verschulden, sind, wie Rümelin zutreffend hervorhebt,[2] nicht zu befürchten; wir halten daher die Bezeichnung „eigenes Verschulden" wie sie auch die Reichsgesetzgebung in dem von uns gebrauchten Sinne benutzt[3] bei, glauben aber, daß die Bezeichnung „mitwirkendes Verschulden des Beschädigten" noch richtiger die Bedeutung der betroffenen Rechtsverhältnisse zum Ausdruck bringt.

Die von Zitelmann vorgetragenen Gründe sind nicht stichhaltig. Er führt einmal die Mißbilligung des eigenen Verhaltens auf sittliche Motive zurück. Diese wollen wir völlig beiseite lassen, da sich aus ihrer Betrachtung nichts ergibt, was für die rechtliche Beurteilung von Erheblichkeit sein könnte. Sodann aber sagt er, erfolge die Mißbilligung vom eigenen Interessenstandpunkt aus, es sei eine objektive Mißbilligung des Verhaltens geboten. Eine Rechtspflicht bestehe nicht, daher könne das Verhalten „weder objektiv noch subjektiv rechtswidrig sein". Nicht recht erklärlich erscheint es nach den letzten Worten, überhaupt noch von einem Verschulden, und besonders einem Verschulden gegen sich selbst zu sprechen.

Es dürfte sich zunächst um die von Zitelmann angeschnittene Frage handeln, ob denn überhaupt keine Rechtspflicht für den Handelnden, d. h. den Beschädigten besteht, sei es nun eine Rechtspflicht gegen sich selbst, sei es gegen den anderen Teil, d. h. den Schädiger. Zitelmanns Standpunkt vertritt insbesondere Rümelin,[4] während Endemann und v. Liszt eine Rechtspflicht des Beschädigten zum Andershandeln annehmen.[5]

Diese Frage ist nach unserer Meinung nicht ohne weiteres in dem einen oder dem anderen Sinne zu beantworten. Zunächst gilt hier in Bezug auf die eigenen Angelegenheiten sicherlich der Grundsatz, daß man über seine Person sowie über sein Vermögen nach eigenem Gutdünken verfügen kann, solange nicht ein Recht eines anderen dadurch in Mitleidenschaft gezogen wird, z. B. jemand zerbricht einen ihm gehörigen Gegenstand, man veräußert seine Sachen 2c. Was insbesondere das Recht an der eigenen Person anlangt, so kann man frei über dieselbe verfügen; es besteht keine gesetzliche Vorschrift,

---

[2] A. a. O. S. 141.

[3] Reichshaftpflichtgesetz § 1; Postgesetz § 6.

[4] S. 141 f.

[5] Endemann, S. 598; v. Liszt, Deliktsobligationen S. 84. Vgl. aber wegen dieser Ausführungen unten Anm. 8.

die den Selbstmord mit Strafe belegt. Ausgenommen ist die freie Verfügung nur da, wo höhere Verpflichtungen, z. B. gegen den Staat obwalten, wie denn auch § 142 StGB. die Selbstverstümmelung um sich der Wehrpflicht zu entziehen, mit Strafe belegt.

Da aber das einzelne Individuum nicht bestehen kann, ohne mit anderen in Berührung zu kommen, so ist die Folge, daß seine Rechtskreise sich mit denen der anderen berühren. Dies kann nun, und darauf kommt es uns hier an, derart geschehen, daß der andere ein Recht, z. B. ein Anrecht auf eine bestimmte Art des Verhaltens, an meinem Vermögen, bezw. dessen Teilen erhält. Damit hört die oben geschilderte Unbeschränktheit aber auf.

Denn sobald das Interesse eines anderen sich mit dem meinen berührt, muß ich mein Handeln so einrichten, daß ich durch Verfügung in meinen Angelegenheiten den anderen Teil möglichst in seinen Rechtsgütern ungestört lasse. Dies bedeutet aber, daß ich durch mein Handeln den in meine Rechtssphäre hineinragenden Anspruch eines anderen nicht verkümmern darf. Ausfluß dieser Anschauungen ist das Chikaneverbot.[6] Da ein anderes Handeln schadensersatzpflichtig macht, so ist anzunehmen, daß für den Handelnden eine Rechtspflicht besteht. Diese kann wiederum eine eigentliche Rechtspflicht sein, welche durch das Gesetz direkt vorgeschrieben ist oder eine Verkehrspflicht, d. h. eine Pflicht, die nach Treu und Glauben zu handeln gebietet, auch wo ein Gesetz es nicht direkt ausspricht. Dadurch aber, daß das Gesetz dies anerkennt, macht es ein derartiges Handeln zur Vorschrift. So besteht also eine Verpflichtung zur Rücksichtnahme auf andere.

Es fragt sich nunmehr, wie sich ein Handeln charakterisiert, durch welches ein Schaden in der eigenen Rechtssphäre sowohl wie in der des anderen entsteht. Das Wesentliche dabei ist, daß *auch* die eigene Rechtssphäre, eventuell *diese allein* eine Einbuße erleidet. Stellt sich ein solches Handeln als ein Verschulden dar? Die Rechtswissenschaft spricht vom eigenen Verschulden. Die Frage ob der allgemeine Begriff des Verschuldens in der Lehre vom eigenen Verschulden eine besondere Bedeutung hat, soll unten behandelt werden. Hier kommen nur die Normalfälle in Frage. Es ist nach § 254 ein Verschulden, d. h. eine schuldhafte Handlung des Beschädigten erfordert. Es müssen demnach die allgemeinen Voraussetzungen des Verschuldens

---

[6] § 226. Sehr klar tritt dieser Grundsatz u. a. in der Lehre von den Bedingungen hervor; vgl. z. B. §§ 160, 161.

überhaupt, wie sie oben im § 4 dargelegt sind, vorhanden sein. Daher muß das Verschulden des Beschädigten begrifflich dasselbe sein, wie das Verschulden gegen einen anderen. Der Erfolg ist auf dieselben Bedingungen zurückzuführen, wie bei jedem Verschulden, nur daß die Folgen sich in dem Rechtskreise des Täters selbst zeigen. Es kann danach das eigene Verschulden im Vorsatz sowie in Fahrlässigkeit bestehen. Meist wird letztere in Frage stehen; sie allein hatte der erste Entwurf auch im Auge, da er nur von einer mitwirkenden „Fahrlässigkeit des Beschädigten" sprach. Der Beschädigte hat daher für die Folgen seiner Handlung einzustehen, d. h. das was er selbst verschuldet hat, kann er nicht von einem anderen ersetzt verlangen. Dieser allgemein anerkannte, von Mommsen aufgestellte Satz gilt auch für das BGB. Wir können also einen Wesensunterschied des eigenen Verschuldens dem Verschulden gegen andere gegenüber nicht sehen, sondern halten beides für wesensgleich.

Nunmehr aber kommen wir zu der, oben — ohne Rücksicht auf ein Verschulden, — gegebenen Unterscheidung zurück. Ist durch eigenes Verschulden in dem Vermögen des Beschädigten ein Schaden entstanden, so weit das Vermögen der unbeschränkten Verfügung unterliegt, d. h. ohne daß ein anderer daran ein rechtliches Interesse hat, so ist ein derartiges Verschulden überhaupt irrelevant; z. B. jemand zerbricht vorsätzlich eine ihm gehörige Vase.

Tritt die schuldhafte Handlung mit ihrem Erfolg aber in den Kreis der zwar der eigenen Sphäre unterworfeneu Rechtsgüter, die aber mit Rücksicht auf das Recht eines anderen nicht mehr unbeschränkt der eigenen Verfügung unterworfen sind, so tritt der Begriff des eigenen Verschuldens in seine rechte Bedeutung. Hier hat der Beschädigte sein Verschulden dem anderen gegenüber zu vertreten; was er selbst verschuldet hat, kann er wie soeben gesagt ist, nicht vom anderen ersetzt verlangen. Dies gilt sowohl dann, wenn das Verschulden des Beschädigten allein den Schaden herbeigeführt hat[7] (eigentlicher Fall des eigenen Verschuldens), als auch, wenn der andere den Beschädigten seinerseits beschädigt und dieser durch seine schuldhafte Handlung mitwirkt (Fall des eigenen mitwirkenden Verschuldens; auch eigenes Verschulden genannt). Letztere Fälle behandelt der § 254 ex professo. Gerade in diesen Fällen greift die Mommsensche Regel

[7] Zu beachten ist hier, daß die Wirkung dieselbe ist, wie in dem Fall, in welchen ein Recht an der Handlung nicht besteht, daß aber die rechtlichen Voraussetzungen ganz andere sind.

ein, mag es sich um ein Vertragsverhältnis handeln oder ein außervertragliches Verhältnis. Wenn A. den B. verletzt und dieser den Schaden durch eigenes Verschulden vergrößert, etwa indem er den Verband abreißt, so kann er den hierdurch entstehenden Schaden nicht von A. ersetzt verlangen.

Wir haben bisher die Voraussetzungen des eigenen Verschuldens in der Weise darzulegen versucht, daß wir es auf seine Elemente zurückführten. Wenn wir nunmehr zusammenfassend nach dem Wesen und dem Grunde seiner Anrechnung fragen, so wird nach dem bisher gesagten Zitelmann und Rümelin insofern Recht zu geben sein, daß es sich meist auf die eigenen Angelegenheiten erstrecken wird. Doch ist dies nicht ausreichend genug, denn in vielen Fällen werden die Rechtskreise anderer in Mitleidenschaft gezogen. Hierbei stehen zu bleiben und das Verhalten des eigenen Verschuldens allein vom eigenen Interessenstandpunkt aus zu mißbilligen, ist unmöglich. Es ist vielmehr weiter zu gehen und zu sagen, daß das eigene Verschulden deshalb gemißbilligt wird, d. h. den Ersatzanspruch mindert, oder ausschließt, weil es Rechts- und Verkehrspflichten verletzt, welche eine Rücksichtnahme auf andere Personen, d. h. den Schädiger, verlangen und rücksichtslos egoistisches Handeln ausschließen. Wir stehen somit auf dem Standpunkt, das wir das eigene Verschulden einerseits als eine Mißbilligung vom eigenen Interessenstandpunkt aus ansehen, andererseits aber im eigenen Verschulden auch einen Verstoß gegen fremde Interessen erblicken. Dies können wir dadurch, daß wir eine Rechtspflicht annehmen so zu handeln, daß man den anderen Teil nicht in seiner rechtlichen Lage beeinträchtigt. Dies ist unbedingt anerkannt nicht nur für das eigene Verschulden durch Unterlassungen (§ 254 Abs. 2), bei welchem Endemann und v. Liszt es annehmen[8], sondern bei Handlungen. Es ist daher auch nicht erfindlich, wie man hat sagen können, daß man zu einer Rechtspflicht gegen den Verletzenden „allenfalls auch mittelst einer verkünstelten Zugrundelegung bedingter Pflichten auf dem Schadensersatzgebiet" gelangen kann.[9] Dies ist angesichts des § 254 um so merkwürdiger,

---

[8] Endemann, a. a. O. S. 598, v. Liszt S. 84; vgl. Rümelin S. 164, auch S. 141, wo demnach das Zitat zu Anm. 75 das. nicht angebracht ist. Wenn Rümelin S. 168 bei § 254 Abs. 2 keine Rechtspflicht annimmt, sondern auf Treu und Glauben abstellt, so verkennt er, daß die Rücksichtnahme hierauf auch eine Verkehrs- und Rechtspflicht enthält. Seine Ansicht ist daher nicht zutreffend.

[9] Rümelin, S. 162 Anm. 202.

da ja doch hier der Gesichtspunkt der Schadensverteilung auf Rechtspflichten beider Teile zurückgeführt wird. Wir halten im Gegenteil gerade nach den Bestimmungen des § 254 die Annahme einer Rechtspflicht gegen den Schädiger für unumgänglich nötig und meinen, daß die dies leugnende Ansicht den tieferen Rechtsgrund der ganzen Lehre verkennt.

Es ist nunmehr leicht begreiflich, daß man aus der Annahme, es handele sich um einen besonders gearteten Begriff des Verschuldens, folgerte, daß das Verschulden des Beschädigten sich durch hervorstechende Eigenheiten vor dem gewöhnlichen Verschulden auszeichne.

Während nach der herrschenden Meinung das Verschulden sich allein auf die verursachende Handlung, nicht aber an die daraus entspringenden Folgen sich bezieht, d. h. also daß man, von einigen besonderen Fällen, z. B. § 826 abgesehen, eine Voraussehbarkeit des Schadens nicht annimmt, ist für den Fall des eigenen Verschuldens die Ansicht vertreten worden, daß das Verschulden des Beschädigten gerade in der Voraussehbarkeit des Schadens bestehe und sich gerade auf diesen beziehe.[10] v. Liszt, der diese Ansicht besonders vertritt, ist aber den Beweis hierfür schuldig geblieben. Er kommt zu dem Resultat, daß demnach das Verschulden auf Seiten des Beschädigten und des Schädigers verschieden bestimmt sei. Dies ist aber u. E. eine unmögliche Konsequenz. Einen Versuch, diese Ansicht zu begründen, unternimmt Cohn,[11] indem er sagt, daß Verschulden solle sich „gerade auf die Entstehung des Schadens beziehen". Hier scheint die Verwechselung darin zu liegen, daß Cohn das Mitwirken des Verschuldens „bei der Entstehung des Schadens" auf die dadurch herbeigeführte Schadensfolge bezieht, die er nur in anderem Sinne ebenfalls eine Entstehung des Schadens nennt. Dazu gibt aber das Gesetz keine Veranlassung. Das eigene Verschulden ist in seinen Wirkungen, wie wir sehen, insofern anders geartet, als es sich auf die eigene Rechtssphäre des Beschädigten miterstreckt. Damit ist aber nicht gesagt, daß nun der Beschädigte diese Folge voraussehen mußte. Daß es in vielen Fällen tatsächlich geschieht, kann nicht dazu führen, die Voraussehbarkeit des Schadens in den Begriff des eigenen Verschuldens aufzunehmen. Wenn der Beschädigte durch eine fahrlässige oder vor-

[10] So v. Liszt Deliktsobl. S. 82; Cohn bei Gruchot 48 S. 110, der in dem nach § 254 Abs. 1 geforderten Moment der Voraussehbarkeit eine günstigere Lage des Beschädigten erblickt.

[11] A. a. O. S. 110.

sätzliche Handlung mitwirkt, so besteht die Fahrlässigkeit in der Voraussehbarkeit der schadenden Handlung, der Vorsatz in deren Voraussicht. Die daran sich weiter anschließenden Folgen werden ihm zur Last gelegt, ohne daß er sie zu kennen brauchte. Die definitive Schadenswirkung soll ja nach § 254 gerade der Beurteilung unterzogen werden. Unmöglich kann der Beschädigte diesen Erfolg dadurch entkräften, daß er behauptet, er habe diese Schadenswirkung nicht vorhersehen oder wissen können und etwa einen dahingehenden Eid leistet. Dann wäre der Gedanke des § 254 vereitelt. Wenn wir schließlich in dem Verschulden des Beschädigten zugleich ein schuldhaftes Handeln gegen den Schädiger sehen, so dürfte darin ein gegen andere gerichtetes Verschulden involviert sein, für welches man sicherlich, den Normalfällen gemäß, keine Vorhersehbarkeit annehmen könnte.

Zweifelhaft könnte die Frage für die Fälle des § 254 Abs. 2 sein, ob nämlich bei diesen nicht eine Vorhersehbarkeit des Schadens vom Gesetz erfordert wird. Hier müssen wir die Frage insoweit bejahen, als sie sich auf die Anzeigepflicht bezieht, im übrigen müssen wir sie verneinen, wenn wir auch anerkennen, daß in zahlreichen Fällen eine Vorhersehbarkeit des unterlassenden Beschädigten gegeben ist. Das Verschulden beschränkt sich auf die Unterlassungen, sagt das das Gesetz. Damit ist nur zum Ausdruck gebracht, daß das schuldhafte Verhalten sich auf die Unterlassung beziehen muß, d. h. darauf, daß der Beschädigte die ihm auferlegten Rechtspflichten des Minderns und Abwendens verabsäumt. Daß er den hierdurch entstehenden Schaden vorhersehen konnte, ist nicht erfordert.

Mithin braucht also das eigene Verschulden sich nicht auf den dem Beschädigten schädlichen Erfolg zu beziehen.[12] Das von Rümelin zum Beweise für seine Behauptung aufgestellte Beispiel ist aber nicht geeignet, für alle Fälle vorbildlich zu sein. Der Dieb, der bei Gelegenheit des Diebstahls durch eine Fahrlässigkeit des Bestohlenen verletzt worden ist, verlangt von dem letzteren Schadensersatz. Rümelin will diesen Anspruch aberkennen, „obwohl das Verschulden des Diebes sich keineswegs auf die Verletzung seines eigenen Körpers bezogen hat, die betreffende Verletzung vielmehr von ihm in keiner Weise vorauszusehen war." Diese Entscheidung mag im einzelnen Falle richtig sein, es muß aber nach dem Wortlaut des § 254 berücksichtigt

[12] Rümelin, S. 140, 163.

werden, ob denn die schuldhafte Mitwirkung tatsächlich „bei der Entstehung des Schadens" mitgewirkt hat. Wird der Beschädigte bei der Begehung einer unerlaubten Handlung abgefaßt und von dem Verletzten dabei verletzt, so wird die Entstehung des Schadens nicht bis auf die vom Diebe begangene unerlaubte Handlung zurückzuführen sein, so sehr man auch den Begriff ausdehnen kann. Es wird vielfach ein Zusammenhang zwischen beiden Handlungen vorliegen, die Entstehung des in concreto geltend gemachten Schadens wird nicht ohne weiteres bei der Begehung der unerlaubten Handlung beginnen. So ist folgender Fall zur Entscheidung der Gerichte gelangt:[13] A. wird bei der Begehung des Ehebruchs mit der Frau des B. abgefaßt und von B. im Affekte getötet. Die Erben bezw. die Witwe des A. klagt gegen B. auf Schadensersatz. Dieser wendet nach § 846 eigenes Verschulden des Getöteten A. ein. Das OLG. hielt diese Einrede nicht für durchgreifend; es führt aus, daß, wenn auch zwischen dem Ehebruch und dem Entschlusse des Beklagten B., den A. zu töten, kausaler Zusammenhang bestand, doch nicht ersichtlich ist, daß bei der Entstehung des Schadens, d. h. der Tötung, ein Verschulden des Getöteten mitgewirkt habe. Diese Entscheidung halten wir für zutreffend. Zwischen dem Ehebruch und der Tötung ist, wie das Gericht annimmt, ein Zusammenhang vorhanden. Auf eine Vorhersehbarkeit seitens des Getöteten bezüglich dieser Schadensfolge kommt nichts an; die Entstehung des Schadens ist mit der verletzenden Handlung des B. begonnen, ein Mitwirken des A. liegt nicht ersichtlich vor. Anders wäre der Fall zu beurteilen, wenn A. etwa auf B. losgegangen wäre; denn dann wäre ein mitwirkendes Verschulden anzunehmen. Ohne weiteres kann man ein Recht des B., den A. zu töten, nicht annehmen. Es ist also stets abzuwägen, ob das Verschulden des Beschädigten bei der Entstehung des Schadens auch tatsächlich mitgewirkt hat. Ein anderer, vom Reichsgericht[14] entschiedener Fall, ist der folgende. Der Kläger hatte unbefugt die Jagd ausgeübt; der Beklagte verfolgt ihn und hält dabei das Gewehr, dessen Hahn gespannt war, so, daß als zufällig der Schuß losging, Kläger verletzt wurde. Beklagter wandte eigenes Verschulden des Beschädigten ein; das RG. erachtete die Einrede mit der Begründung nicht für durchgreifend, daß die unbefugte Jagdausübung kein Verschulden an der eingetretenen Verletzung involviere, da der Kläger

[13] Rechtsprechung der OLG. II S. 440.
[14] Seuffert Bd. XXXXI Nr. 89.

diese Verletzung als mögliche Folge seines widerrechtlichen Tuns nicht habe voraussehen können und nur unter dieser Bedingung ein Verschulden angenommen werden könne. Unserer Meinung nach käme es für die Entscheidung, die in ihrem Endresultat richtig ist, nicht auf die letztgenannten Umstände an. Denn eine Vorhersehbarkeit ist ist nicht erforderlich, wie wir sahen. Im vorliegenden Falle hat aber „bei der Entstehung des Schadens" ein Verschulden gar nicht mitgewirkt. Der Schaden entstand allein dadurch, daß das Gewehr des Beklagten durch dessen Unvorsichtigkeit losging und infolge der Haltung des Gewehrs den Kläger beschädigte. Hier ist von einem mitwirkenden Verschulden der Beschädigung „bei der Entstehung des Schadens" gar nicht die Rede. Daß eine unerlaubte Handlung vorherging, ist ohne jede Bedeutung für die hier allein wesentliche Frage. Anders läge auch hier der Fall, wenn der Beklagte dem Kläger ein „Halt" zugerufen und dann, falls letzterer nicht stehen blieb, geschossen hätte. Es läge dann auf Seiten des Klägers eine Fahrlässigkeit vor, und zwar jetzt „bei der Entstehung des Schadens".

Die angeführten Fälle zeigen zur Genüge, daß es nicht möglich ist, ein allgemeines Prinzip für die Entscheidung aufzustellen, daß es vielmehr auf den Einzelfall ankommen muß, um zu einem richtigen Ergebnis zu gelangen. Es ist aber ebenfalls ersichtlich, daß bei dem eigenen Verschulden des Beschädigten prinzipiell eine Voraussehbarkeit des Schadens nicht erforderlich ist, d. h. daß das Verschulden des Beschädigten sich garade auf den Schaden beziehen muß. Es hat sich vielmehr auf die verletzende Handlung selbst zu erstrecken; daß ein Schaden vorhergesehen wird, kann und wird sehr oft vorkommen.

§ 12. b) Die Bedeutung des eigenen Verschuldens.

Wir sprachen bisher immer von einem „Verschulden" des Beschädigten in dem allgemein technischen Sinne. Man hat nun gemeint, dies genüge für den § 254 nicht, sondern es sei das Verschulden auch in einem nichttechnischen Sinne zu verstehen.[1] Die Behandlung dieser Materie ist eine äußerst schwierige; wir werden den Darstellungen, welche sie bisher erfahren hat, nachgehen und daraus unsere Schlußfolgerungen ziehen.

[1] Endemann S. 595; Rümelin S. 145ff.; Cohn S. 116; v. Liszt Deliktsobligationen S. 81f.; Schollmeyer § 254 Ziff. 3. Verschulden „in uneigentlichem Sinne" nimmt an Enneccerus Bd. II S. 405. Crome, Allgemeiner Teil S. 496f. Laß-Maier, Haftpflichtrecht S. 66; Köhler S. 55; v. Leyden S. 67.

Endemann scheidet in seinem Lehrbuche zwei Fälle. Er sagt dem Schädiger müsse die Berufung auf § 254 gestattet sein, „auch wenn ein Geisteskranker sich der Gefahr ausgesetzt hat oder wenn ein Verantwortungsunfähiger[2] durch einen Unfall auf der Straße ausgleitet und überfahren wird". Wir wenden uns zunächst dem ersten Falle des Geisteskranken zu und müssen den Grundgedanken auf alle Fälle der Unzurechnungsfähigkeit ausdehnen. Hier aber wird wiederum eine Scheidung notwendig. Es müssen die Fälle auseinander gehalten werden, in denen der Unzurechnungsfähige durch sein sogen. eigenes Verschulden bei einer unerlaubten Handlung und in denen er in einem Obligationsverhältnis in Betracht kommt.

1. Was die Deliktsfälle anlangt, so nehmen Endemann und Rümelin die Anwendbarkeit des § 254 an, d. h. sie lassen eine Einrede des eigenen Verschuldens zu, während besonders v. Liszt und Schollmeyer sich dagegen erklärt haben.[3] Die beiden ersten also nehmen ein Verschulden in einem erweiterten d. h. nichttechnischen Sinne an, wenn sie es gegen einen Geisteskranken, bezw. Unzurechnungsfähigen gestatten. Die Begründung, mit welcher sie ihre Ansicht verteidigen, ist verschieden.

Endemann[4] geht von der inkorrekten Fassung des § 254 in seinen Eingangsworten aus. Er sagt mit Recht, ein Verschulden könne nicht als solches kausal sein. Statt nun aber, wie wir oben im § 4 gesagt haben, für „Verschulden" die „schuldhafte Handlung" zu setzen,[5] deutet er „mit dem Volkssprachgebrauche" um: „war er selbst schuld daran, d. h. hat er die Ursache gesetzt oder die Gelegenheit u. s. w. herbeigeführt". Eine solche Umdeutung ist aber besonders dem § 254 gegenüber unangebracht. Denn wenn auch bisweilen selbst in dem genau gefaßten BGB. Verursachen und Verschulden gleichgestellt wird, ist gerade im § 254 ein beabsichtigter Unterschied zwischen dem Verschulden des Beschädigten und dem vorwiegenden Verursachen gemacht worden. Es ist daher eine Umdeutung, wie sie Endemann vornimmt, willkürlich und kann nur als verfehlt bezeichnet werden. Nach dieser Wendung ist es verständlich, wenn Endemann die Anwendung des § 254 dem Geisteskranken gegenüber zuläßt. Er sieht

---

[2] Soll jedenfalls heißen ein „Verantwortungsfähiger".

[3] Vgl. Anm. 1.

[4] S. 596 Anm. 4.

[5] Vgl. v. Liszt a. a. O. S. 81. Vgl. zu dem folgenden auch Titze, die Unmöglichkeit der Leistung S. 137f.

in ihm nicht ein eigenes Verschulden, wie wir es im technischen Sinne verstehen, sondern ein eigenes „Verursachen“. Dies wäre, als rein tatsächlicher Kausalbegriff genommen, an sich auch bei einem Geisteskranken gestattet; es kann nur dem § 254 gegenüber aus den dargelegten Gründen nicht zugelassen werden. Das Verschulden bedeutet hier nichts anderes wie auch sonst.

Wir wenden uns den Ausführungen Rümelins zu. Er leitet seine Schlüsse aus § 829 ab. Wenn es zulässig sei, den Unzurechnungsfähigen nach billigem Ermessen für seine Schadensstiftungen ersatzpflichtig zu machen, so müsse es auch möglich sein, seine Ersatzansprüche nach billigem Ermessen zu kürzen oder zu kassieren, falls sie selbst den Schaden vorzugsweise verursacht haben. Er bildet das Beispiel, daß ein Geisteskranker, dessen Krankheit der Angreifer nicht kannte, sich ganz unsinnig benimmt und sich dadurch den Tod oder eine schwere Verletzung zuzieht. Hier könne man nur mit dem § 254 helfen und müsse — was ohne Analogieschlüsse möglich sei — unter Verschulden des Verletzten jedes Verhalten verstehen, „das bei zurechnungsfähigen Personen Verschulden wäre“. Abgesehen davon, daß Rümelin statt des Analogieschlusses in den Fehler verfällt, eine Fiktion anzunehmen, ist die ganze Ansicht wegen der Heranziehung des § 829 nicht haltbar. Der § 829 setzt die Schadensersatzpflicht eines nicht verantwortlichen Täters fest. Es kann sich dabei nur um eine objektiv widerrechtliche Tat handeln, für welche der Ersatz gefordert wird.

Dies läßt sich in Verbindung mit § 829 aus dem § 832 folgern und ist auch vom Reichsgericht gefolgert worden.[6] Daß dabei von der subjektiven Widerrechtlichkeit, der Verschuldung abgesehen wird, ist ganz zweifellos, eben weil nur von der Person gesprochen i s t, welche nicht für den Schaden verantwortlich gemacht werden kann. Da nun der § 254, wie oben bereits gesagt, ein Verschulden auf Seiten des Beschädigten verlangt, also subjektive Momente voraussetzt, kann die Bestimmung des § 829 hier keine Anwendung finden, wie sie als Ausnahmebestimmung überhaupt nicht über den Umkreis ihres Geltungsbereichs erstreckt werden darf. Da ferner das Verschulden im § 254 nur im technischen Sinne aufgefaßt werden kann, ist eine analoge Ausdehnung unstatthaft.[7] Der § 829 ist überhaupt nur vom Stand-

[6] RG. 50 S. 66.

[7] Dafür, daß das Verschulden im § 254 keine andere Bedeutung wie sonst überall haben kann. Vgl. Planck, Vorbem. zum allgem. Teil I S. 86 f. Vgl. gegen Rümelin auch v. Weinrich, Haftpflicht S. 85.

punkt einer ausgleichenden sozialen Gerechtigkeit zu verstehen und kann nicht dazu verwertet werden, irgend welche Folgen aus ihm herzuleiten.[8] Es lassen sich daher die Ausführungen Rümelins mit dem einen Einwand beseitigen, daß der § 829 völlig ungeeignet ist, ein Verschulden des Unzurechnungsfähigen im Sinne des § 254 zu begründen, es enthält die Handlung eines Unzurechnungsfähigen zwar die objektiven Momente der Widerrechtlichkeit, nie aber die subjektiven, d. h. schuldhaften. Ferner ist es aber sehr bedenklich, wenn Rümelin sagt, das Verhalten, welches bei einem Zurechnungsfähigen ein Verschulden wäre, könne im entsprechenden Fall als Verschulden des Unzurechnungsfähigen bezeichnet werden. Es widerspricht unserer Rechtsanschauung, das Verhalten eines Geisteskranken mit dem des normalen Menschen in Hinsicht seiner Verantwortlichkeit zu vergleichen und es ist nicht richtig, wenn Rümelin etwas derartiges fingiert. Wir glauben daher auch diese Ansicht als unrichtige bezeichnen zu dürfen und zugleich nachgewiesen zu haben, daß eine Ausdehnung des Verschuldensbegriffes im § 254 im Sinne einer nichttechnischen Bedeutung unzulässig ist. Es ist mit dem Begriff des Verschuldens vielmehr der technische Sinn, „wenn auch mit abgeschwächtem Inhalt" wie Liszt sagt, zu verbinden.[9]

Es mag hier noch bemerkt werden, daß man in der Auslegung des Reichshaftpflichtgesetzes § 1 in den Fällen, in denen ein Unzurechnungsfähiger einen Betriebsunfall herbeigeführt hat, sich mit dem Begriffe der höheren Gewalt half. So wurde dies in ständiger Rechtsprechung des Reichsgerichts anerkannt.[10] Diese Einrede kann aber hier nicht in Betracht kommen, da sie nur da zulässig ist, wie wir meinen, wo sie vom Gesetz ausdrücklich aufgenommen wurde. Daß diese Annahme höherer Gewalt bei einem Eisenbahnbetriebe gerechtfertigt ist, liegt in der Art der ausgedehnten Haftung und dem Grunde der Haftung.

2. In Obligationsverhältnissen ist § 829 nicht anwendbar;[11] daher wird hier die Verantwortlichkeit der Unzurechnungsfähigen selbst von Rümelin ausgeschlossen.[12] Besonders hebt letzterer hervor, daß sie

---

[8] Vgl. Hachenburg, Vorträge S. 123, v. Liszt S. 82.

[9] Die Einzelheiten bleiben dem folgenden Paragraphen vorbehalten.

[10] RG. 1 S 276; 21 S. 14; 44, S. 27.

[11] v. Liszt S. 82.

[12] Rümelin S. 147, vgl. das. Anm. 184.

gewisse vertragsmäßige oder vertragsähnliche Verpflichtungen nicht treffen können, wie z. B. die im § 254 Abs. 2 normierten.

Wenn wir auf das bisher Gesagte noch einmal einen Blick werfen, so sehen wir, daß man auf dem Gebiete der unerlaubten Handlungen bei Unzurechnungsfähigen die Anwendung des § 254 zugelassen, auf dem der Obligationsverhältnisse sie dagegen ausgeschlossen hat. Im ersten Fall leitet man aus einer Sonderbestimmung, die nicht ausgedehnt werden kann, ein Verschulden mit erweiterter, nicht technischer Bedeutung ab, im anderen Fall dagegen läßt man es bei dem technischen Sinne bewenden, weil man hier diese Bestimmung anerkanntermaßen nicht anwenden kann. Der Fehler, der sich uns hier zeigt, liegt darin, daß man ein außerkontraktliches Verschulden des Beschädigten von dem kontraktlichen scheidet. Das Verschulden desjenigen, der sich selbst einen Schaden zufügt, kann aber nicht eine verschiedene Qualität annehmen, je nachdem es sich um vertragliches oder außervertragliches Verschulden handelt. Man kann die Folgen der schuldhaften Handlung verschieden regeln, das Verschulden als solches bleibt das gleiche. Vorsatz und Fahrlässigkeit werden nicht qualitativ oder quantitativ dadurch geändert, daß sie in Vertragsverhältnissen oder bei unerlaubten Handlungen vorkommen. Das zeigt sich darin am besten, daß es eine Konkurrenz der Klagen aus schuldhaften Vertragsverletzungen und unerlaubten Handlungen gibt.[13] Hier wird niemand behaupten, daß das eine Verschulden anders geartet sei als das andere. Gilt dies aber für das Verschulden überhaupt, so muß es auch für das eigene Verschulden gelten, welches nach unseren obigen Ausführungen nur eine Art des gewöhnlichen Verschuldens enthält. Daraus folgt nun u. E. mit zwingender Notwendigkeit, daß man nicht in dem einen Falle ein Verschulden des unzurechnungsfähigen Beschädigten annehmen, im anderen es in Abrede stellen kann. Da man, wie wiederholt betont ist, aus der Sonderbestimmung des § 829 Schlüsse nicht herleiten kann, muß man die Einrede des eigenen Verschuldens Unzurechnungsfähigen gegenüber überhaupt annehmen oder verwerfen. Wir stellen uns mit Entschiedenheit auf den letzteren Standpunkt. Ist das Verschulden die Verantwortlichkeit, so widerspricht es allen Regeln der Auslegung, in demselben Gesetz demselben Begriff nach Belieben einen engeren oder weiteren Sinn beizulegen, es sei denn, daß das Gesetz selbst dazu

[13] A. M. Hellwig, Lehrbuch des deutschen Zivilprozeßrechts Bd. I S. 267f.

zwingt. Dieser Fall liegt nicht vor, wir fassen daher das Verschulden im technischen Sinn. Damit ist noch nicht gesagt, daß es nicht, wie v. Liszt meint, einen „technisch abgeschwächten Inhalt" haben kann. Es richtet sich die Frage nach der Art und dem Grade stets nach dem Einzelfall. Nur die Grundbedeutung bleibt bestehen.

Was den zweiten von Endemann erwähnten Fall anlangt, daß ein Verantwortungsunfähiger[14] durch Unfall stürzt oder überfahren wird, so stellt sich hier auch Rümelin auf die Seite der Gegner Endemanns[15] und nimmt an, daß hier von einem „eigenen Verschulden" nie die Rede sein könne. Wir stellen diesen Fall den oben besprochenen gleich und nehmen auch hier, mit der Mehrzahl der Schriftsteller, an, daß der § 254 nicht Anwendung finden kann.

Mit den soeben besprochenen Streitfragen hängt eine andere zusammen, welche sich auch auf den Umstand zurückführen läßt, daß man das eigene Verschulden als eine ganz besondere Abart des Verschuldens ansieht. Es wird von einigen Schriftstellern behauptet, daß das eigene Verschulden nicht die Deliktsfähigkeit, sondern die Geschäftsfähigkeit des Beschädigten verlange.[16] Wir können uns auf die oben gegebene Darstellung berufen und meinen, auf Grund derselben die Deliktsfähigkeit erfordern zu müssen. Es ist nicht einzusehen, aus welchem Grunde der Beschädigte, der sich einen Schaden zufügt und denselben von einem anderen verlangt, nicht die für das Verschulden überhaupt erforderten Voraussetzungen haben soll. Es wird zugegeben, daß bei dem Verschulden des Beschädigten eine widerrechtliche Handlung nicht vorliegt, darum aber kann man doch nicht von dem Erfordernis des Verschuldens überhaupt Abstand nehmen und den für ganz andere Verhältnisse verwendeten Begriff der Geschäftsfähigkeit hierher übertragen. Bedenkt man weiter, daß das eigene Verschulden zumeist außer der Verletzung der eigenen Rechtssphäre auch die Verletzung der Rechte anderer involviert, so kommt man zu dem Ergebnis, daß das Verschulden des Beschädigten, wie überall das Verschulden, die Deliktsfähigkeit erfordert.

---

14 Vgl. Anm. 2.

15 S. 147f.

16 Für das Erfordernis der Geschäftsfähigkeit Cohn a. a. O. S. 115. Endemann widerspricht sich anscheinend vgl. S. 595 mit § 201 Anm. 9; für die Deliktsfähigkeit, v. Liszt S. 81f., Schollmeyer §. 254 Ziff. 3.

Wir gelangen auf Grund unserer bisherigen Darstellung über das eigene Verschulden des Beschädigten zu folgenden Sätzen:

1. Das Unterscheidungsmerkmal des eigenen Verschuldens von dem Verschulden gegen andere liegt in dem Umstande, daß es sich in seinen Wirkungen auf den eigenen Rechtskreis des Beschädigten erstreckt und die Geltendmachung des selbstverschuldeten Schadens ausschließt, mag es sich nun um obligatorische oder Deliktsverhältnisse handeln.[17]

2. Das eigene Verschulden verletzt außer dem eigenen Rechtskreise auch Rechts- bezw. Verkehrspflichten gegen den Schädiger, es enthält eine Mißbilligung des Verhaltens vom eigenen und auch vom fremden Interessenstandpunkt.

3. Es ist vom Verschulden gegen andere nicht seinem inneren Wesen nach verschieden; es verlangt insbesondere nicht Voraussehbarkeit des Schadens; dagegen setzt es die Deliktsfähigkeit voraus, und ist ausgeschlossen bei nur objektiver Rechtswidrigkeit.

4. Es ist insofern weiter greifend als das Verschulden gegen andere, als es einen abgeschwächten technischen Sinn haben kann, der sich in einem Verstoß gegen Treu und Glauben äußert.[18]

§ 13. Besondere Bestimmungen.

Nachdem versucht ist, im vorigen Paragraphen das Wesen des eigenen Verschuldens in seinen allgemeinen Grundlagen zu behandeln, müssen wir uns nunmehr den einzelnen Fällen, wie sie im § 254 geregelt sind, zuwenden.

Wir haben bereits ausgeführt, daß das Verschulden des Beschädigten „bei der Entstehung des Schadens" mitgewirkt haben muß und dargelegt, wann hierbei die Mitwirkung erfolgen kann. Was hierüber von Endemann[1] ausgeführt wird, bedarf für uns keiner weiteren Besprechung. Es ist die Mitwirkung eben gestattet bei dem den Schaden setzenden Ereignis, wie auch bei der Vergrößerung des Schadens.[2]

---

[17] Es erinnert diese Eigenheit an den oben behandelten Satz des gemeinen Rechts l. 208 D. de R. I., 50, 17. Quod quis ex culpa sua damnum sentit, non intellegitur damnum sentire, der in der gemeinrechtlichen Literatur und Judikatur für kontraktliche und außerkontraktliche Verhältnisse angewendet wurde. Vgl. Seuffert Archiv Bd. XXXXVII Nr. 184.

[18] Vgl. Enneccerus Bd. II S. 405.

[1] S. 596.

[2] Vgl. auch Linckelmann, Schadensersatzpflicht S. 57.

Das eigene Verschulden als ein dem Verschulden gegen andere wesensgleiches Verschulden kann sich als Vorsatz und Fahrlässigkeit darstellen. Es wird sich aber bei der weiteren Betrachtung herausstellen, daß es bisweilen eine erweiterte Bedeutung erlangt, daß es den Begriff der Fahrlässigkeit überschreitet und sich als ein Verschulden „mit technisch abgeschwächtem Inhalt" gibt. Die Gründe dafür liegen in dem Umstand, daß das eigene Verschulden vom eigenen und auch vom fremden Interessenstandpunkt beurteilt werden muß und das fahrlässige Handeln, das Beobachten der im Verkehr erforderlichen Sorgfalt, zum Teil andere Gesichtspunkte erfordert, als die Fahrlässigkeit im allgemeinen.

Ein derart abgeschwächter Inhalt liegt schon in dem von uns am Schluß des vorigen Paragraphen hervorgehobenen Moment, daß auch ein Verstoß gegen Treu und Glauben, ein eigenes Verschulden enthalten kann.[3]

Es ist gleichgültig für die Mehrzahl der Fälle, ob sich das Verschulden des Beschädigten als ein Verstoß gegen zivilrechtliche oder strafrechtliche Vorschriften darstellt. Meistens wird ein Verstoß gegen letztere auch eine zivilrechtliche Haftung begründen.[4] Z. B., wenn ein Kutscher infolge übermäßig schnellen Fahrens mit einem — etwa unvorschriftsmäßig um die Ecke biegenden anderen Fuhrwerk — zusammenstößt und nun den Kutscher desselben auf Schadensersatz belangt. Hier verstößt das schnelle Fahren, welches das Verschulden des Beschädigten ausmacht gegen § 366 Ziff. 2 StGBs. Es gibt aber andere Fälle, in denen eine zivilrechtliche Schadensersatzpflicht vorliegt, während im Strafrecht eine Bestrafung nicht erfolgt und umgekehrt, z. B. der Beschädigte A. wollte bei einer Messerstecherei, bei welcher er selbst kein Messer hatte, einem anderen helfen und wird dabei von B. verletzt. Hier sind alle nach § 227 StGBs. strafbar, während die Einrede des eigenen Verschuldens im Prozesse des A. gegen B. nicht durchgreift. B. kann nicht etwa aus der Beteiligung des A. allein die Anwendbarkeit des § 254 herleiten, es fehlt nach den Bestimmungen des BGB. § 830 der Kausalzusammenhang.[5] So zeigt sich hier, daß das eigene Verschulden ein mannigfach wechselndes sein kann und daß der konkrete Fall zu genauester Prüfung Anlaß gibt.

[3] Vgl. Oertmann § 254 Ziff. 5.

[4] Seuffert Bd. XXXVIII Nr. 5 (RG.).

[5] Vgl. Planck zu § 830; RG. 1 S. 89, 23 S. 158 u. a. m.

ob tatsächlich ein Verschulden auf Seiten des Beschädigten vorliegt, welches sich nach § 254 als ein eigenes, den Ersatzanspruch minderndes oder ausschließendes darstellt.

Eine große umfangreiche Judikatur ist durch die §§ 1 und 2 des Reichshaftpflichtgesetzes gezeitigt worden, welche gerade das eigene Verschulden des Beschädigten besonders beachten. Hier müssen die mit dem Betriebe zusammenhängenden besonderen Gefahren in Betracht gezogen werden; es ist vor allem auf die besonderen Umstände Rücksicht zu nehmen. So hat das Reichsgericht z. B. entschieden, daß Bahnarbeiter, welche von der Bahnverwaltung erlassene Schutzvorschriften mit Genehmigung ihrer Vorgesetzten übertreten, nicht eines eigenen Verschuldens sich schuldig machen, falls sie dadurch verletzt werden.[6] Ebenso befindet sich, außerhalb des Anwendungsgebietes des Reichshaftpflichtgesetzes § 1, ein Arbeiter, der den Anordnungen eines ihm vorgesetzten Arbeiters nicht widersprach, obwohl er die Gefährlichkeit der Arbeit erkennen konnte oder mußte, nicht in eigenem Verschulden, wenn er gleichwohl an der Arbeit teilnahm.[7] Ein solches eigenes Verschulden ist selbst dann nicht gegeben, wenn jemand im Augenblicke drohender Gefahr etwas sachwidriges tut, z. B. wenn jemand vom Straßenbahnwagen herabspringt, da er einen Zusammenstoß vorhersieht und nun infolge des Herabspringens verletzt wird oder wenn jemand, durch plötzliches Klingeln eines Radfahrers, welcher zu schnell fährt, erschreckt, nach der falschen Seite ausbiegt, etwa zurückgeht und nun angefahren wird.[8]

Die zivilrechtliche Haftbarkeit ist, wie wir sahen, von der Voraussetzung strafbarer Handlungen durchaus unabhängig. Daher kann ein eigenes Verschulden im Sinne des § 254 auch bei Kindern im Alter von 7—12 Jahren vorliegen (§ 828).[9] Für das Haftpflichtgesetz konnte bisweilen die Einrede der höheren Gewalt verwandt werden, falls ein Kind überfahren oder beschädigt wurde. Es mußte aber die Handlung des Kindes eine derart unberechenbare sein, daß mit ihr nicht gerechnet werden konnte.[10]

Man wird gerade bei dem eigenen Verschulden aus den mehr-

---

[6] RG. 1 S. 48; 4 S. 25.

[7] RG. 8 S. 30, bes. S. 34f.

[8] RG. 50 S. 92ff.; 48 S. 343.

[9] RG. 1 S. 278, 37 S. 155; Seuffert Archiv Bd. 37 Nr. 211, Bolze Bd. VIII Nr. 167, Bd. XIX S. 244 und zahlreiche andere.

[10] RG. 21 S. 14ff.; 44 S. 27.

fach hervorgehobenen Gründen die besonderen Verhältnisse des einzelnen berücksichtigen müssen. Lebensstellung und Lebenslage, geistige und körperliche Entwickelung werden einer eingehenden Prüfung zu unterziehen und daraus festzustellen sein, ob der Beschädigte imstande gewesen ist, so zu handeln, daß ihn der Vorwurf eines eigenen Verschuldens nicht treffen kann. Während man im BGB. für die Fahrlässigkeit das Kriterium der Außerachtlassung der im Verkehr erforderlichen Sorgfalt (§ 276) aufgestellt hat — ob diese Formulierung eine glückliche ist, kann hier ununtersucht bleiben — und darin vor allem einen objektiven Maßstab gefunden zu haben glaubte,[11] scheint es uns gerade in den hier in Frage stehenden Fällen durchaus ungeeignet, bei dem objektiven Maßstabe stehen zu bleiben. Vielmehr glauben wir hier das Gewicht auf den subjektiven Gesichtspunkt legen zu sollen.

Darin können wir wiederum einen technisch abgeschwächten Inhalt des Verschuldens erblicken. Während einerseits z. B. jugendliche Unerfahrenheit bisweilen das Vorhandensein eines eigenen Verschuldens ausschließen kann, wird es andererseits Fälle geben, in denen gerade Erfahrung und Geschäftsgewandtheit geeignet sind, den Ausschluß der Ersatzpflicht stets zu begründen. Nach § 795 Abs. 3 hat der Aussteller einer ohne staatliche Genehmigung in den Verkehr gelangten Schuldverschreibung dem Inhaber den durch die Ausgabe verursachten Schaden zu ersetzen.[12] War der Inhaber beispielsweise ein Bankier, welcher die Urkunde annahm ohne den Aussteller darauf aufmerksam zu machen, so wird u. E. stets ein Verschulden desselben anzunehmen sein und sein Ersatzanspruch müßte hinwegfallen, während, wenn der Inhaber ein gewöhnlicher Mann wäre, von einem eigenen Verschulden nicht die Rede zu sein braucht. Den Bankier verpflichtet seine größere Erfahrung und seine Geschäftskenntnis, eine derartige Urkunde nicht anzunehmen ohne den Aussteller auf die Gefahren aufmerksam zu machen, die ihm daraus entstehen können. Auf einem gleichen Grundgedanken beruht die Vorschrift des § 367 HGB.[13]

---

[11] Planck, Vorbem. z. allg. Teile I S. 86; Dernburg Bd. II Abt. 1 S. 135 f.

[12] Es ist ganz unerfindlich, aus welchem Grunde man überhaupt hier die Anwendbarkeit des § 254 hat ausschließen wollen. Vgl. Motive II S. 720. Dagegen haben sich mit Recht gewandt Planck § 795 Ziff. 4, Dernburg II Abt. 1 S. 340 Anm. 7, Oertmann § 795 Anm. 3.

[13] Vgl. RG. 5 S. 204 ff.

Diese beiden Beispiele zeigen zur Genüge, daß man mit dem objektiven Maßstab allein nicht auskommt.

Die bisher gegebenen Regeln beziehen sich allgemein auf das mitwirkende Verschulden, mag dies nun in einem Tun oder in einem Unterlassen bestehen. Wir wenden uns im folgenden besonders letztgenannten im § 254 Abs. 2 geregelten Fällen zu.

Wir sehen oben im § 5, daß die Konstruktionsfrage der Kausalität der Unterlassungen, Gegenstand vieler Streitfragen gewesen ist. Das BGB. kennt, wie im § 6 nachgewiesen war, die Kausalität der Unterlassungen. Gerade aus dem § 254 haben wir das Prinzip hergeleitet, daß bei Verstößen gegen Treu und Glauben von einer solchen Kausalität gesprochen werden kann. Daß außer der Verletzung dieser sog. Verkehrspflichten auch die Verletzung einer Rechtspflicht als solcher denselben Erfolg haben muß, bedarf keines Beweises. Es erscheint gleichgültig, ob die Bestimmung des § 254 Abs. 2 eine allgemeine Rechtspflicht voraussetzt, gegen welche verstoßen wird oder ob sie selbst eine solche statuiert oder ob die Unterlassungen auf Treu und Glauben abgestellt sind, während sie sonst die Übertretung von Rechtspflichten voraussetzen.[14] In jedem Fall wird eine Verletzung derartiger Verpflichtungen die Ersatzpflicht des Beschädigten beschränken.

Man hat nun gemeint,[15] daß in den Fällen des Abs. 2 der Gesichtspunkt des mitwirkenden Verschuldens nicht mehr in Frage stehe, daß hier vielmehr der Schaden von dem Beschädigten stets allein verursacht werde. Dies wollte man daraus herleiten, daß die Einleitungsworte des Abs. 2: „Dies gilt auch dann" sich nur auf den letzten Teil des Abs. 1 bezögen. Es liegt aber zu einer derartigen Annahme nicht der mindeste Grund vor; eine solche Einschränkung ist weder im Gesetze selbst vorgesehen noch ergibt sie sich aus dem Grundgedanken der Bestimmung. Denn es kann doch sehr wohl Fälle geben, wenn es auch vielleicht nicht häufig vorkommen mag, in denen trotz der Unterlassung des Beschädigten eine Verurteilung des Beklagten geboten ist, da seine Schadenshandlung, seine Kausalität, die des Beschädigten überwiegt.[16] Der Gedanke, welcher den Be-

---

14 Endemann S. 598, v. Liszt S. 84, Rümelin S. 168.

15 Cohn a. a. O. S. 119f.

16 Es bedarf keines Wortes, daß die Unterlassungen des Abs. 2, wie bereits hervorgehoben wurde, nur dann überhaupt in Frage kommen, wenn sie kausal geworden sind. Schollmeyer § 254 Ziff. 6a.

stimmungen des Abs. 2 zu Grunde liegt, ist, wie allgemein mit Recht angenommen wird, der, daß eine Fürsorgepflicht zu Gunsten des anderen Teils geschaffen wird. Die Vernachlässigung derselben soll für den Unterlassenden den Ausschluß oder die Minderung der Ersatzforderung nach sich ziehen, wofern nicht, und dies muß ergänzend nach dem soeben Gesagten hinzugefügt werden, der Schaden trotzdem durch den Beklagten entstanden, d. h. vorwiegend verursacht ist. In welcher Weise diese Gedanken zum Durchbruch kommen, kann am leichtesten an den Einzelfällen des Abs. 2 ersehen werden. Sie enthalten nur die Regeln, unter welche der konkrete Tatbestand unterzubringen ist; die Erfahrung hat gelehrt, daß die Zahl der einzelnen Fälle eine zu große ist, um anders als durch allgemeine Bestimmungen geregelt zu werden.

Der Abs. 2 kennt drei Fälle der Unterlassungen.

1. Der Beschädigte hat es schuldhaft unterlassen, den Schuldner auf die Gefahr eines ungewöhnlich hohen Schadens aufmerksam zu machen, welchen der Schuldner weder kannte noch kennen mußte. Planck[17] führt aus, daß diese Bestimmung nur Anwendung finden könne, wenn eine Ersatzpflicht wegen Nichterfüllung einer Verbindlichkeit in Frage stehe. Er beruft sich dafür auf die Entstehungsgeschichte des Paragraphen und die in der Reichstagskommission angeführten Gründe und Beispiele. Dies ist aber nicht richtig, und hat auch in der Literatur keinen Anklang gefunden.[18] Wir können diesen Ausführungen ebenfalls nicht zustimmen; ebensowenig aber der Ansicht, daß diese Bestimmung nur innerhalb bestehender Schuldverhältnisse zur Anwendung kommen könne.[19] Aus dem Umstande, daß von einem Schuldner die Rede ist, kann die gegnerische Ansicht nicht folgen, denn unter „Schuldner" im Sinne des § 254 Abs. 2 ist der Schadensersatzschuldner und nicht etwa der Schuldner des Obligationsverhältnisses zu verstehen. Es wird zugegeben, daß Fälle, in denen bei außerkontraktlichen Beschädigungen unsere Vorschrift Anwendung finden wird, sehr seltene sein werden. Deshalb kann man aber von vornherein die Anwendung des § 254 Abs. 2, soweit er die Anzeigepflicht enthält, in Deliktsfällen nicht ausschließen.[20] Beispiele werden wir

---

[17] § 254 Ziff. 3.

[18] Schollmeyer § 254 Anm. 6a; bes. Cohn S. 122f. Vgl. Stenographische Berichte der zweiten und dritten Beratung im Reichstage S. 56f.

[19] Schollmeyer a. a. O. Staudinger, Komm. § 254 Ziff. 6.

[20] Dernburg II Abt. 1 S. 76. Rümelin S. 166; vgl. auch v. Liszt S. 84.

an anderer Stelle geben, hier handelt es sich allein um das Anwendungsgebiet der Fürsorgepflicht.

Das Verschulden des Beschädigten wird hier in der Mehrzahl der Fälle zeitlich vor demjenigen des Schädigers liegen. Die Entstehung des Schadens beginnt mit der Unterlassung der Verpflichtung, den Schuldner aufmerksam zu machen. Mit der Handlung des Schädigers, dem meist auch ein Verschulden zur Last fallen wird, tritt der Schaden in die Erscheinung. Schon hieraus kann man ersehen, daß es sich um ein „mitwirkendes" Verschulden des Beschädigten handelt, da zwei Kausalreihen vorhanden sind, die zum Erfolg führen. Nur die Verteilung der Schadensersatzpflicht wird meist zu Ungunsten des Beschädigten ausfallen.

Es ist die Voraussetzung der Anwendung dieser Bestimmung, daß der Beschädigte, d. h. der Gläubiger, die Gefahr des unverhältnismäßig hohen Schadens kannte oder kennen mußte. Ergibt sich erst späterhin, im Laufe der Entwickelung, daß ein unverhältnismäßig hoher Schaden entstanden ist, dessen Gefahr dem Beschädigten vordem völlig unbekannt war, so kann der § 254 Abs. 2 Anfang nicht Platz greifen, da in solchem Falle eine Anzeigepflicht für den Gläubiger nicht bestand. Ebensowenig kommt er zur Anwendung, wenn der Schuldner die Gefahr des unverhältnismäßig hohen Schadens kannte oder kennen mußte; denn dies folgt durch **argumentum a contrario** aus dem Abs. 2. Kannte der Schuldner die Gefahr des Schadens nicht oder mußte er sie nicht kennen, so ist es gleich, auf welchem Umstande diese Unkenntnis beruht. Wenn nun das Gesetz vom Beschädigten verlangt, daß er die Gefahr eines ungewöhnlich hohen Schadens dem Schuldner mitteilen soll, so ist damit noch nicht gesagt, daß nun der Beschädigte den Schaden in seinen einzelnen Wirkungen voraussehen mußte und daß er etwa dem Schuldner den Betrag des drohenden Schadens mitteilen konnte.[21] Die Voraussehbarkeit wird sich bei der Anzeigepflicht auf den entstehenden Schaden erstrecken, dies gaben wir im vorigen Paragraphen zu, ein unbedingtes Kennen der einzelnen Schadensfolge kann damit aber unmöglich verlangt werden. Worin im Einzelfalle die Gefahr des ungewöhnlich hohen Schadens liegen kann, wird sich aus dem Falle mit seinen Umständen ergeben. Eine allgemein gültige Regel läßt sich darüber nicht auf-

---

Köhler, Umfang der Schadensersatzpflicht S. 60. Laß-Maier, Haftpflichtrecht S. 68. v. Leyden S. 77.

[21] Planck § 254 Ziff. 3.

stellen. Nur soviel wird man wohl sagen können, daß die ungewöhnliche Höhe des Schadens sich im allgemeinen nach der Lebensstellung, auch nach den Vermögensverhältnissen der Beteiligten richten wird, in Betracht gezogen werden ferner bei einem Vertragsverhältnisse der Wert der Leistungen des Schuldners und deren Erfolg für den Beschädigten wie für den Schuldner selbst; bei einem außerkontraktlichen Verhältnis wird eine derartige Fürsorgepflicht sich anders gestalten müssen.

Soweit wären die allgemeinen Voraussetzungen des Abs. 2 erledigt. Wir wollen nunmehr, um die Mannigfaltigkeit seines Anwendungsgebietes zu beleuchten, einzelne Fälle herausheben, aus denen sich die Anwendung des Prinzips ergeben soll, wie wir es im obigen dargelegt haben. Das Gesetz kennt selbst Fälle, in welchen die Bestimmungen des Abs. 2 zur Anwendung gelangen, so z. B. im § 702, wenn der Gast dem Wirt Geld, Wertpapiere, Kostbarkeiten rc. einbringt und ihn nicht darauf aufmerksam macht, daß die Sachen im Falle des Verlustes dem Wirte einen ungewöhnlich hohen Schaden bringen können.[22] Der Verwahrer, welcher die gefahrdrohende Beschaffenheit der hinterlegten Sachen kennt und dem Hinterleger davon keine Anzeige macht, wird durch den Einwand aus dem § 254 Abs. 2 zurückgewiesen werden müssen (§ 694). Andererseits wird man dem Beschädigten eine derartige Unterlassung weniger zur Last legen dürfen, wenn für den Schädiger gesetzliche oder sonstige Regeln bestanden, nach welchen ihm ein bestimmtes Handeln zur Pflicht gemacht wird und der Beschädigte annehmen durfte, daß der Beklagte diesen gemäß verfahren würde. Man wird hier sagen können, daß der Schädiger die Gefahr selbst kannte oder kennen mußte. Wenn jemand den Anordnungen eines Vorgesetzten unterworfen ist, so wird ihm nicht die Pflicht auferlegt den anderen, vielleicht Sachverständigeren, auf eine besondere Gefahr und einen besonders hohen Schaden aufmerksam zu machen,[23] jedoch kann sich auch hier nach Lage des Falles etwas anderes ergeben. Es wird ferner das in der Reichstagskommission angeführte Beispiel hierher gehören, nach welchem jemand, der einen anderen gebeten hat, einen Brief zu besorgen den sich etwa ergebenden Schaden von 10 000 nicht geltend machen kann, falls der Brief durch Versehen des Beauftragten abhanden gekommen ist. Hier wird der

---

[22] Entsprechendes ist im § 429 Abs. 2 HGB. für den Frachtführer anzunehmen.

[23] Vgl. z. B. RG. 8 S. 34.

Beklagte mit Recht einwenden können, daß der Beschädigte eine Unterlassung sich hat zu schulden kommen lassen. Andererseits wird der Kassenbote den Einwand aus § 254 Abs. 2 auch gegen sein Bankhaus nicht erheben können, da er wissen mußte, daß durch sein Versehen ein ungewöhnlich hoher Schaden entstehen kann. Was schließlich die außervertraglichen Verhältnisse anlangt, so wird der Beschädigte dem ihn überfallenden Räuber, der ihn totschlagen will, nicht zuzurufen brauchen, daß er seine Tat unterlassen solle, da er sich sonst die Unterstützung seiner zahlreichen Nachkommen aufladen würde.[24] Hier verlangt niemand eine derartige Aufklärungspflicht. Es ist aber möglich, daß eine solche angenommen werden kann, wenn z. B.[25] der verwundete A. den B. geneckt hat und sieht wie B. auf ihn zukommt, um ihn zu schlagen und vermuten kann, daß B. ihn auf die verwundete Stelle, von der B. nichts weiß, schlagen wird. Hier scheint es doch angemessen eine Pflicht zur Aufklärung anzunehmen. Nicht für zutreffend halten wir das von Dernburg[26] gebildete Beispiel. Denn wenn ein Vorübergehender eine nicht gekennzeichnete Spiegelscheibe eines Neubaus fahrlässigerweise einstößt, so wird er selbst doch zumeist die Gefahr gekannt haben, und es bedarf keiner besonderen Warnung. Aus den angeführten Beispielen ist die Tragweite unserer Bestimmung leicht ersichtlich.

2. Der Beschuldigte hat es unterlassen den Schaden abzuwenden und

3. den Schaden zu mindern.

Wir werden aus Zweckmäßigkeitsgründen beide Fälle in ihren allgemeinen Voraussetzungen zusammen behandeln. Denn die Gedanken, welche den Bestimmungen zu Grunde liegen, beruhen nahezu auf den gleichen Prinzipien. Auch hier ist eine Fürsorgepflicht gegenüber dem Schädiger festgestellt, deren Außerachtlassung eine Abweisung oder eine Minderung des Anspruchs für den Beschädigten ausschließen kann. Treu und Glauben sind die Faktoren, nach denen sich die Entscheidung im Einzelfalle richten wird. Es wird fast in noch höherem Grade eine Verkehrspflicht für den Beschädigten begründet, als wir dies oben gesehen haben. Man hat mit Rücksicht darauf, daß von einem Schuldner nicht die Rede ist, gesagt, der Beschädigte habe die ihm durch diese Bestimmungen auferlegte Verpflichtung gegen-

---

[24] v. Liszt S. 84. Rümelin S. 166. Endemann S. 600 Anm. 14 Abs. 2.
[25] Ein von Rümelin S. 167 Anm. 210 gebildetes Beispiel.
[26] A. a. O. S. 76.

über jedem dritten Schädiger,[27] d. h. sie bestehe auch außerhalb des Vertragsverhältnisses. Nach unserer Ansicht liegt hierin keine Besonderheit der Bestimmungen, sondern nur eine Gleichstellung mit dem früheren Falle, da ja auch dort von uns eine Anwendbarkeit außerhalb des Vertragsverhältnisses angenommen wurde.

Eine weitere Gleichstellung mit dem oben besprochenen Falle sehen wir darin, daß auch hier, bei Abwendung und Minderung des Schadens, nicht eine allgemeine Regel, nach der sich schematisch alles beurteilen ließe, aufgestellt werden kann, sondern der konkrete Fall mit seinen Eigenheiten ausschlaggebend sein muß. Treu und Glauben wird hier zwischen Schuld und Nichtschuld, Recht und Pflicht des Beschädigten die richtige Grenze ziehen. Denn es ist leicht begreiflich, daß man eine vom Gesetz im Abs. 2 aufgestellte Verpflichtung nicht etwa ins Ungemessene ausdehnen darf; es würde sich dann die wohltuende Bestimmung zu einem Privileg des Schädigers ausgestalten können, stets die Hände in den Schoß zu legen und zu warten, was der andere Teil zur Abwendung oder Minderung tun wird, um dann vielleicht gegen ihn einzuwenden, daß er eine solche Abwendung nicht vorgenommen hat. Eine absolute Diligenz z. B. des nicht säumigen Teils gegenüber dem säumigen gibt es nicht; nicht alles, was im Bereich der Möglichkeit überhaupt liegt, kann dem Beschädigten zur Abwendung zugemutet werden.[28] Auf der anderen Seite steht dem die Verpflichtung gegenüber, insoweit helfend dem anderen Teile gegenüber einzugreifen, als es nach Billigkeit und Verkehrsanschauungen verlangt werden kann, und nicht etwa, weil der andere Teil ein Verschulden begangen hat, nunmehr ruhig zuzusehen, wie die Sache sich entfalten wird, um dann mit Schadensersatzforderungen hervorzutreten. Es dürfte der Beschädigte deshalb z. B. nicht sein Geschäft stillstehen lassen, weil ein Lieferant eine, wenn auch beträchtliche Lieferung unterlassen hat.[29]

Die bisherigen Darlegungen lassen schon erkennen, in wie verschiedener Weise auch hier der Beschädigte ein Verschulden begehen kann. Dernburg[30] meint als allgemeines Prinzip den Satz aufstellen

[27] v. Staudinger § 254 Ziff. 6.

[28] Seuffert Archiv Bd. XXXI Nr. 212, 213; Bd. XXXVII Nr. 184.

[29] Seuffert Archiv Bd. XXIII Nr. 216; vgl. RG. Bd. 46 S. 203; bes. S. 207.

[30] A. a. O. S. 76. Ebenso Köhler S. 61. Vgl. Eck, Vorträge über das Recht des Bürgerlichen Gesetzbuchs. 2. Lieferung. Herausgeb. v. Leonhard S. 254 Anm. 2.

zu können, es dürfe vom Beschädigten gefordert werden „was er voraussichtlich tun würde, um dem Schaden zu begegnen, wenn er niemanden hätte, der ihm für denselben aufkommt.“ Dieser Satz, so ausgesprochen, geht zu weit und dürfte daher im Einzelfalle nur mit den von uns soeben ausgesprochenen Einschränkungen anwendbar sein.

Wir wenden uns nunmehr von den allgemeinen Voraussetzungen den Einzelfällen zu und werden beide gesondert behandeln.

Die Unterlassung der Abwendung des Schadens zunächst, setzt einen drohenden Schaden voraus. Es ist gesagt worden,[31] weil das Gesetz nicht von Verhütung spreche, komme sie nicht in Betracht, das Verhüten setze ein Vorbeugen des Schadens voraus. Dies ist an sich richtig. Wir glauben aber, daß trotz des Schweigens des Gesetzes das unterlassene Vorbeugen eines Schadens die Ersatzpflicht ausschließen kann. Denn auch das Vorbeugen enthält Abwendungshandlungen. Indes ist nicht zu verkennen, daß das Vorbeugen noch weiter geht als das Abwenden; wir glauben annehmen zu dürfen, daß eine Vorbeugungshandlung auch in der Pflicht liegt, auf die Gefahr eines ungewöhnlich hohen Schadens aufmerksam zu machen. Worin der drohende Schaden besteht, ist verschieden und muß von Fall zu Fall bestimmt werden; wann der drohende Schaden eintreten kann, ist gleichgültig, ebenso, daß der Beschädigte die Einzelheiten voraussah. Die Abwendung kann sich sowohl auf die Beschädigung selbst, wie auf deren Folgen erstrecken.[32] Das Verschulden des Beschädigers wird hier ebenso vor wie nach der schädigenden Handlung des Schädigers liegen können. Die Abwendung kann schon unterlassen sein, ehe der Schuldner eine Handlung begeht, sie kann es auch nach dem Eintritt der Handlung, jedenfalls liegt im Begriffe der Abwendung, daß ein Schaden noch nicht der Rechtssphäre des Beschädigten entstanden ist; in diesem Falle liegt eine Minderung des Schadens, wie wir sehen werden, vor. Daß sich die Anwendung auf deliktische Tatbestände beziehen kann, ist oben angedeutet, und bedarf keiner weiteren Erörterung. Die häufigsten und praktischesten Fälle sind die der Unterlassung des Deckungskaufes.[33] Es können hier dem Unterlassenden nicht unmögliche Anstrengungen zugemutet werden, die Anschaffuug

---

[31] Cohn a. a. O. S. 120; vgl. Laß-Maier a. a. O. S. 68.

[32] Schollmeyer § 254 Ziff. 6b.

[33] Seuffert Bd. XXII Nr. 26, Bd. XXIII Nr. 216; ROHG. Bd. 2 S. 387; Bd. 13 S. 197; Bd. 18 S. 373 u. a. m.

marktgängiger Ware z. B. wird aber für den Fall der Nichtleistung des Schuldnes geboten erscheinen. Das gleiche gilt für den Fall, daß A. dem B. Lieferung versprochen hat, B. seinerseits an C. und zwar unter Festsetzung einer Konventionalstrafe. A. hat dem B. und B. infolge dessen dem C. nicht geliefert; die Konventionalstrafe ist verfallen, B. ist dem C. zur Zahlung verurteilt und hält sich nun an A. A. kann dann die Einwendung aus § 254 Abs. 2 erheben, wenn B. einen derartigen Schaden nicht durch anderweiten Ankauf solcher Waren, wie sie geliefert werden sollten, abgewendet hat.[34]

Es versteht sich, daß in all diesen Fällen der Kausalzusammenhang zwischen der Handlung des Beschädigten und dem Erfolge nicht unterbrochen sein darf. Andere Fälle in denen ein Ersatzanspruch abgewiesen wurde, waren z. B. die Unterlassung der Reparatur eines schadhaft gewordenen Hauses durch den Schuldner.[35] Weitgehend erscheint die Entscheidung, in welcher die Klage wegen eigenen Verschuldens abgewiesen wurde, in folgendem Falle:[36] Der Hauswirt hatte die Treppe nicht beleuchten lassen — es war im Sommer und an dem betreffenden Orte nicht üblich, daß nach 9 Uhr die Häuser beleuchtet wurden — die Klägerin wollte die Treppe im Dunkeln hinuntergehen, fiel hierbei und beschädigte sich. Das Reichsgericht sah darin ein eigenes Verschulden, daß die Klägerin sich nicht hatte herunterleuchten lassen, was ihr ein leichtes gewesen sei. Die Nichtbeleuchtung wurde dem Hauswirt nicht als Verschulden zugerechnet, eben wegen des bestehenden Gebrauches. Hätte dagegen eine Verpflichtung des Hauswirts zur Beleuchtung bestanden, so wäre das Prinzip der Abwägung eingetreten und es hätte danach leicht zu einer Verurteilung kommen können. Man sieht auch hier wieder, daß die Unterlassungsfälle des Abs. 2 sehr wohl ein Mitwirken gestatten und nicht die Mitwirkung eines anderen ausschließen.

Von einer Minderung des Schadens kann nur dann gesprochen werden, wenn ein Schaden in der Rechtssphäre des Beschädigten bereits hervorgetreten ist. Sie enthält die Verpflichtung einer teilweisen Beseitigung und einer Verringerung. Auch hier wird nicht nach allgemeinen Gründen beurteilt werden können, sondern es wird abzuwägen sein, wann eine Unterlassung der in Frage stehenden Handlungen sich

---

[34] ROHG. Bd. 4 S. 192; Bd. 5 S. 169; Bd. 18 S. 279.

[35] Seuffert Arch. Bd. XXVII Nr. 122, vgl. Bd. X Nr. 258; Bd. XXXXVI Nr. 17.

[36] Seuffert Bd. XXXXVI Nr. 96; vgl. Bd. LV Nr. 202.

als ein Verschulden darstellt. Ein derartiges Verschulden des Beschädigten wird stets nach der schädigenden Handlung liegen müssen.

Eine besonders bedeutende Streitfrage ist hier darüber entstanden, ob dem Beschädigten zugemutet werden kann, sich einer Operation zur Verringerung des Schadens zu unterziehen und ob die Unterlassung bezw. Weigerung einen Ersatzanspruch auszuschließen geeignet ist. Das Reichsgericht[37] hat ausgesprochen, daß man sich nicht allen Operationen zu unterwerfen braucht, daß aber eine schuldhafte Unterlassung insbesondere dann vorliegen kann, wenn die Operation nach dem gewöhnlichen Laufe der Dinge ungefährlich ist und bei regelmäßigem Verlaufe der Dinge eine entschiedene Aussicht auf Erfolg bietet. Es ist ferner auch dem Satze beizustimmen, daß eine Ersatzforderung nur dann erhoben werden kann, wenn der Beschädigte was in seinen Kräften steht, getan hat, um den Schaden zu verringern, insbesondere Heilmittel, „welche die Wissenschaft an die Hand zu geben vermag, in vernünftiger Weise benutzt hat. Sein Verhalten muß auch in dieser Beziehung demjenigen eines vernünftigen Menschen entsprechen". Die gegen diese Entscheidungen von Endemann[38] geführte Polemik erscheint uns in ihren einseitigen Ergebnissen ungerechtfertigt.[39] Sie beruht in ihrem letzten Grunde auf der Anschauung Endemanns von der Unzulässigkeit der Kausalität der Unterlassungen. Es ist aber nicht einzusehen, warum nicht eine Verschuldung des Beschädigten darin gesehen werden kann, wenn er sich weigert, sich operieren zu lassen. Es wird die Entscheidung von dem Falle abhängen; die Schwere der Operation und ihre Gefährlichkeit, vielleicht auch der voraussichtliche Erfolg, wie der Bildungsgrad des Verletzten, um welchen es sich handelt, wird in Betracht gezogen werden müssen.

III. Abschnitt.

Die Schadensverteilung und ihre Grundlagen.

§ 14. Allgemeines. Das vorwiegende Verursachen und das mitwirkende Verschulden.

Der praktische Kern der Lehre vom mitwirkenden Verschulden des Beschädigten liegt nicht in der Bestimmung des Wesens dieses Ver-

---

[37] Seuffert Bd. XXXXVI Nr. 189 I und II.

[38] Die Rechtswirkungen der Ablehnung einer Operation bes. S. 52ff.; Einführung S. 589 Anm. 7.

[39] vgl. Dernburg a. a. O. S. 76; Rümelin S. 166; Oertmann § 254 Ziff. 8.

schuldens, sondern ruht auf der Frage nach der Verteilung der Ersatzpflicht. Dem Schädiger soll es nicht zugemutet werden, einen Schaden zu ersetzen, welchen der Beschädigte selbst mitverschuldet hat. Er kann daher von dem ihm durch das Gesetz gegebenen Verteidigungsmittel, dem Einwande des Verschuldens des Beschädigten, Gebrauch machen und mit diesem den Anspruch des Klägers entkräften oder ihn herabmindern. Ob aber eine solche Mitwirkung seitens des Beschädigten tatsächlich vorliegt und in welcher Weise sie stattgehabt hat, soll das Gericht prüfen. Auf das richterliche Ermessen kommt es an; der § 254 spricht dies zwar nicht in direkter Weise, wie es der Entwurf I § 222 tat, aus,[1] es ergibt sich aber das gleiche daraus, daß § 254 auf die Umstände des Falles, insbesondere darauf verweist, von welchem Teile der Schaden vorwiegend verursacht ist. Dies muß festgestellt werden und zwar nach den Vorschriften der Zivilprozeßordnung.[2] Erst dann ist die Ersatzpflicht auszusprechen.

Zu den Umständen des Einzelfalles, die besonders in Betracht gezogen werden sollen, gehört auch die Frage nach dem Verschulden, die Frage also, ob ein Verschulden überhaupt vorliegt,[3] z. B. bei Handlungen Jugendlicher, ob die zur Erkenntnis der Verantwortlichkeit erforderliche Einsicht vorhanden war (§ 828), ob eine Haftpflicht des Schädigers vorlag u. a. m. Über die Umstände, welche der Richter gemäß § 287 ZPO. zu berücksichtigen hat, gehört insbesondere das Erfordernis des Kausalzusammenhanges.[4] Für unsere Fälle des mitwirkenden Verschuldens des Verletzten erstreckt sich diese Prüfung des Kausalzusammenhanges auf die Mitwirkung bei der Entstehung des Schadens, wie ja dieser Begriff sich als ein Kausalbegriff dargestellt hat. Da nun aber auch eine Kausalität auf Seiten des Beschädigten vorhanden sein muß, so ergibt sich daraus, daß auch diese vom Richter zu beachten ist, und daß beide Kausalreihen zur Abwägung gestellt werden. In dieser Beziehung gibt nun der § 254 Abs. 1 a. E. bestimmte Anweisungen. Das Gesetz sagt, Verpflichtung und Umfang hängen von den Umständen, „insbesondere davon ab, inwieweit der Schaden vorwiegend von dem einen oder dem anderen Teile verursacht worden ist." Das Wort „insbesondere" hat hier nicht die

---

[1] Planck § 254 Ziff. 1.

[2] Dernburg, Bürgerl. Recht Bd. II Abt. 1 S. 63 Anm. 4.

[3] Über die Frage, inwieweit der Grad des Verschuldens zu beachten ist, s. unten.

[4] Vgl. RG. 6 S. 356f., 7 S. 369, 9 S. 418, 10 S. 64f.; auch Jur. Wochenschr. 1885 S. 66 Nr. 7.

Bedeutung, die ihm oft zukommt, daß es exemplifikatorisch steht, sondern es gibt dem Richter den direkten Hinweis, daß gerade das Kausalverhältnis bei der Entstehung des Schadens zu beachten sei. Auf die Erwägung, wer den Schaden vorwiegend verursacht hat, soll der Richter den hauptsächlichsten Nachdruck legen.[5]

Wir haben bereits oben (S. 60) festgestellt, daß das BGB. die Ersatzpflicht von der Abwägung der Kausalfrage abhängig macht. Das Gesetz steht demnach auf dem Standpunkt, den schon früher Pernice, von Bar und in jüngerer Zeit Haß einnahmen.[6] Auch diese hatten das Kausalverhältnis zu Grunde gelegt. Indessen besteht zwischen diesen Theorien und dem Gedanken des § 254 ein bedeutender Unterschied. Pernice und v. Bar sehen in dem Mitwirken des eigenen Verschuldens so gut wie stets eine Unterbrechung des Kausalzusammenhanges. Denn die Fälle, in denen v. Bar eine Mehrheit der Ursachen annimmt und daher die Unterbrechung des Kausalzusammenhanges ausschließt, sind fast nur theoretisch denkbar.[7] Eine Gleichzeitigkeit des Wirkens beider Ursachen kann wohl nie in der abstrakten Weise gedacht werden, ohne daß nicht doch eine, wenn auch geringe Differenz in der Zeit ꝛc. vorhanden ist. Die Anschauungen beruhen auf dem von uns verworfenen Ursachenbegriff v. Bar's, welchen auch das BGB. nicht angenommen hat. Die Mitwirkung des eigenen Verschuldens kann zwar den ursächlichen Zusammenhang unterbrechen. Es gibt aber nach der Auffassung des BGB. ein Mitverursachen, d. h. es können zwei Ursachen einen Erfolg herbeiführen, ohne daß die eine Ursachenreihe die andere aufhebt. Der Kompensationsgedanke ist dem Prinzip der Abwägung gewichen. Soll nach dem Wortlaut des § 254 die vorwiegende Verursachung der ausschlaggebende Faktor sein, so folgt daraus, daß das eigene Verschulden nicht als Ersatzausschließungsgrund, sondern grundsätzlich als Ersatzminderungsgrund gedacht ist. Denn in dem Maße wie die Teilnahme des Beschädigten überwiegt, wird sein Ersatzanspruch gemindert; dies kann zur Ausschließung führen. Die Bedeutung des Wortes „vorwiegend" läßt dies klar erkennen. Es enthält den Gedanken, daß die bei der Abwägung als die größere sich herausstellende Ursache die Ersatzpflicht in der eben angegebenen Weise beeinflußt.

Das Vorwiegen der Verursachung bedeutet nun, was schon

---

[5] Cohn S. 117.

[6] Vgl. oben § 7 Anm. 3.

[7] v. Bar, Die Lehre vom Kausalzusammenhange S. 29 Anm. 4.

mehrfach hervorgehoben wurde, ein Abwägen der Größenverhältnisse beider Ursachen. Man hat in dieser Bestimmung eine Erinnerung an den Birkmeyerschen Ursachenbegriff gefunden.[8] Man mag diese Theorie festhalten oder nicht, jedenfalls hat das Gesetz dann den Begriff der wirksamsten Ursache, wie ihn Birkmeyer aufgestellt hat, abgeschwächt. Denn dieser Begriff läßt, wie im § 3 ausgeführt ist, eine Mehrheit der Ursachen nicht zu, wenngleich Birkmeyer selbst anderer Ansicht ist.[9] Viel einfacher gestaltet sich nach der von uns aufgestellten Annahme das Verhältnis der Größe beider Ursachen. Da wir den bloßen Eingriff in die Rechtssphäre als die Ursache annehmen, so ist die Ursache eine größere, wenn sie sich tatsächlich als der größere Eingriff darstellt. Hieraus folgt, daß auch die Wirkungen sich nach dem Größenverhältnisse der Ursachen bestimmen; der größere Eingriff zieht die größere Schadensfolge nach sich. Danach soll dann die Ersatzpflicht bestimmt werden.

So würde sich das Verhältnis nach dem Wortlaut des Gesetzes gestalten. Diese Annahme ließe sich logisch sehr wohl rechtfertigen und würde theoretisch als Konstruktion des mitwirkenden Verschuldens anzusehen sein. Die Regelung im Gesetz bleibt aber Theorie. Bei der Anwendung des soeben entwickelten Prinzips ergeben sich so erhebliche Schwierigkeiten und Unzuträglichkeiten, daß man bei den Bestimmungen des Gesetzes nicht stehen bleiben kann, sondern nach einem Ausweg sich umsehen muß, welcher den Anforderungen der Praxis genügt. Die Regelung dieser Lehre kann daher als eine gelungene nicht bezeichnet werden.[10]

Die allgemeine Anschauung in der Literatur, welcher die Praxis der Gerichte gefolgt ist, ging in der letzten Zeit vor dem Inkrafttreten des BGB. dahin, daß man das Verschulden gegen einander abwog und hiernach demjenigen Teile, den das größere Verschulden traf, die Ersatzpflicht dementsprechend auferlegte. Danach wurde auch das Kausalverhältnis aufgesucht.[11] Es kann unmöglich angenommen werden,

---

8 v. Liszt, Deliktsobligationen S. 81.

9 Vgl. 8 Anm. 9.

10 Diese Ansicht ist die allgemein verbreitetste; eben weil man das Abstellen auf die Kausalfrage als Mißgriff betrachtet. Vgl. Haß a. a. O. S. 419 Anm. 60; Wendt, Die im Verkehr erforderliche Sorgfalt im Archiv f. d. ziv. Praxis Bd. LXXXVII S. 442f. Titze, Die Unmöglichkeit der Leistung S. 185 Anm. 18. AM. im Ganzen, Cohn S. 96.

11 Wendt, Eigenes Verschulden, a. a. O. S. 165; Seuffert Bd. XXXVII Nr. 219; Bolze Bd. I Nr. 368; Bd. III Nr. 268; Bd. XIX Nr. 244.

daß das BGB. dieses Prinzip abgeschafft und nur dem reinen Kausalverhältnisse die herrschende Stelle eingeräumt haben sollte, wie sich aus seinen Worten allerdings zu ergeben scheint. Das Gesetz legt selbst auf das Verschulden des Beschädigten das Gewicht, während es, wie wir sehen, auf die Kausalität den Gedanken der Abwägung stützt. Eine Verwechselung oder Gleichstellung des „Verschuldens" mit dem „Verursachen" können wir nicht annehmen, dem widerspräche auch die Entstehungsgeschichte des § 254.[12] Es soll nun ein Verschulden bei der Entstehung des Schadens mitgewirkt haben, d. h. es muß kausal geworden sein. Wenn wir daran erinnern, welche Bedeutung wir den Worten beigelegt haben, „ein Verschulden ist kausal", so kommen wir zur der Ansicht, daß nur die schuldhafte Handlung oder Unterlassung die Ursache gewesen sein kann. Dies bedeutet wiederum, daß der Eingriff auf einem Willensfehler, eben dem Verschulden, beruhte. Wie ist nun der Widerspruch zu lösen, der in dem Erfordernis des mitwirkenden Verschuldens des Beschädigten und dem des vorwiegenden Verursachens liegt?

Die menschlichen Handlungen können ohne Beziehung zur Willenstätigkeit nicht gedacht werden. Der Wille steht hinter dem Tun, er beeinflußt es und läßt es in die Erscheinung treten. Dem Eingriff in die Rechtssphäre eines anderen, d. i. einer Handlung und einer Tatsache, welche wir Ursache nennen, liegt stets ein Willensmoment zu Grunde. Dieses müssen wir beachten, wenn anders wir von einer Zurechnungsfähigkeit und einer Verantwortlichkeit sprechen wollen. Bei einem Willensfehler, einem Verschulden, müssen wir daher den fehlerhaften Vorgang in Beziehung setzen zu der Handlung, die er erzeugt. Die Größe des Willensfehlers wird die Größe der Handlung beeinflußen, d. h. der Eingriff in die Rechtssphäre wird ein größerer werden, je nachdem der Willensfehler ein größerer ist oder nicht. Während aber, wie wir gezeigt haben, die Verschiedenheit in der Stärke der Willensvorgänge eine verschiedene Qualifizierung gebietet, mit der Intensität sich die Qualität verändert, nimmt die Größe der Handlung oder der Eingriff in die fremde Rechtssphäre nur der Intensität nach zu. Die Größe der Ursache steht daher in Beziehung zur Größe des Verschuldens, letzteres stuft sich aber nach verschiedenen Graden ab. Daraus folgt, daß der Grad des Verschuldens auch die Größe der Ursache im Gefolge hat, so daß wir, falls wir die Größe

[12] Protokolle Bd. II S. 601 ff.

der Ursache bestimmen wollen, nach dem oben zuerst ausgesprochenen Satze, auch den Grad des Verschuldens in Betracht ziehen müssen. Das bedeutet, daß die auf einem Vorsatz beruhende Handlung, also der vorsätzliche Eingriff in die Rechtssphäre eines anderen sich als größere, als vorwiegendere Verursachung gegenüber dem Eingriff aus Fahrlässigkeit darstellt. Dies ist beim Vorsatz auch deshalb der Fall, weil er die Voraussicht der eintretenden Wirkung enthält, während die Fahrlässigkeit nur die Voraussehbarkeit enthält. Die in dem Rechtskreis des anderen eintretende Wirkung gibt einen Maßstab der causa.

Aus allem folgt, daß man bei der Prüfung der Frage nach dem vorwiegenden Verursachen auf Seiten des Beschädigten auch den Grad seines Verschuldens unbedingt berücksichtigen muß. In welcher Weise das Verschulden selbst in die Erscheinung tritt, ist im vorigen Paragraphen besprochen worden. Hier ist nur soviel zu sagen, daß der Grad des Verschuldens bei der Abwägung, welcher Teil den Schaden vorwiegend verursacht hat, zu beachten ist, weil hieraus auf den Grad der Verursachung geschlossen werden kann.[13] Es muß hierbei bemerkt werden, daß im allgemeinen die Ausdrucksweise, deren sich die Gerichte, selbst das Reichsgericht, bedienen, eine ungenaue ist. Man kann nicht, wenn man genau juristisch spricht, davon reden, daß man untersucht, z. B. welches Verschulden als die wirkliche Ursache eines Unfalls anzusehen ist.[14] Ebenso ungenau ist es, zu sagen, es käme darauf an, festzustellen, welche Verschuldung als die überwiegende, somit eigentliche Ursache anzusehen sei.[15] Man wird in der Praxis jedenfalls von dieser Ausdrucksweise nicht abgehen; es ist nur festzustellen, daß sie ungenau ist.

Der Abwägungsgedanke tritt erst in die Erscheinung, wenn zu dem Verschulden des Beschädigten die Haftpflicht des Schädigers hinzutritt. Die Abwägung des reinen Ursachenverhältnisses ist hier meist nicht möglich. Die Frage nach dem Grade der Verschuldung tritt in die Erscheinung. Für den Beschädigten schreibt es das Gesetz selbst vor. Da aber eine Haftpflicht für den Schädiger auf Grund der Kausalhaftung, d. h. ohne Verschulden zulässig ist, so könnte es den Anschein haben, als führe die von uns vertretene Ansicht stets zu einer Abweisung des Beschädigten, dem im Gegensatz zum Schädiger

---

[13] Vgl. Titze a. a. O. S. 135 Anm. 18.

[14] Jur Wochenschr. 1898 S 85[63], S. 308[76], Bolze Bd. I Nr. 363.

[15] Bolze Bd. III Nr. 263

ein Verschulden nachzuweisen ist. Man wird hier im Einzelfalle abzuwägen haben, ob nicht das schuldhafte Verursachen des Verletzten gleichmäßig mit dem reinen Verursachen des Schädigers mitgewirkt habe. Danach muß der Ersatzanspruch gemindert oder ausgeschlossen werden. Hier scheint das Prinzip des Abwägens der Ursachen, wie es von der Reichstagskommission geplant war, durchbrochen. Das Reichsgericht hat in einem das Haftpflichtgesetz § 1 betreffenden Falle entschieden, daß dort, wo das Verschulden des Beschädigten eine mitwirkende Ursache sei, abzuwägen sei, „in welchem Maße einerseits Verschulden des Verletzten, andrerseits die von dem Unternehmer zu vertretende Betriebsgefahr die Ursache gewesen sei".[16] Das gleiche muß man z. B. für den Fall des § 833 sagen. Hier kann eine Abwägung des beiderseitigen Verschuldens nicht stattfinden, es muß aber das Verschulden des Verletzten in Betracht gezogen werden. Stellt es sich als erhebliches dar, so würde der Tierhalter von der Haftung befreit sein, ist es ein geringeres, so tritt eine Minderung der Ersatzforderung ein.[17] Es ergibt sich demnach, daß in den Fällen der Kausalhaftung das Maß, d. h. der Grad des Verschuldens des Verletzten in Betracht zu ziehen ist. Jedenfalls würde das Zurückgehen auf die reine Kausalfrage auch hier versagen.

Ist aber auch der Schädiger in culpa und soll das Kausalverhältnis abgewogen werden, so wird man zunächst das beiderseitige Verschulden zu Grunde legen, bezw. von demselbən ausgehen müssen. Denn anders wird es nicht möglich sein, das Kausalverhältnis zu eruieren. Auch dies ergibt sich aus den obigen Ausführungen. Um das Größenverhältnis beider Ursachen an ihren Wirkungen festzustellen, wird das Verschulden in die Abwägung mithinein gezogen werden müssen. Man wird also das Verschulden gegeneinander abzuwägen haben, um dann zu sagen, welcher Teil den Schaden vorwiegend verursacht hat. Daher wird der Grad des beiderseitigen Verschuldens für die Ersatzpflicht von besonderer Bedeutung sein und Beachtung verdienen.

Zu diesem Ergebnis gelangt die Mehrzahl der Schriftsteller.[18] Indessen ist der Weg, den die meisten einschlagen, ein anderer. Wir leiten unsere Forderungen aus den allgemeinen Beziehungen ab, welche zwischen den Grundsätzen der Kausalität und des Verschuldens bestehen.

---

[16] Deutsche Juristen-Zeitung 1903 S. 177 Nr. 82.

[17] RG. 51 S. 278; bei Gruchot 47 S. 405.

[18] Dernburg, Bürgerl. R. Bd. II Abt. 1 S. 75; Planck § 254 Ziff. 1. Vgl. v. Leyden S. 52f.

Andere dagegen haben, indem sie dem Wortlaut des § 254 zu Liebe das Kausalverhältnis als das maßgebende ansehen, die Beachtung des Verschuldens zwar gebilligt, aber unter Hinweis auf die Umstände des Falles; unter diesen sollen besonders die Grade des Verschuldens verstanden werden.[19] Es zeigt sich jedenfalls, daß das Gesetz nicht den Anforderungen entspricht, welche die Praxis stellt, und daß daher über den eigentlichen Wortlaut hinaus ein Weg gesucht werden muß, um es den Bedürfnissen des Lebens anzupassen.

Es ist bereits hervorgehoben worden, daß von einer Mitwirkung des Beschädigten nicht nur in den Fällen des § 254 Abs. 1, sondern ebenfalls des Abs. 2 die Rede sein kann. Es gilt daher das Gesagte auch für die Fälle der Unterlassungen. Besonders ist hier die Frage der Berücksichtigung des Grades des Verschuldens von Wichtigkeit, wenn bei der Entstehung des Schadens ein beiderseitiges Unterlassen mitgewirkt hat.

§ 15. Die Ersatzpflicht und der Umfang des Ersatzes.

Nach dem vorwiegenden Verursachen soll sich, wie das Gesetz sagt, die Verpflichtung zum Ersatz und der Umfang desselben richten. Die erstere entsteht mit der Begehung der Tat, mit dem Eingriff in die Rechtssphäre eines anderen. Dieser Eingriff, die Ursache, ist der Zeitpunkt, in welchem sie für den Ersatzpflichtigen zum erstenmal in die Erscheinung tritt. Durch die vom Beschädigten selbst gesetzte Ursache kann sie wieder ausgeschlossen oder aber vermindert werden. Dazu ist eine selbstverständliche Voraussetzung, daß das schuldhafte Handeln des Beschädigten im Kausalzusammenhang steht mit dem schließlich eingetretenen Erfolge. Ergibt sich, daß dies nicht der Fall war, so kann von einer Anwendung des § 254 nicht die Rede sein. Dann muß also der Schädiger allein den Ersatz tragen. Andererseits aber wird dem Beschädigten die Ersatzpflicht auferlegt, wenn er zum größten Teile selbst den Erfolg herbeigeführt hat. Es ist hierbei zu bemerken, daß der Ausdruck, die Ersatzpflicht treffe den Beschädigten, nicht genau ist; es müßte vielmehr heißen, daß er seines Ersatzanspruches verlustig geht. Indes läßt sich die gebrauchte Ausdrucksweise vom Standpunkt einer Schadensverteilung aus wohl rechtfertigen. Die Fälle, in denen der Beschädigte den Verlust zu tragen hat, sind

[19] So Enneccerus a. a. O. S. 405, vgl. Rümelin S. 144 u. a. m. Dagegen bes. Endemann S. 596; Schollmeyer § 254 Ziff. 5; vgl. Labowsky, Eigenes Verschulden S. 88f. RG. 51 S. 278.

diejenigen, welche sich als Unterbrechuug des Kausalzusammenhanges darstellen. Hier hört die Haftung des Schädigers auf, das neu-eintretende Moment des eigenen Verschuldens führt den Erfolg herbei. Die Mitwirkung gestaltet sich also hier zu einer vorwiegenden Wirkung durch den Beschädigten. Ein völliges Mitwirken zu gleichen Teilen wird kaum vorkommen; sollten aber beide Parteien die gleichen oder wenigstens annähernd gleiche Ursachen gesetzt haben, so wird die Ersatzpflicht auf beide zu verteilen sein, so daß etwa der Kläger mit seinen Forderungen zur Hälfte abzuweisen wäre. Der Unterschied zwischen dem erstgenannten Fall, der Unterbrechung des Kausalzusammenhangs, und diesem wird sich auch in der Kostenverteilung bemerkbar machen.[1]

Ist einmal die Verpflichtung zum Ersatze festgestellt, so fragt es sich weiter, in welcher Weise der Umfang des entstandenen Schadens abgemessen werden soll. Der Verschiedenheit der Einzelfälle wegen können wir uns nur auf einige allgemeine Bemerkungen beschränken. Zunächst ist nur der wirklich entstandene Schaden zu ersetzen, welcher seinerseits nach objektiven oder subjektiven Gesichtspunkten ermittelt werden kann; das Interesse ist der wichtigste Fall der letzteren. Sogenanntes Affektionsinteresse, d. h. dasjenige, welches allein in der Vorstellung des Beschädigten beruht, kann nicht verlangt werden.

Der Schaden kann sowohl ein damnum emergens als auch ein lucrum cessans sein; von ersterem spricht man dann, wenn ein Verlust in der vorhandenen Vermögenssphäre des Beschädigten entsteht, von letzterem dagegen, wenn ein Gewinn nicht erzielt wird, welcher, wie § 252 sagt, „nach dem gewöhnlichen Laufe der Dinge oder nach den besonderen Umständen, insbesondere nach den getroffenen Vorkehrungen mit Wahrscheinlichkeit erwartet werden konnte“. Der Einzelfall muß entscheiden.[2] Entsteht aus einem Ereignis zugleich Schaden und Nutzen, so kann als Schaden nur der überwiegende Verlust in Anrechnung gebracht werden, welcher sich nach der Ausgleichung ergibt.[3] Im Falle des § 254 kann also nur gegen diesen Schaden die Einrede des eigenen Verschuldens erhoben werden, nur er kann gemindert werden.

---

[1] Für den letztgenannten Fall würde § 92 ZPO. zur Anwendung gelangen.

[2] Vgl. im allgemeinen Cosack, Bürgerl. Recht Bd. I S. 321; auch Dernburg Bd. 2 Abt. 1 § 29.

[3] Vgl. Oertmann, Die Vorteilsausgleichung beim Schadensersatzanspruch.

Ein Schaden kann auch dadurch entstehen, daß dem Beschädigten Verpflichtungen oder Verbindlichkeiten auferlegt werden, von denen er Befreiung verlangt. Durch eigenes Verschulden des Beschädigten kann hier der Umfang dadurch z. B. gemindert werden, daß dem Verpflichteten nur ein Teil des Ersatzes der Verbindlichkeiten auferlegt oder die Übernahme einiger anbefohlen wird.

Die Art und Weise, in welcher ein Schaden entsteht und in welcher er gemindert oder abgewendet werden kann, ist verschieden. § 249 läßt als primäre Ersatzpflicht die Wiederherstellung des Zustandes zu, der bestehen würde, wenn der zum Ersatz verpflichtende Umstand nicht eingetreten wäre.[4] Indes gewähren die §§ 250 und 251 unter bestimmten Voraussetzungen den Geldersatz. An Stelle des Geldersatzes kann eine andere Hingabe an Erfüllungsstatt erfolgen. Die Mehrheit der Fälle handeln von dem Vermögensschaden; ein Schaden, der nicht Vermögensschaden ist, kann nur in den vom Gesetz besonders vorgesehenen Fällen verlangt werden (§ 253). Ob ein solcher Schaden auch den Vorschriften des § 254 unterliegt, wollen wir sogleich erörtern.

In welchem Umfange also der Schaden ersetzt werden kann und in welcher Weise er gewährt wird, kann verschieden sein.

Besondere Schwierigkeiten machen die Rentenfestsetzungen bei Körperverletzungen. Hier ist zu beachten, inwieweit die Erwerbsfähigkeit des Beschädigten gemindert ist, ob sie aufgehoben, ob eine Vermehrung seiner Bedürfnisse eingetreten ist (§ 843 Abs. 1). Auch hier muß nach dem einzelnen Falle entschieden werden, allgemeine Grundsätze für alle Fälle lassen sich nicht aufstellen. Nur soviel ist zu sagen, daß die Rentenansprüche, einschließlich der Heilungskosten dem Einwande des § 254 unterliegen, also die Ansprüche hierauf abgewiesen oder gemindert werden können. Nun bestimmt § 847, daß im Falle der Verletzung des Körpers oder der Gesundheit von dem Beschädigten auch wegen des Schadens, der nicht Vermögensschaden ist, eine billige Entschädigung in Geld gefordert werden kann. Hat bei der Entstehung des Schadens ein Verschulden des Beschädigten mitgewirkt und fordert der Verletzte eine solche Entschädigung, etwa als Schmerzensgeld, so muß man sagen, daß auch dieser Anspruch dem Einwande des § 254 unterliegt. Wird der Verletzte völlig ab-

---

[4] Vgl. darüber auch unten § 16 Anm. 12.

gewiesen, so fällt auch der Anspruch aus § 847 hin, wird er ein zum Teil abgewiesen, so mindert er sich entsprechend. Denn da die Zuerkennung des nicht vermögensrechtlichen Schadens die Berechtigung einen Vermögensschaden zu verlangen, voraussetzt, so widerspräche es dem Grundgedanken des Gesetzes, dem Verletzten den Vermögensanspruch zu kürzen, den nicht vermögensrechtlichen Anspruch dagegen zu belassen.

Diese Bemerkungen erscheinen uns wesentlich, auf Einzelheiten einzugehen, ist hier nicht der Ort. Eine Frage erübrigt sich noch, die nämlich, ob der Ersatzberechtigte stets der Verletzte ist, und wenn er dies nicht ist, ob dann der dritte sich den Einwand aus § 254 entgegensetzen lassen muß. Hierüber gibt § 846 folgende Bestimmung: „Hat in den Fällen der §§ 844, 845 bei der Entstehung des Schadens, den der Dritte erleidet, ein Verschulden des Verletzten mitgewirkt, so finden auf den Anspruch des Dritten die Vorschriften des § 254 Anwendung." Der hier angezogene § 844 bestimmt für den Tötungsfall, daß der Ersatzpflichtige die Beerdigungskosten zu tragen habe. Stand der Getötete zur Zeit der Verletzung zu einem Dritten in einem Verhältnisse, vermöge dessen er diesem kraft Gesetzes unterhaltspflichtig war oder werden konnte, so hat er dem Dritten durch eine Rente Schadensersatz zu leisten, falls diesem durch die Tötung das Recht auf den Unterhalt entzogen wurde. § 845 bestimmt, daß im Falle der Tötung, der Verletzung des Körpers oder der Gesundheit und im Falle der Freiheitsentziehung der Ersatzpflichtige, falls der Verletzte kraft Gesetzes einem Dritten zur Leistung von Diensten in dessen Hauswesen oder Gewerbe verpflichtet war, dem Dritten für die entgehenden Dienste durch Entrichtung einer Geldrente Ersatz zu leisten habe. In diesen Fällen also muß sich der Dritte, z. B. die klagende Witwe den Einwand entgegenhalten lassen, daß der Verletzte, etwa der Mann, sich eines mitwirkenden Verschuldens schuldig gemacht habe. Demnach muß sie sich den Ersatzanspruch mindern lassen, kann ihn sogar auch ganz verlieren. Der Kreis der Personen, denen gegenüber § 254 anwendbar sein kann, ist ein engbegrenzter. Eine Erweiterung enthält der § 618 Abs. 3 für die kraft Vertrages Dienstberechtigten und der § 62 HGB. für die Handlungsgehülfen und Lehrlinge.

Der Ersatzpflichtige braucht nicht der Schädiger zu sein, sondern kann ebenso der gesetzliche Vertreter oder eine andere haftpflichtige Person sein (vgl. §§ 278, 831, 832, 834).

IV. Abschnitt.
Das Anwendungsgebiet des § 254 BGB.
§ 16. 1. Im Bürgerlichen Gesetzbuch.

Da der § 254 seinem Grundgedanken nach eine Verteilung der Schadensersatzpflicht enthält, so ist damit ein allgemeiner Rechtssatz ausgesprochen, welcher je nach der Beteiligung des Beschädigten bei der Entstehung des Schadens, dessen Anspruch zu mindern oder auszuschließen gestattet. In allen rechtlichen Verhältnissen wird es darauf ankommen, dieses letztgenannte Moment hervorzuheben und den Umfang des Schadens festzustellen, den der eine oder der andere Teil zu ersetzen hat. Man müßte annehmen, daß der Grundsatz des § 254 überall dort Anwendung findet, wo ein Schaden entstanden ist und es sich um dessen Geltendmachung handelt. Ein so allgemeiner Grundsatz läßt sich aber, wie wir unten sehen werden, dem Gesetze gegenüber nicht aufrecht erhalten.

Was zunächst die Anwendbarkeit des § 254 anlangt, so macht es keinen Unterschied, ob ein Vertragsverhältnis oder eine außervertragliche Beschädigung in Frage steht. Im erstgenannten Falle wiederum ist bestritten worden, daß die Bestimmung des § 254 bei der sog. abstrakten Schadensberechnung anwendbar sei.[1] Man hat sie vielmehr nur bei der Berechnung des sog. konkreten Schadens gelten lassen wollen. Es ist aber nicht einzusehen, welche Gründe dazu führen sollen, denjenigen der die Einbuße an seinem Vermögen berechnet (konkreter Schaden), schlechter zu stellen als denjenigen, der die Differenz seines Vermögens in Rechnung stellt, wie es ohne Dazwischentreten des schädigenden Ereignisses gewesen wäre, m. a. W. die Preisdifferenz des Lieferungs- und Verkaufstages liquidiert. Die abstrakte Berechnung wird ihrem Wesen nach nur bei marktgängigen Waren mit bestimmter Preisnotierung Platz greifen; es ist in der Tat völlig unerheblich, wie der Schaden geltend gemacht wird, so daß wir sowohl bei abstrakter wie bei konkreter Berechnung die Bestimmung des § 254 für anwendbar halten. Denn die Art der Berechnung ist gleichgültig; es kommt ja nur darauf an, ob bei der Entstehung des Schadens das Verschulden des Beschädigten mitgewirkt hat.

Es bedarf keiner weiteren Erwähnung, daß das Prinzip des § 254 in all den Fällen Anwendung finden muß, in denen dieser

---

[1] So bes. von Staub, Deutsche Jur.-Zeitung 1901 S. 160; vgl. Komm. S. 1280 Anm. 28 und S. 1285. Dagegen Broh, Deutsche Jur.-Zeitung ebd. S. 284.

Paragraph direkt oder indirekt erwähnt wird. Eine direkte Anführung geschieht im § 846, in welchem zugleich eine Ausdehnung derart geschieht, daß auch der Dritte, der in den Fällen der §§ 844, 845 bei der Entstehung des Schadens mitgewirkt hat, auf sich die Bestimmung des § 254 anwenden lassen muß. Eine indirekte Erwähnung liegt vor, wenn in einer Bestimmung der § 846 angezogen wird, denn darin liegt zugleich die Anführung des § 254, z. B. § 618 Abs. 3. Hiernach kann der Dienstberechtigte, welcher seine ihm in Ansehung des Lebens und der Gesundheit obliegenden Verpflichtungen nicht erfüllt, dem Dienstverpflichteten gegenüber sich darauf berufen, daß der letztere bei der Entstehung des Schadens (Körperverletzung, Gesundheitsbeschädigung) mitgewirkt hat.

Für das Anwendungsgebiet des § 254 könnten ferner alle Fälle sonst, wie wir sahen, in Betracht kommen, in denen eine Schadensersatzpflicht vom Gesetz statuiert wird. Aus welchen Gründen eine solche Pflicht begründet ist, kann im allgemeinen unerörtert bleiben. Wir wollen zunächst uns dem Schadensersatz aus Vertragsverletzungen zuwenden und einige Fälle besprechen, in denen unser Prinzip zur Anwendung gelangen kann. Daß wir nicht auf alle Einzelheiten eingehen, sondern nur einen geringen Teil der Bestimmungen herausgreifen können, bedarf keiner besonderen Begründung.

§ 280 bestimmt, daß der Schuldner, durch dessen Verschulden eine Leistung unmöglich wird, dem Gläubiger den daraus entstehenden Schaden zu ersetzen hat. Daß hier bei der Entstehung des Schadens ein Verschulden des Beschädigten, d. h. des Gläubigers mitgewirkt haben kann, ist wohl möglich; insbesondere ist es denkbar, daß er sich einer der Unterlassungen des § 254 Abs. 2 schuldig gemacht hat, z. B. der, den Schaden zu mindern.[2] Die entsprechende Anwendung des hier Gesagten ist im § 325 gegeben.[3]

Die gleiche Vorschrift greift in dem Falle des § 283 Platz, nach welchem der Gläubiger dem rechtskräftig verurteilten Schuldner zur Bewirkung der Leistung eine angemessene Frist setzen kann mit der Erklärung, daß er nach dem Ablaufe der Frist, die Annahme ablehne. Nach dem Ablaufe der Frist kann er dann vom Schuldner Schadensersatz wegen Nichterfüllung verlangen. Besonders wichtig ist die Frage, ob bei dem Verzuge des Schuldners ein mitwirkendes

[2] Planck, § 280 Ziff. 8; Vgl. zu dem folgenden auch v. Leyden Kulpakompensation S. 84 ff.

[3] Planck, § 325 Ziff. 1 a.

Verschulden des Gläubigers denkbar und möglich ist. Dies ist aber sehr wohl anzunehmen, es ließen sich eine größere Zahl Beispiele bilden, in denen bei der Entstehung des Schadens ein Verschulden des Gläubigers mitgewirkt haben kann und in denen der Abwägungsgedanke zum Durchbruch kommt. Die gleichen Erwägungen führen auch im § 326 zu der Annahme, daß dem daselbst geltend gemachten Schadensersatzanspruche der § 254 entgegengehalten werden kann. Es sind noch zahlreiche Fälle sonst denkbar, in denen eine Anwendung des § 254 gestattet ist,[4] wir wollen an dieser Stelle nur zwei hervorheben, in denen sie angezweifelt worden ist; es sind dies die §§ 391 Abs. 1 und 867. Man hat gesagt,[5] daß dort, wo der Schadensersatz den Preis dafür bilde, daß das Gesetz eine bestimmte Handlung zuläßt, für die Ersatzpflicht nur die freie Entschließung des zur Vornahme der Handlung Berechtigten den Grund abgeben könne. Wir können in beiden Fällen keine Ausnahmen von den gewöhnlichen Regeln sehen. Aus welchem Grunde das Gesetz einen Schadensersatzanspruch feststellt, kann für die Anwendung des § 254 nicht in Frage kommen. Es ist nur zu untersuchen, ob bei der Entstehung des Schadens der Beschädigte schuldhaft mitgewirkt hat; dies ist auch dort zulässig, wo der Schadensersatz den Preis für die Zulassung einer Handlung bildet. Denn dem Beschädigten liegt hier nach § 254 Abs. 2 die Pflicht ob, den anderen Teil auf die Gefahr des ungewöhnlich hohen Schadens aufmerksam zu machen. Hieraus folgt, daß er in zahlreichen Fällen die Handlung des anderen Teiles durch jene Fürsorgepflicht hindern oder auch den entstehenden Schaden abwenden kann. So liegt es auch bezüglich der §§ 391 Abs. 1 und 867. Im ersteren Fall kann der aufrechnende Teil dem anderen gegenüber sich sehr wohl darauf berufen, daß er es unterlassen hat, ihn auf die Gefahr eines ungewöhnlich hohen Schadens, z. B. einer Konventionalstrafe, aufmerksam zu machen, der aus der Aufrechnung an einem anderen als dem bestimmten Orte entstehen könne, da er in diesem Falle von der Aufrechnung Abstand genommen hätte. Er kann damit den Ersatzanspruch des anderen ausschließen. Ebenso liegt es im Falle des § 867. Der Beschädigte, d. i. der Besitzer des Grundstücks muß den anderen Teil auf einen besonders hohen Schaden aufmerksam machen, z. B. daß derjenige, dem ein Hut auf

[4] Vgl. Cohn S. 382 ff. wegen der Vertragsstrafe, S. 384 wegen des Gesamtgläuber- bezw. Schuldnerverhältnisses.

[5] Cohn, S. 109 f.

sein Grundstück gepflogen ist, ein besonders kostbares Blumenbeet zertreten kann; unterläßt er dies, so wird der andere Teil sich auf § 254 berufen können. Es ist also nicht einzusehen, weshalb in diesen Fällen dem Schädiger nicht das gleiche Recht zustehen soll, wie auch sonst.

Was nunmehr die Anwendung des § 254 bei den unerlaubten Handlungen anlangt, so steht dieselbe im allgemeinen der bei Verträgen insofern gleich, als sie auch hier grundsätzlich zulässig ist. Es ist unbestritten, daß derjenige, der von der Wunde den Verband abreißt, für den hieraus entstehenden Schaden nicht den Täter in Anspruch nehmen kann; dieser wird sich vielmehr auf den § 254 stützen. Das gleiche gilt in den meisten der im § 823 Abs. 1 geregelten Fällen. Die Bestimmung des § 823 Abs. 2 werden wir unten behandeln. Anwendbar ist der Einwand des eigenen Verschuldens auch im § 824; denn wenn jemand durch seine eigenen Äußerungen oder dergl. zu Behauptungen Anlaß gegeben hat, wie sie § 824 schadenspflichtig macht, wird dem Anspruch des Beschädigten mit dem Hinweis auf § 254 entgegentreten können.[6] In dem Fall des § 825 dagegen wird sich der Täter nicht auf die Mitschuld der Frauensperson berufen können, etwa mit dem Einwande, daß sie in die Gestattung eingewilligt habe. Denn eine gewisse Einwilligung derselben gehört stets zu der Handlung des Täters.[7] Inwieweit die Bestimmung des § 254 Abs. 2 wegen einer Minderung des Schadens durchgreift, ist nur nach Lage des Einzelfalls und auch hier, wie uns scheint, möglichst einschränkend zu beurteilen. Der § 826 kann ebenfalls die Anwendung des § 254 auf Seiten des Beschädigten gestatten; er kann, wie mit Recht hervorgehoben worden ist,[8] sich gleichfalls eines Verstoßes gegen die guten Sitten schuldig gemacht haben und muß sich darum seine Ersatzforderung mindern lassen; er kann insbesondere eine der im § 254 Abs. 2 geregelten Unterlassungen begangen haben.

In die Reihe der unerlaubten Handlungen treten neben die eigentlichen Fälle eine Zahl solcher, welche ihnen gleichgestellt sind, obwohl man von Delikten hier nicht reden kann; es sind dies die §§ 833 ff. Hier wird man ohne weiteres der Bestimmung des § 254

---

[6] Vgl. auch Cohn S. 393.

[7] Cohn S. 394; bes. v. Liszt S. 96.

[8] Cohn S. 397.

Anwendung geben; z. B. wenn der durch das Tier Verletzte, dasselbe gereizt oder geneckt hatte ꝛc.[9]

Eine Bestimmung aus dem Gebiete der unerlaubten Handlungen bedarf noch der Erwähnung, die des § 823 Abs. 2, nach welcher derjenige, welcher schuldhaft gegen ein den Schutz eines anderen bezweckendes Gesetz verstößt, dem anderen Schadensersatz zu leisten hat. Diese Bestimmung ist viel umstritten, wir müssen es uns versagen, hier auf die näheren Fragen einzugehen.[10] Wenn bei der Entstehung eines derartigen Schadens ein Verschulden des Beschädigten mitgewirkt hat, so wird hier die Anwendbarkeit des § 254 gegeben sein. Eine Bestimmung wie sie das preußische Allgemeine Landrecht I, 6 § 26 enthielt, kennt das BGB. nicht. Daher wird die Schadensforderung, die auf Grund des § 823 Abs. 2 entsteht, mit dem Einwande des § 254 abgewendet werden können. Verstößt auch der Beschädigte gegen ein Schutzgesetz, so wird sein Anspruch abgewiesen werden können, wenn dieser Verstoß als ein bei der Entstehung des Schadens mitwirkendes Verschulden anzusehen ist, besonders also, wenn dadurch der Schaden vergrößert worden ist.[11]

Außer in den bisher erwähnten Fällen der Anwendbarkeit des § 254 bei Verträgen und unerlaubten Handlungen, kann § 254 auch dann in Frage stehen, wenn es sich um eine Schadensforderung handelt, die aus keinem der soeben genannten Gründe herrührt, sondern kraft besonderer Bestimmung geschaffen ist. Es gehören hierher z. B. die §§ 31, 42, 228, 231, 989, 2219 u. a. m. In all diesen Fällen steht der Anwendbarkeit des § 254 ein Hindernis nicht entgegen.

Wir bemerkten bereits zu Eingang dieses Paragraphen, daß die Anwendbarkeit des § 254 bei Schadensersatzansprüchen grundsätzlich nicht ausgeschlossen sei, daß sich aber ein allgemeiner Satz nicht aufstellen lasse. In einer ganzen Reihe von Fällen dürfte nämlich infolge anderweiter Regelung im Gesetze der im § 254 ausgesprochene Gedanke keine Anwendung finden. Der Grund hierfür liegt in dem Umstande, daß im Gesetz selbst die Folgen des mitwirkenden Verschuldens des Beschädigten derart geregelt sind, daß eine Abwägung

---

[9] Vgl. Planck § 833 Ziff. 2c, § 835 Ziff. 2b, § 836 Ziff. 2b; RG. 51 S. 275; 52 S. 349.

[10] Vgl. v. Liszt, Deliktsobligationen S. 80 ff. Vgl. RG. in der Deutschen Juristen-Zeitung 1902 S. 92 Nr 16.

[11] Für das preußische Recht, vgl. RG. 21 S. 210.

i. S. des § 254 nicht mehr stattfinden kann, sondern daß eine Ersatzpflicht völlig ausgeschlossen ist.

Zunächst wird es sich um die Beziehung des § 254 zu §§ 249, 250 handeln. Nach § 249 soll der Schaden durch Naturalrestitution geleistet werden. In diesem Falle kann der § 254 insoweit keine Anwendung finden, als eine solche Wiederherstellung ohne besondere wirtschaftliche Aufwendungen möglich ist; nur wenn solche erforderlich geworden sind, kann auch der § 254 eingreifen.[12] Dies wird auch für den § 250 insoweit gelten müssen, als der Ersatz in Geld nicht an die Stelle des Anspruchs auf Herstellung ohne Aufwendungen tritt; denn sonst könnte sich der Schädiger mit dem Einwand aus § 254 von der Ersatzpflicht dadurch befreien, daß er die ihm gesetzte Frist verstreichen läßt, ohne die Herstellung vorzunehmen.[13]

In zweiter Reihe gehören hierher die folgenden Bestimmungen des Gesetzes:

§ 122 bestimmt, daß derjenige, welcher eine nach § 118 nichtige oder eine aus Irrtum abgegebene Erklärung anficht, dem anderen Teile des sog. negative Vertragsinteresse zu ersetzen hat. Abs. 2 sagt dann, daß die Schadensersatzpflicht nicht eintritt, wenn der Beschädigte den Grund der Nichtigkeit oder Anfechtbarkeit kannte oder kennen mußte. Hier ist nach unserer Meinung die Anwendbarkeit des § 254 in dem Falle völlig ausgeschlossen, wenn der Beschädigte die Kenntnis der Nichtigkeit oder Anfechtbarkeit zur Zeit der Abgabe der Willenserklärung hatte. Denn in diesem Falle ist, unabhängig von den Vorschriften des § 254 Abs. 1 und Abs. 2, die Ersatzpflicht im Gesetze selbst bereits derart geregelt, daß von einem Abwägen der vorwiegenden Verursachung nicht mehr die Rede sein kann. Steht erst einmal fest, daß der Beschädigte die Nichtigkeit kannte oder kennen mußte, so kommt es nicht weiter darauf an, ob ihm eine der im § 254 Abs. 2 normierten Unterlassungen zur Last fällt. Es liegt daher im § 122 Abs. 2 eine Erweiterung des Grundgedankens des § 254 zu Gunsten des Schädigers. Der bisher besprochene Fall, daß der Beschädigte die Kenntnis im Moment der Abgabe der Erklärung hatte, scheint nach dem Ausdruck des Gesetzes der von ihm allein beachtete zu sein. Wie verhält es sich aber, wenn der Beschädigte erst nachträglich von der Nichtigkeit bezw. Anfechtbarkeit Kenntnis erhält oder wenn es sich

---

[12] Cohn S. 879 f.
[13] Cohn S. 880.

aus nachfolgenden Umständen ergibt, daß er sie nachträglich kennen muß? In diesen Fällen greift die oben präsumierte Erweiterung zu Gunsten des Schädigers nicht durch; es macht sich der Beschädigte hier vielmehr einer Unterlassung des § 254 Abs. 2 schuldig; er muß den noch nicht entstandenen Schaden abzuwenden, den bereits entstandenen zu mindern suchen; er hat schließlich auch die Fürsorgepflicht gegenüber dem Erklärenden. Unterläßt er eine dieser Pflichten, so wird er in der Mehrzahl der Fälle mit seiner Klage abzuweisen sein. Man wird sich hier dem Gedanken der Abwägung i. S. des § 254 nicht verschließen können. Das Ergebnis wird für beide Fälle das gleiche sein, es wird in der Abweisung der Klage bestehen; nur die rechtliche Voraussetzung ist eine verschiedene. Worauf es uns ankam, war, zu zeigen, daß die Anwendbarkeit des § 254 im Falle des § 122 Abs. 2 ausgeschlossen ist.

Den zweiten Fall eines Ausschlusses des § 254 bietet der § 179. Der Vertreter ohne Vertretungsmacht hat dem anderen Teile auch hier das negative Vertragsinteresse zu ersetzen, wenn der Vertretene die Genehmigung des Vertrages verweigert. Nach Abs. 3 haftet der Vertreter dann nicht, wenn der andere Teil den Mangel der Vertretungsmacht kannte oder kennen mußte. Auch hier liegt, wie beim § 122, ein eigenes Verschulden des Beschädigten vor; aber auch hier kann der dem § 254 eigene Abwägungsgedanke nicht zum Durchbruch gelangen, da die Folge des konkurrierenden Verschuldens geregelt ist.

Diese Bestimmungen kehren in gleicher Form wieder in den §§ 306, 307. Kannten beide Teile bei der Schließung eines Vertrages die Unmöglichkeit der Leistung, so tritt nach § 307 Abs. 1 S. 2 eine Ersatzpflicht nicht ein. Es kommt auch hier nicht auf das Abwägen der vorwiegenden Verursachnng oder etwa auf eine Berücksichtigung des Grades beiderseitigen Verschuldens an. Dies ist hier die Verschiedenheit von den vorher erwähnten Fällen, daß sich hier der Schädiger stets in einem Verschulden befinden muß. Dasselbe besteht im Kennen oder Kennenmüssen der Unmöglichkeit der Leistung; in den Fällen der §§ 122 und 179 war ein Verschulden des Schädigers nicht erfordert. Da nun nach § 122 Abs. 2 das Kennenmüssen ein Nichtkennen infolge von Fahrlässigkeit ist, so tritt hier, wie erwähnt, die Beachtung des Grades des Verschuldens insoweit zurück, als die Ersatzpflicht auch dann ausgeschlossen ist, wenn auf der einen Seite ein Kennen der Unmöglichkeit, also Vorsatz oder vielleicht eine grobe

Fahrlässigkeit beim Abschluß des Vertrages vorliegt, auf der anderen Seite nur leichte Fahrlässigkeit vorhanden ist. Hier wird die Schwere des Verschuldens nicht im gegebenen Fall zur Abweisung der Klage führen; sondern es tritt die im § 307 geregelte Schadensfolge ex lege ein, ohne daß eine der im § 254 gegebenen Abwägungsregeln zur Anwendung gelangt. Daher erscheint die Verwertung des § 254 ausgeschlossen.

Im § 617 ist bestimmt, daß der Dienstberechtigte dem Verpflichteten, der in die häusliche Gemeinschaft aufgenommen worden ist, Verpflegung und ärztliche Behandlung in bestimmter Art zu gewähren hat, sofern nicht die Erkrankung von dem Verpflichteten vorsätzlich oder durch grobe Fahrlässigkeit herbeigeführt worden ist. Ist dies aber der Fall, so bedarf es bei etwaiger Verschuldung des Dienstberechtigten keiner weiteren Abwägung, sondern es fällt dann der Ersatzanspruch des Verpflichteten von selbst zusammen. Für den § 254 ist hier kein Raum. Anders allerdings ist es, wenn der Beschädigte die Erkrankung nur leicht fahrlässig herbeigeführt hat.

Sehr wichtig ist die Vorschrift der §§ 701, 702. Wenn der Gast oder die Personen, für welche er haften soll, den Schaden ohne ihr Verschulden „verursacht" haben, wie das Gesetz es vorschreibt, so kann der § 254 deshalb nicht in Frage kommen, weil dem Ersatzanspruch nicht die Einrede des eigenen Verschuldens sondern nur diejenige des eigenen Verursachens entgegengehalten werden könnte. Diese Fälle sind aber sehr selten, zumeist wird in der Handlungsweise des Gastes ein Verschulden zu finden sein. Dann aber ist § 254 verwendbar. Eine Anwendbarkeit ist auch im § 702 gegeben.

Einen besonders beachtenswerten Fall enthält der § 839. Hat ein Beamter einem Dritten gegenüber bei dem Urteil in einer Rechtssache seine Amtspflicht verletzt, so kann der Beamte unter den im § 839 Abs. 1 und 2 vorgesehenen Maßregeln ersatzpflichtig gemacht werden. Abs. 3 bestimmt aber, daß die Ersatzpflicht nicht eintreten soll, wenn der Verletzte vorsätzlich oder fahrlässig unterlassen hat, den Schaden durch Gebrauch eines Rechtsmittels abzuwenden. Ist dies der Fall, so fällt die Ersatzpflicht des Beamten fort, es bedarf keiner weiteren Abwägung, ob der Schaden vorwiegend vom Beamten oder vom Verletzten selbst verursacht worden ist. Es tritt diese Konsequenz auch dann also ein, wenn der Beamte vorsätzlich, der Verletzte nur fahrlässig gehandelt hat.[14]

---

[14] Andere wichtige, an die Bestimmung des § 839 sich anknüpfende Fragen

Es genügen diese wenigen Fälle, um zu zeigen, daß die Bestimmung des § 254 dort jedenfalls nicht angewandt werden kann, wo die Schadensfolge im Gesetz selbst ihren Ausdruck erhalten hat und demnach eine Abwägung der Verursachungen bezw. eine Beachtung des Grades des Verschuldens nicht Platz greifen kann.

§ 17. 2. In anderen Gesetzen.

Wenn es richtig ist, daß das Prinzip des § 254 einen Rechtssatz von allgemeiner Gültigkeit enthält, so wird seine Anwendbarkeit auch in anderen Gesetzen geboten und erforderlich sein. Denn überall wird sich hiernach der § 254 bewähren müssen, wo nicht gerade aus den besonderen Bestimmungen sich die Ausschließung ergibt, wie dies innerhalb des BGB. selbst der Fall ist. Wir werden in Kürze die wichtigsten hier in Frage stehenden Gesetze hervorheben.

I. Das Handelsgesetzbuch.

Ein doppelter Grund ist es, der uns zur Anwendbarkeit des § 254 im HGB. führt. Einmal bestimmt das Einführungsgesetz zum HGB. Art 2, daß die Vorschriften des BGB. insoweit in Handelssachen zur Anwendung kommen, als nicht im HGB. oder im Einführungsgesetz etwas anderes bestimmt ist. Über das konkurrierende Verschulden enthält das HGB. nur eine für das Seerecht wichtige Bestimmung, im übrigen bewendet es bei den allgemeinen Vorschriften. Sodann aber erwähnt das HGB. den § 254 selbst in indirekter Weise. Denn § 62 erklärt im Abs. 2 die Vorschriften der §§ 842 bis 846 BGB. für entsprechend anwendbar. Da nun im § 846 BGB. der § 254 direkt erwähnt wird, liegt in der entsprechenden Anwendbarkeit im § 62 eine indirekte Erwähnung. Damit ist aber dem § 254 auch im Handelsgesetzbuch ein weites Feld geöffnet.

Das Handelsgesetzbuch hat aber, wie bemerkt, im Seerecht Bestimmungen über das mitwirkende Verschulden, und zwar beim Zusammenstoß von Schiffen getroffen. Es sagt der § 735 Abs. 2 HGB., daß bei einem Zusammenstoß durch beiderseitiges Verschulden die Verpflichtung zum Ersatz sowie der Umfang des zu leistenden Ersatzes von den Umständen, insbesondere davon abhängt, inwieweit der Zusammenstoß vorwiegend von Personen der einen oder der anderen

---

müssen hier unerörtert bleiben; nur soviel sei bemerkt, daß unter „Rechtsmittel" nicht allein die im technischen Sinne sogenannten Rechtsmittel Revision, Berufung, Beschwerde zu verstehen sind, sondern im weiteren Sinne auch die sog. Rechtsbehelfe, wie Einspruch, Widerspruch und dgl.

Besatzung verursacht worden ist. Die Bestimmung ist offensichtlich dem § 254 nachgebildet, enthält aber die Abweichung, daß sie auch auf Seiten des schädigenden Teiles ein Verschulden voraussetzt. Infolgedessen ist aber die Schlußbestimmung völlig verfehlt, die auf das vorwiegende Verursachen den Nachdruck legt. Was soll hier noch das Zurückgehen auf das bloße Kausalverhältnis bedeuten, wo doch beide Teile ein Verschulden treffen soll. Im § 254 läßt sich dies noch rechtfertigen, weil der Schädiger nicht im Verschulden zu sein braucht; hier aber im § 735 HGB. ist eine Verwechselung oder Gleichstellung der Begriffe des Verursachens und des Verschuldens ein arger Mißgriff. Es hätte der § 735 Abs. 2 HGB. auf das überwiegende Verschulden den Nachdruck legen müssen.

Eine entsprechende Bestimmung über die Anwendbarkeit der §§ 734—739 HGB. betreffend den Zusammenstoß von Schiffen enthält das Binnenschiffahrtsgesetz § 92. Hier gilt also das zuletzt Ausgeführte ebenfalls.

II. Das Reichshaftpflichtgesetz.

Nach dem Reichshaftpflichtgesetze ist im § 1 eine Haftung der Eisenbahnen ohne Verschulden festgesetzt, die nur im Falle des eigenen Verschuldens des Beschädigten oder der höheren Gewalt zessiert. Das eigene Verschulden enthält hier dieselben Merkmale, die wir an ihm früher gefunden haben. Da nun § 1 des Haftpflichtgesetzes bei einem im Betriebe der Eisenbahn geschehenem Unfall von einem Verschulden der Eisenbahn absieht, es also bei der Kausalhaftung beläßt, so kommen hier die oben im § 14 (S. 100f.) festgestellten Regeln in Betracht. Dies gilt ganz besonders in dem Falle, wenn auch auf Seiten der Eisenbahn ein Verschulden vorliegt.[1] Damit ist aber dem Grundgedanken des § 254 genügt. Wenn man in den Kommissionsberatungen beim Art. 42 des Einführungsgesetzes Bedenken getragen hat[2] den § 254 für anwendbar zu erklären, weil der § 254 Abs. 2 eine Fürsorgepflicht normiere, welche bei dem Betriebe von Eisenbahnen keine Verwendung finden könne, und welche dem Sinne des § 1 des Haftpflichtgesetzes nicht entspräche, so ist dies nur in beschränktem Maße richtig, denn es ist kein Grund ersichtlich, aus dem man z. B. die im Abs. 2 auf-

---

[1] Vgl. Seuffert, Bd. XXXVII Nr. 219; Jur. Wochenschr. 1898 S. 227 Nr. 26. Vgl. ferner zahlreiche Entscheidungen in den Eisenbahnrechtlichen Entscheidungen und Abhandlungen von Eger, angeführt bei Eger, Komm. zum Haftpflichtges. § 1, RG. in der Deutschen Juristen-Zeitung 1908 S. 177 Nr. 82.

[2] Protokolle Bd. VI S. 595.

gestellte Minderungspflicht hier nicht gelten lassen will. Was den Abs. 1 anlangt, so ist es ohne weiteres klar, daß hier die Abwägung des vorwiegenden Verursachens und die Beachtung der verschiedenen Grade des Verschuldens angebracht erscheinen soll. Die Nichterwähnung des § 254 im Haftpflichtgesetz wird nicht imstande sein, die Anwendung des § 254 Abs. 1 auf dies Gesetz auszuschließen.[3] Wie bisher die Abwägung eingetreten ist, so wird es auch fernerhin geschehen und geschieht bereits in der Praxis der Gerichte.

Im Anschluß an diese Erörterungen über das Reichshaftpflichtgesetz mag bemerkt werden, daß die Bestimmungen des § 254 auch in einem künftigen Gesetz über die Haftpflicht der Kraftfahrzeuge Anwendung finden können. Der 26. deutsche Juristentag, welcher sich mit dieser Frage eingehend beschäftigt hat,[4] ist der Ansicht, daß die Haftpflicht der Kraftfahrzeuge nach dem Vorbilde der Haftpflicht der Eisenbahnen zu regeln sei. Demnach müßten die für das Reichshaftpflichtgesetz soeben angestellten Erwägungen auch hier Platz greifen.

III. Das Postgesetz.

Das Reichspostgesetz vom 28. Oktober 1871 bestimmte im § 6 „Die Verbindlichkeit der Postverwaltung zur Ersatzleistung bleibt ausgeschlossen, wenn der Verlust, die Beschädigung oder die verzögerte Beförderung oder Bestellung

a) durch eigene Fahrlässigkeit des Absenders herbeigeführt worden ist". Es kann hier auf das beim Haftpflichtgesetz Vorgebrachte verwiesen werden.

IV. Die Zivilprozeßordnung.

Über die Anwendbarkeit des § 254 im Gebiete der Zivilprozeßordnung, hatte sich, als der Entwurf der Novelle veröffentlicht wurde, ein lebhafter Streit erhoben.[5] Es handelt sich hierbei um die §§ 302 Abs. 4, 600, 717 Abs. 2, 945. Es kann nicht unsere Aufgabe sein, hier auf die große Anzahl von Schwierigkeiten einzugehen, welche sich aus der Anwendung des § 254 ergeben können.[6] Wir werden uns damit begnügen müssen das wesentlichste hervorzuheben. Zunächst ist

---

[3] So v. Weinrich, Haftpflicht S. 151.

[4] Vgl. Verhandlungen des 26. Deutschen Juristentages Bd. 1 S. 27 (Gutachten von Hilse) bes. S. 44, Bd. III S. 163 ff., 596 f. (Verhandlungen)

[5] Vgl. Deutsche Juristen-Zeitung Bd. III (1898); das. Heinitz S. 54; Wach S. 66 f.; Staub S. 58; Neukamp S. 89 Anm. 1; Sievers S. 122.

[6] Vgl. darüber die eingehenden Ausführungen von Cohn S. 410—418. A. M. Kommissionsverhandlungen zur Civ.-Proz.-Nov. S. 174.

zu sagen, daß der Einwand aus dem § 254 nur in dem Stadium der Vollstreckung zur Anwendung gelangen kann, daß er daher keine Anwendung findet, wenn es sich um die Unterlassung von Verteidigungsmitteln handelt.[7] In welcher Weise der Schuldner hinsichtlich der durch die Vollstreckung eintretenden Schädigung mitwirken kann, ist eine rein tatsächliche Frage. Bei der Anlegung des Arrestes wird das mitwirkende Verschulden darin gesehen werden können, daß der Schuldner durch sein Verhalten Anlaß zum Ausbringen des Arrestes gegeben hat, es wird aber schließlich darauf hinauskommen, daß man abwägt, von welchem Teile der entstandene Schaden vorwiegend verursacht worden ist. Ein mitwirkendes Verschulden wird ferner darin zu finden sein, daß der Schuldner es unterlassen hat, den pfändenden Gläubiger auf die Gefahr des ungewöhnlich hohen Schadens aufmerksam zu machen, der ihm durch die Vollstreckung entstehen kann. Eine solche Unterlassung wird z. B. vorliegen wenn der Schuldner dem Gerichtsvollzieher über den Wert einer Kostbarkeit nicht aufklärt, falls dieser sie zu niedrig bewertet.[8] Auf Seiten des Gläubigers wird ein Verschulden nicht gefordert; darin besteht gerade die Abweichung der Zivilprozeßnovelle vom früheren Recht.[9] Es mag noch bemerkt werden, daß unter dem Gläubiger hier nicht stets der Kläger im Prozeß zu verstehen ist und unter dem Schuldner stets der Beklagte, sondern daß auch im Falle der Klageabweisung der Kläger als der Schadensersatzkläger fungieren kann, dem auch die Einwendungen aus § 254 entgegengehalten werden können.[10] Jedenfalls aber steht soviel fest, daß dem § 254 auch im Zivilprozeßrecht ein großes Anwendungsgebiet eröffnet wird.

V. Andere Reichsgesetze.

Dieselben haben das Prinzip des § 254 insoweit zur Anwendung zu bringen, als nicht in ihnen gerade die Folgen eines eigenen Verschuldens selbständig geregelt sind und die Grundgedanken des § 254 daher nicht in Frage kommen können. Von besonderer Wichtigkeit sind hier die Gesetze über die Unfallversicherung.

VI. Die Landesgesetze.

Nach Art. 55 des Einführungsgesetzes zum BGB. treten die privatrechtlichen Vorschriften der Landesgesetze insoweit außer Kraft,

---

[7] Wach, a. a. O. S. 67, Cohn S. 418.

[8] Cohn S. 416, 417.

[9] Vgl. Motive zur Civ.-Proz.-Nov. S. 146.

[10] RG. 49 S. 411.

als nicht im BGB. oder im EG. etwas anderes bestimmt ist. Soweit daher die Landesgesetzgebung Materien regeln kann, ist ihr auch gestattet, die Folgen des eigenen Verschuldens des Beschädigten so zu bestimmen, daß eine Anwendung des § 254 ausgeschlossen erscheint. Sie stehen daher in dieser Beziehung den unter V genannten Reichsgesetzen gleich. Ein derartiger Fall würde z. B. beim preuß. Berggesetz (Art. 67 EG. z. BGB.) §§ 148, 150 vorliegen. Anders verhält es sich z. B. bei den landesrechtlichen Vorschriften über Jagd und Fischerei (Art. 69 EG. z. BGB.), bei denen die Vorschriften des BGB. über den Wildschaden Anwendung finden müssen. Da bei dieser Vorschrift § 835 auch der § 254 Anwendung finden kann, so wird hier das Landesrecht trotz seiner selbständigen Regelung dieser Materien auf den § 254 Bezug nehmen müssen.

Von ganz erheblicher Bedeutung ist ferner das Gesinderecht. Hier ist die Behauptung von Cohn[11] nur teilweise richtig, daß nämlich der Art. 95 EG. z. BGB. trotz der Aufzählung einer Reihe von Paragraphen den § 254 nicht erwähne. Art. 95 Abs. 2 erklärt u. a. auch die §§ 617—619 BGB. für anwendbar; da nun im 618 eine Verweisung auf § 846 enthalten ist, dieser aber wiederum den § 254 erwähnt, so folgt hieraus ohne weiteres, daß der Gedanke des § 254 auch im Gesinderecht volle Verwertung finden muß.

Art. 105 EG. läßt die landesrechtlichen Vorschriften unberührt, nach welchen der Unternehmer eines Eisenbahnbetriebes oder eines ähnlichen Betriebes für den aus dem Betrieb entstehenden Schaden in weiterem Umfang als nach den Vorschriften des BGB. haftet. Hier die Anwendung des § 254 strikte auszuschließen, scheint uns nicht zutreffend. Es wird vielmehr dasselbe hier zutreffen, was wir beim Haftpflichtgesetz ausgeführt haben; so wird u. E. insbesondere eine Pflicht zur Abwendung und Minderung des Schadens bestehen.[12]

Im Art. 108 EG. scheint die Anwendung des § 254 ausgeschlossen, da es sich hier um eine Materie des öffentlichen Rechtes handelt.

Wir können uns der Ansicht nicht verschließen, daß für des Landesrecht bisweilen große Schwierigkeiten auf diesem Gebiete entstehen können; wir meinen aber, daß die Fragen der hier besprochenen Art im ganzen nicht einen unerfreulichen Rechtszustand zeitigen, weil Landesgesetze einer vergangenen Zeit ruinenhaft in ein Gesetzgebungswerk hineinragen, „das, von einem anderen Geiste beseelt, andere

[11] S. 426.

[12] A. M. Cohn S. 427.

Rechtsanschauungen zu Rechtssätzen verkörpert hat."[13] Wir meinen vielmehr, daß die im BGB. getroffene Regelung dem Rechtszustande entspricht, wie er sich durch fortwährende Interpretation und Ausbildung durch den Gerichtsgebrauch den modernen Anschauungen entsprechend umgestaltet hat. Daher wird die Anwendung des § 254 nicht große Schwierigkeiten machen können, es erscheint die Bestimmung vielmehr als der Niederschlag der Anschauungen über die Verteilung der Schadensersatzpflicht, wie sie zur Zeit der Abfassung des BGB. sich gestaltet hatte.

V. Abschnitt.

§ 18. Die Haftung für Hilfspersonen im Bereiche des § 254 BGB.

Ist das Verschulden des Beschädigten, wie wir sahen, seinem Wesen nach von dem Verschulden gegen andere nicht verschieden, sondern hat es nur die Eigentümlichkeit, daß seine Wirkungen sich auf die eigene Rechtssphäre mit erstrecken, so kann es keinem Zweifel unterliegen, daß auch das Verschulden von Hilfspersonen, deren sich der Beschädigte bedienen kann, um seine Verpflichtungen zu erfüllen, letzterem in Anrechnung gebracht werden muß, falls er gegen den Schädiger Ansprüche erhebt. Die Haftung für fremdes Verschulden regelt § 278. Seine Vorschrift soll, wie § 254 Abs. 2 S. 2 besagt, entsprechende Anwendung für das Gebiet des mitwirkenden Verschuldens finden. Die Lösung der Frage, welche hier geregelt werden soll, ist aber bei weitem nicht so einfach, als der erste Anschein vermuten läßt.

Die Anwendung des § 278 soll nach dem Wortlaut des § 254 Abs. 2 S. 2 eine „entsprechende" sein, d. h. also, die Bestimmung kann nicht ohne weiteres verwertet werden, sondern sie soll den Verhältnissen gemäß, d. h. sinngemäß verwandt werden. Die Berechtigung dieser „entsprechenden" Ansicht leitet Planck[1] daraus ab, daß der Beschädigte nicht im Sinne des § 278 der Schuldner sei, eine sinngemäße Anwendung also nur zustande komme, wenn man statt des Wortes „Schuldner" das Wort „Gläubiger" oder „Beschädigter" setze. Das mag richtig sein, ist aber keineswegs der einzige Grund. Ebenso berechtigt erscheint die Annahme von Nußbaum,[2] welcher im

[13] Cohn S. 427.

[1] Planck § 254 Ziff. 4.

[2] Nußbaum, Haftung für Hilfspersonen nach § 278 BGB. usw. S. 54 ff., S. 57.

§ 254 eine uneigentliche Verbindlichkeit annimmt, d. h. eine solche, die nicht in einer Verpflichtung zur Leistung, sondern in irgend etwas anderem besteht. Er meint, daß die „entsprechende" Anwendung daher zu erklären sei, daß die Bestimmung des § 278 hier auf eine solche uneigentliche Verpflichtung angewandt werde. Wir glauben indes, daß die Anwendung außer aus diesen, auch aus ganz anderen viel tiefer liegenden und von dem Gesetze kaum bedachten Gründen, eine entsprechende genannt werden kann. Unsere Ansicht wird durch die weiteren Ausführungen begründet werden.

Die Stellung zunächst, welche die Anführung des § 278 im § 254 gefunden hat, hat zu Bedenken Anlaß gegeben. Da der § 278 im Abs. 2 des § 254 erwähnt wird, so hat man seine Anwendung allein auf diesen Absatz beschränkt und ihn im Abs. 1 nicht für verwendbar erklärt.[3] Ein Grund zu dieser Annahme liegt nicht vor. Wir halten daher § 278 auch für § 254 Abs. 1 anwendbar.

Was nun die entsprechende Anwendung des § 278 im § 254 Abs. 2 anlangt, so ist auch hier keineswegs alles zweifelsfrei. Zunächst begründet der § 278 die Haftung des Schuldners d. h. des Beschädigten für das Verschulden seines gesetzlichen Vertreters. Wer als solcher fungiert, bestimmt das Gesetz; es ist z. B. der Inhaber der elterlichen Gewalt (§§ 1626 ff.), der Vormund §§ 1773, 1896, der Pfleger § 1909, der Vorstand eines rechtsfähigen Vereines § 26 Abs. 2 u. s. w. Die Vertretung muß nur denjenigen Teil der Vermögens umfassen, zu welchem die Verbindlichkeit, deren Erfüllung in Frage steht, gehört.[4] Vorausgesetzt ist für die Anwendung des § 278 überhaupt ein bestehendes Schuldverhältnis.[5] Dies gilt auch für die zweite Kategorie von Personen, deren sich der Schuldner, zur Erfüllung seiner Verbindlichkeiten bedienen kann, die sog. Hilfspersonen. Wer als solche im Einzelfalle zu betrachten ist, kann sich nur aus dem der Beziehung des Schuldners zu derselben zu Grunde liegenden Rechtsverhältnis ergeben. Es ist gleich, ob die Hilfsperson ein An-

---

[3] Planck § 254 Ziff. 4, Endemann S. 600, Cohn S. 218; anscheinend auch Dernburg Bd. II Abt. 1 S. 77. Rechtsprechung d. OLG. II S. 456 nnd darüber Rospatt in „Das Recht" 1902 S. 96. Vgl. v. Leyden S. 79 f.

[4] Planck § 278 Ziff. 1; vgl. Cohn S. 126.

[5] Dernburg, a. a. O. S. 145, Planck § 278 Ziff. 2 (Bd. II S. 52); Endemann S. 499, v. Liszt, Deliktsobl. S. 105.

gestellter des Beschädigten ist oder nicht; einzelne Erörterungen würden zu weit führen.[6]

Der § 278 bestimmt, daß sich der Schuldner, d. i. der Beschädigte dieser Personen zur Erfüllung seiner Verbindlichkeiten bedient haben müsse. In dem vorausgesetzten bestehenden Schuldverhältnis muß das Verschulden liegen. Dabei ergibt sich aber für uns folgendes.

1. Der Beschädigte muß sich des Gehilfen bedient haben; dabei ist vorausgesetzt, daß er sich desselben auch bedienen durfte, denn anderenfalls ist schon der Umstand, daß er eine Hilfsperson verwandte, ihm als sein Verschulden zuzurechnen.[7]

2. Der Beschädigte muß sich des Gehilfen zur Erfüllung seiner Verbindlichkeit bedient haben. Daraus folgt dann, daß ein Verschulden des Gehilfen nur dann vertreten wird, wenn es bei der Erfüllungshandlung selbst begangen wird, wobei nicht erfordert ist, daß es auch an den Gegenständen der Erfüllung geschah.[8] Das Verschulden des Gehilfen hingegen bei Gelegenheit der Erfüllung fällt nicht in den Bereich des § 278,[9] es ist der Geschädigte also nicht haftbar; auch für das Verschulden ist er nicht haftbar, welches eine Hilfsperson in Vorbereitung einer Erfüllungshandlung begeht.[10] Dagegen kann sich der Beschädigte im Rahmen des § 278 nicht durch die Einrede der custodia in eligendo befreien, sondern auch diese läßt seine Haftung weiter bestehen.

Es sind dies im allgemeinen die Grenzen, in denen der Beschädigte das Verschulden seines Gehilfen zu vertreten hat. Es läßt sich, wie bereits erwähnt, eine Abgrenzung für die Einzelfälle nicht geben, die Anwendung und Voraussetzung des § 278 muß von Fall zu Fall geprüft werden. Die Anwendung im § 254 Abs. 2 führt nun zu weiteren Konsequenzen, welche recht erheblich werden können. Wir hatten bereits Gelegenheit zu betonen, daß der § 278 nur Anwendung findet innerhalb bestehender Schuldverhältnisse und zwar bei der Erfüllung von Verbindlichkeiten. Die letzteren sind im § 254 Abs. 2 abgegrenzt; es sind die Verbindlichkeiten oder besser die Für-

---

[6] Vgl. Dernburg S. 146, Planck a. a. O. § 248 Ziff. 2, auch Cohn S. 125, dessen Ausführungen indes nicht ganz zweifelsfrei sind; auch Nußbaum S. 65 ff.

[7] So mit Recht Planck § 278 Ziff. 2.

[8] Staub, Exkurs zu § 58 Anm, 29.

[9] Staub, a. a. O.; Dernburg, a. a. O. A. M. v. Liszt, a. a. O. S. 104 Anm.

[10] Dernburg S. 165.

sorgepflichten auf die Gefahr eines ungewöhnlich hohen Schadens aufmerksam zu machen, den Schaden abzuwenden oder zu mindern. Soweit also eine dieser Verbindlichkeiten in Frage steht, kann § 278 zur Anwendung kommen. Jene Verbindlichkeiten aber können, wie wir an anderer Stelle ausgeführt haben, sowohl innerhalb von Schuldverhältnissen dem anderen Teil gegenüber als auch außerhalb derselben, also bei außervertraglichen, deliktischen Verletzungen gegenüber dem Schädiger vorliegen. Die Verpflichtungen des § 254 Abs. 2 bestehen nur soweit, als Treu und Glauben den Beschädigten zur Vornahme der daselbst vorgesehenen Handlungen verbinden. Das erste von Planck § 254 Ziff. 3 gegebene Beispiel wäre also richtig, daß der Beschädigte das Verschulden des von ihm mit der Vornahme eines Rechtsgeschäfts Beauftragten zu vertreten habe, wenn dieser es unterläßt den Schuldner auf die Gefahr eines ungewöhnlich hohen Schadens aufmerksam zu machen. Besteht keine Verbindlichkeit des Beschädigten, so tritt, wie sich von selbst versteht, auch die Anwendung des § 278 außer Kraft.[11]

Das zweite Beispiel dagegen erscheint nicht richtig begründet. Es soll der Beschädigte für den bei einer Körperverletzung zugezogenen Arzt haften, welcher es schuldhaft verabsäumt hat, die zur Heilung erforderlichen Mittel anzuwenden. Die Verwertung des § 278, die hier stillschweigend vorausgesetzt wird, erscheint uns nicht frei von Bedenken. Die Verpflichtungen des § 254 Abs. 2 bestehen bei vertraglichen und bei außervertraglichen Verhältnissen gleicherweise; es ist also der Verletzte verpflichtet, den ihm durch unerlaubte Handlung, etwa eine Körperverletzung, zugefügten Schaden zu mindern. Die Verpflichtung zur Minderung des Schadens ist eine Verbindlichkeit im Sinne des § 278. Es kommt nicht darauf an, ob sie aus einem Vertragsverhältnis oder einem Delikte entspringt. Sie ist daher eine einheitlich festgestellte Verbindlichkeit. Daraus folgt dann, daß im Falle des § 254 Abs. 2 der § 278 auch dann entsprechende Anwendung finden kann, wenn das der Verbindlichkeit zu Grunde liegende Rechtsverhältnis ein außerkontraktliches war. Verschieden ist im einzelnen Falle, was zur Erfüllung der Verbindlichkeit gehört, und inwieweit daher der Beschädigte „bei" der Erfüllung für das Verschulden seiner Hilfspersonen haftet. Der Umfang und der Inhalt der Erfüllungshandlung kann ein größerer oder kleinerer, engerer oder

[11] RG. in der Deutschen Juristen-Zeitung 1903, S. 105 Nr. 20.

weiterer sein. Besteht die Verbindlichkeit in einer Minderung des Schadens, so kann die Verpflichtung des Beschädigten erst erfüllt sein, wenn tatsächlich der eingetretene Schaden verringert, vermindert ist, sie kann aber ebenso gut dadurch bereits erfüllt sein, daß der Beschädigte dasjenige getan hat, was zur Minderung erforderlich ist. Das Verschulden des Beschädigten bei Minderung des Schadens ist also verschieden. Da nun der Grundgedanke des § 278 der ist, daß der Schuldner, im § 254 Abs. 2 also der Beschädigte, soweit für seine Gehilfen einstehen soll, als er selbst haften würde, so wird dem Anwendungsgebiet des § 278 eine engere oder weitere Grenze gezogen werden müssen, je nachdem man dem Beschädigten eine geringere oder größere Haftung auferlegt. In unserem Falle mit dem Arzte hat der Beschädigte, wie wir meinen, seiner Verpflichtung zur Minderung des Schadens dadurch Genüge geleistet, daß er einen approbierten Arzt hinzuzog. Hätte der Beschädigte sich beispielsweise an einen Kurpfuscher gewandt, so würde er dann allerdings für den von diesem angerichteten Schaden haftbar sein. Er hätte seiner Verbindlichkeit nicht Genüge getan. Wir gelangen somit zu einem annehmbaren Resultate. Erst die richtige Prüfung der Verbindlichkeiten, die § 254 Abs. 2 aufstellt, kann uns zeigen, wie weit § 278 verwandt werden darf.

Der Grund für unsere oben aufgestellte Behauptung, daß der Beschädigte nicht für die Kunstfehler des Arztes haftet, sondern, daß er durch Zuziehung eines Arztes seine Verpflichtung erfüllt, liegt darin, daß dem Verletzten die Handlungen nicht zugerechnet werden können, welche ein Sachkundiger auf Grund seiner Erfahrung vornimmt.[12] Der Kunstfehler, den der Arzt begeht, ist im Verhältnis zum Beschädigten ein außerkontraktliches Verhalten. Hier hört das Gebiet des § 278 auf und beginnt dasjenige des § 831. Diese Bestimmung erfordert aber ganz andere Voraussetzungen.

Es bleiben noch einige wenige Fragen, welche hier hervorzuheben sind, übrig. Dahin gehört in erster Reihe die, in welcher Weise sich ein Schuldausschließungsgrund in der Person des Gehilfen für den § 254 Abs. 2 von Bedeutung erzeigen kann. Die §§ 827, 828 müssen auch für den § 278 in Frage kommen, da sie wegen ihrer Aufnahme in den § 276 auch für die vertraglichen Verhältnisse gelten. Handelt die Hilfsperson, zunächst im Rahmen des § 278, unter einer

---

[12] Vgl. Laß-Maier S. 72 Anm. 46.

der im § 827 S. 1 gegebenen Voraussetzungen, so ist sie nicht verantwortlich, denn sie trifft kein Verschulden; im Falle des § 827 S. 2 ist sie verantwortlich, ausgenommen der Fall des Schlußsatzes. Hier wird im allgemeinen zu sagen sein, daß der Beschädigte sich ohne weiteres auf Umstände nicht berufen kann, die eine Schuldausschließung in der Person des Gehilfen begründen; er könnte leicht dadurch sich von der Einrede des eigenen Verschuldens befreien; er muß dartun, daß er nicht im Verschulden ist, nur dann wird auch ihn die Verpflichtung des § 254 Abs. 2 nicht treffen.[13] Anzuknüpfen wäre hier gleich die Frage, wie es sich verhält, wenn nach § 278 S. 2 die Haftung des Beschädigten für den Vorsatz der Hilfsperson ausgeschlossen ist. In diesem Falle wird u. E. allerdings der Ausschluß der Haftung für Vorsatz auch dem Beschädigten selbst gegenüber nicht zu einer Geltendmachung eigenen Verschuldens führen. War doch der andere Teil mit jenem Ausschluß einverstanden!

In dem Falle des § 831 kommen wir zu einem ähnlichen Ergebnis. Hier hat der Beschädigte für die Widerrechtlichkeit der Handlung des Gehilfen einzustehen. Dies ist aber, wie bereits betont, nur das objektive Moment; ein Verschulden braucht nicht vorzuliegen; also haftet der Beschädigte auch für die Tat eines Geisteskranken. Hier kann er sich entsprechend dem für § 278 ausgeführten nur damit entschuldigen, daß er bei der Auswahl des Gehilfen es nicht an der nötigen Sorgfalt hat fehlen lassen. Nur dann ist er frei.

Besondere Bedeutung verdient angesichts des § 254 Abs. 2 die Frage, wieweit der Grad des Verschuldens des Gehilfen dem Beschädigten anzurechnen ist. Danach § 278 der Beschädigte für das Verschulden seines Gehilfen, wie für eigenes Verschulden einzustehen hat, wird zu folgern sein, daß auch der Grad des Verschuldens des Gehilfen ihm zuzurechnen ist, so daß also grobe Fahrlässigkeit der Hilfsperson gegenüber leichtem Verschulden des anderen Teils zur Abweisung des Anspruchs führen müßte.

Schließlich kann auch die Frage nicht unerörtert bleiben, ob der § 831 nicht auch für den Fall des § 254 Abs. 1 zur Anwendung gelangen kann. Da sich § 831 nicht auf ein Vertragsverhältnis gründet, ist jeder vom Gehilfen in Ausführung der Verrichtung außervertraglich verursachte Schaden vom Beschädigten wie ein eigener zu

---

[13] Vgl. auch Cohn S. 126 f.

vertreten. Daher wird die Anwendbarkeit des § 831 für den § 254 Abs. 1 anzunehmen sein.[14]

VI. Abschnitt.

§ 19. Zivilprozessuale Fragen.

Alles, was wir bisher über das eigene Verschulden des Beschädigten gesagt haben, diente dazu, die materiell rechtlichen Grundlagen aufzudecken und die Folgerungen zu ziehen. Aber wie alle Rechtssätze, so erhalten auch die von uns aufgestellten ihre erhöhte Bedeutung erst dann, wenn die Geltendmachung im Rechtsstreite erfolgen soll, wenn es sich darum handelt, mit den Sätzen, die wir erhalten haben, einen praktischen Erfolg zu erringen, sei es für den Kläger, sei es für den Beklagten. Die Wahrheit eines Rechtssatzes bewährt sich erst im Streite um das Recht.

Wir haben mit dem Sprachgebrauch der Juristen während unserer Ausführungen des öfteren Gelegenheit gehabt, den Ausdruck „Einwand des eigenen Verschuldens" zu verwenden. Es bedarf keiner weiteren Erörterung, daß dieser Einwand eben ein Verteidigungsmittel des Beklagten oder derjenigen Person ist, welche ihn geltend macht. Es ist eine alte Streitfrage, welche Bewandtnis es mit diesen Verteidigungsmitteln, den Exceptionen der Römer, hat; besonders für das BGB. ist man sich noch nicht einig darüber, welche Bedeutung der Einwand hat. Man stellt der „Einrede" des BGB. die Einrede der Zivilprozeßordnung entgegen und begreift unter der letzteren auch die Einwendungen des Bürgerlichen Rechtes. Das BGB. kennt beide Bezeichnungen.[1] Wir können auf diesen Streit hier nicht eingehen, da eine Erörterung hierüber einen Umfang wie die vorliegende Schrift zum mindesten erreichen dürfte, sondern müssen uns beschränken, unsere Ansichten in Kürze darzulegen.

Die Einreden des BGB. sind Gegenrechte,[2] es sind, wie die Motive zum ersten Entwurf sich ausdrücken,[3] „solche Umstände, welche die Befugnis gewähren, die Befriedigung eines Anspruchs verweigern

---

[14] Dies erkennt das OLG. Hamburg an; Rechtsprechung der OLG. II S. 456; vgl. dazu Rospatt in „Das Recht 1902 S. 96.

[1] Vgl. die Zusammenstellung in dem von Jatzow bearbeiteten Register zum Planckschen Kommentar S. 83 und 84 unter „Einrede" und „Einwendung".

[2] Planck, Allgem. Teil, Vorbemerkungen Bd. I S. 49.

[3] Motive I S. 359.

zu dürfen, obwohl der Anspruch an und für sich besteht." Diesen Einreden treten Einwendungen gegenüber, unter denen eine ganz besondere Stellung die sog. rechtshindernden und rechtsvernichtenden Tatsachen einnehmen. Diese entziehen, wie sich die Motive an der oben erwähnten Stelle ausdrücken, „mit und durch ihren Eintritt dem Rechte seinen Bestand; gegen ein nicht oder nicht mehr vorhandenes Recht bedarf es materiell keiner Verteidigung." Die Richtigkeit dieser Ausführungen im einzelnen lassen wir dahingestellt; wir wollen uns dem eigenen Verschulden des Beschädigten wieder zuwenden.

Hier sagt das Gesetz, die Verpflichtung zum Ersatz hängt von den Umständen ab. Damit ist zum Ausdruck gebracht, daß es sich beim eigenen Verschulden nicht um ein Einrederecht handeln kann. Denn nicht ein Leistungsverweigerungsrecht wird dem Schädiger gegeben. Es hört vielmehr für ihn die Verpflichtung zum Ersatze auf, sobald sich der Beschädigte im eigenen Verschulden befindet. Es wird damit dem Rechte der Bestand entzogen, der Beschädigte kann seine Ansprüche nicht mehr geltend machen. Das eigene Verschulden stellt sich sonach als eine rechtshindernde Tatsache und nicht als Einrede im Sinne des BGB. dar.

Es darf aus den bisherigen Ausführungen nun aber nicht gefolgert werden, daß der Eintritt des eigenen Verschuldens den Anspruch des Beschädigten in vollem Umfange aufhebt. Nicht nur, wie oben gesagt, *sobald* ein eigenes Verschulden eintritt, sondern, wie hier hinzugefügt werden muß, auch *soweit* das eigene Verschulden eintritt, hebt es das entstandene Recht auf Schadensersatz auf. Es muß also das Maß des eigenen Verschuldens festgestellt und das letztere dem Verschulden des Schädigers entgegengestellt werden. Soweit dann der Erfolg als Folge des eigenen Verschuldens erscheint, hindert es den Anspruch, es wirkt als sog. rechtshindernde Tatsache.

Es fragt sich nunmehr, wen die Beweislast des eigenen Verschuldens trifft. Da es eine rechtshindernde Tatsache ist, so muß es derjenige beweisen, der es vorschützt.[4]

Es ist behauptet worden,[5] daß sich die Einrede des eigenen Verschuldens im BGB. als eine Unterart der exceptio doli generalis darstelle. Im früheren Recht hatte diese Einrede schließlich die Be-

---

[4] v. Leyden, S. 82 f., der das eigene Verschulden aber als rechtsvernichtende Tatsache auffaßt.

[5] So Schollmeyer § 254 Ziff. 6b.

deutung eines Schutzes gegen ein Klagebegehren, dessen Geltendmachung zwar gesetzlich begründet erschien, „dessen Erfüllung aber eine offenbare Unbilligkeit in sich schließen würde."[6] Den gleichen Erfolg erreicht das BGB. auch, ohne indes das Institut der exceptio doli generalis aufgenommen zu haben. Sie gilt nicht, wie Eck meinte,[7] „ohne positive Anerkennung, gleichsam von Gottes Gnaden;" sie kann vielmehr nur kraft besonderer Vorschrift gelten.[8] Den gleichen Zweck wie die exceptio doli generalis, erreicht das BGB. durch Aufstellung von Vorschriften über Treu und Glauben, wenngleich beides zu scheiden ist.[9] Im § 254 Abs. 2 sind besondere Pflichten aufgestellt, die auf jenem Grundsatz von Treu und Glauben beruhen. Ein Verstoß gegen diese Pflichten ist also ein Verstoß gegen Treu und Glauben und legt dem Beschädigten die Ersatzpflicht ganz oder zum Teil auf.[10] Die Bestimmung des § 254 ist also ein Äquivalent der exceptio doli generalis, aber keine Unterart derselben, wie Schollmeyer unzutreffend meint.[11] Die Bestimmungen des § 254 sind in hervorragendem Maße dazu angetan, eine ausgleichende Gerechtigkeit zu üben, das richterliche Ermessen erhält hier freiesten Spielraum, um im höchsten Maße die Ziele des Rechtes zu verwirklichen.

---

6 RG. in Jur. Wochenschr. 1898 S. 425.28

7 Eck, in der Guttentagschen Sammlung von Vorträgen über den Entwurf Heft 1, Allgem. Teil S. 49.

8 Gl. A. Hachenburg, Vorträge S. 9; Endemann S. 810 Anm. 16; Ramdohr „Rechtsmißbrauch" bei Gruchot Bd. XXXXVI S. 577 ff., bes. S. 600 Anm. 21.

9 Hachenburg S. 10; Romdohr a. a. O.

10 RG. 52 S. 351.

11 zu § 254.

Druck von A. W. Hayn's Erben, Berlin und Potsdam.

Das mitwirkende Verschulden des Beschädigten

bei Schadensersatzansprüchen nach dem Bürgerlichen Gesetzbuch.

Inaugural-Dissertation

zur

Erlangung der Doktorwürde

von der

juristischen Fakultät

der

Königl. Friedrich Wilhelms-Universität zu Berlin

genehmigt

und nebst den beigefügten Thesen öffentlich zu verteidigen

am 25. Juni 1903, 1 Uhr nachmittags

von

Alfred Gottschalk

aus Berlin.

Opponenten:

Herr Kammergerichtsreferendar Gerdes.

" " Dr. Jaeger.

" " Markwald.

Die vollständige Arbeit, von der mit Genehmigung der hohen juristischen Fakultät hier nur ein Teil, die §§. 7—19, gedruckt ist, wird im Verlage von J. Guttentag, Verlagsbuchhandlung, G. m. b. H., in Berlin erscheinen.

Meinen lieben Eltern.

Inhaltsverzeichnis.

Literatur.

v. Bar, Die Lehre vom Kausalzusammenhang im Rechte, besonders im Strafrechte, Leipzig 1871.

v. Bar, Zur Lehre von der Kulpa und dem Kausalzusammenhange im Straf- und Zivilrecht, in Grünhuts Zeitschrift für das Privat- und öffentliche Recht der Gegenwart Bd. 4 S. 21 ff.

Birkmeyer, Über Ursachenbegriff und Kausalzusammenhang im Strafrecht im Gerichtssaal Bd. 87 S. 257 ff. Auch als Sonderabdruck erschienen, Rostock; nach letzterem zitiert.

Bolze, Praxis des Reichsgerichts in Zivilsachen.

Broh, Abstrakte Schadensberechnung beim Verzuge des Verkäufers in der Deutschen Juristen-Zeitung Bd. VI S. 234.

v. Buri, Über Kausalität und deren Verantwortung. Leipzig 1873.

v. Buri, Die Kausalität und ihre strafrechtlichen Beziehungen im Gerichtssaal Bd. 87 (Beilageheft).

Cohn, Untersuchungen zu § 254 des Bürgerlichen Gesetzbuchs bei Gruchot Bd. 43.

Cosack, Lehrbuch des Bürgerlichen Rechts 3. Aufl. Bd. 1.

Crome, System des Deutschen Bürgerlichen Rechts Bd. 1.

Demelius, Über Kompensation der Kulpa in Jherings Jahrbüchern Bd. 5 S. 52 ff.

Dernburg, Pandekten 5. Aufl. 3 Bde.

Dernburg, Das Bürgerliche Recht des Deutschen Reichs und Preußens.

Deutsche Juristen-Zeitung, herausgegeben von Laband, Stenglein, Staub.

Eck, Vorträge über das Recht des Bürgerlichen Gesetzbuchs. Lieferung 2, herausgegeben von Leonhard. Berlin 1902.

Eck, Sammlung von Vorträgen über den Entwurf eines Bürgerlichen Gesetzbuchs, Allgemeiner Teil. Berlin 1896.

Eger, Reichshaftpflichtgesetz.

Endemann, Lehrbuch des Bürgerlichen Rechtes 8. Aufl. Bd. 1.

Endemann, Die Rechtswirkungen der Ablehnung einer Operation seitens des körperlich Verletzten. Berlin 1893.

Enneccerus-Lehmann, Das Bürgerliche Recht Bd. 1.

Entscheidungen des Reichsgerichts in Zivilsachen Bd. 1—52.

Entscheidungen des Reichsoberhandelsgerichts.

Hachenburg, Das Bürgerliche Gesetzbuch. Vorträge 2. Aufl. 1900.

Haß, Über die Verwertbarkeit des Gegensatzes von adäquatem und inadäquatem Kausalzusammenhang in der Lehre vom Interesse in Jherings Jahrbüchern Bd. 37 S. 327 ff.

Hellwig, Lehrbuch des Deutschen Zivilprozeßrechts Bd. I, Leipzig 1903.

Horn, Der Kausalitätsbegriff in der Philosophie und im Strafrecht.

v. Jecklin, Der Entwurf des BGB. bei Gruchot Bd. 36.

v. Jhering, Der Geist des römischen Rechts.

v. Jhering, Scherz und Ernst in der Jurisprudenz.

Juristische Wochenschrift. Organ des deutschen Anwaltvereins.

Knauer, Die höhere Gewalt im Reichsrecht. 1901.

Kohler, Studien aus dem Strafrecht Bd. 1.

Köhler, Umfang der Schadensersatzpflicht in Geld nach dem Bürgerlichen Gesetzbuch. Bonner Inaugural-Dissertation 1901.

v. Kries, Über den Begriff der objektiven Möglichkeit und einige Anwendungen desselben. Vierteljahrsschrift für wissenschaftliche Philosophie Bd. 12. Auch als Sonderabdruck erschienen; nach letzterem zitiert.

Labowsky, Eigenes Verschulden bei Schadensersatzansprüchen. Berlin 1899.

Lammasch, Handlung und Erfolg in Grünhuts Zeitschrift Bd. 9 S. 221 ff.

Laß und Maier, Haftpflichtrecht und Reichsversicherungsgesetzgebung 2. Aufl. München 1902.

Levison, Compensatio culpae. Bonner Inaugural-Dissertation. 1891.

v. Leyden, Die sogenannte Kulpakompensation nach dem Bürgerlichen Gesetzbuch, Berlin 1902.

Liepmann, Einleitung in das Strafrecht, Berlin 1901.

Linckelmann, Die Schadensersatzpflicht aus unerlaubten Handlungen nach dem Bürgerlichen Gesetzbuch für das Deutsche Reich. 1898.

v. Liszt, Lehrbuch des deutschen Strafrechts 10. Aufl.

v. Liszt, Die Deliktsobligationen im System des Bürgerlichen Gesetzbuchs. 1898.

Mill, Logik. Übersetzt von Schiel.

Mommsen, Beiträge zum Obligationenrecht. Bd. II, Zur Lehre vom Interesse.

Motive zum Entwurf eines Bürgerlichen Gesetzbuchs für das Deutsche Reich.

Motive zur Zivilprozeßordnung (Novelle vom 20. Mai 1898).

Nußbaum, Haftung für Hilfspersonen nach § 278 BGB. in Vergleichung mit dem Gemeinen und Landrecht. 1898.

Oertmann, Kommentar zum Bürgerlichen Gesetzbuch Bd. 2, Recht der Schuldverhältnisse.

Oertmann, Die Vorteilsausgleichung beim Schadensersatzanspruch im Römischen und Deutschen Bürgerlichen Recht. Berlin 1901.

Paech, Der Leistungsverzug, eine Studie zum Bürgerlichen Gesetzbuch. Berlin 1902.

Pernice, Marcus Antistius Labeo. Bd. 2, 1. 2. Aufl.

Pernice, Zur Lehre von den Sachbeschädigungen nach römischem Rechte. 1867.

Planck, Bürgerliches Gesetzbuch 6 Bde.

Priester, Compensatio culpae. Erlanger Inaugural-Dissertation. 1896.

Protokolle zum Bürgerlichen Gesetzbuch 2. Lesung (Spahn). 6 Bde.

Radbruch, Die Lehre von der adäquaten Verursachung in v. Liszt, Abhandlungen des kriminalistischen Seminars an der Universität Berlin. Neue Folge Bd. 1 Heft 8. Berlin 1902.

Ramdohr, Rechtsmißbrauch bei Gruchot Bd. 46.

Rechtsprechung der Oberlandesgerichte auf dem Gebiete des Zivilrechts, herausgegeben von Mugdan und Falkmann.

Rospatt in Das Recht, Jahrgang 1902 S. 96.
Ruhm, Das eigene Verschulden des Verletzten als Grund zur Ausschließung der Ersatzpflicht im Gemeinen Recht. Greifswalder Inaugural-Dissertation. 1898.
Rümelin G., Kulpahaftung und Kausalhaftung, Archiv für die zivilistische Praxis Bd. 88.
Rümelin M., Die Verwendung der Kausalbegriffe in Straf- und Zivilrecht im Archiv für die zivilistische Praxis Bd. 90. Auch als Sonderabdruck erschienen; nach letzterem zitiert.
Rümelin M., Der Zufall im Recht.
Rümelin M., Die Gründe der Schadenszurechnung und der Stellung des deutschen Bürgerlichen Gesetzbuchs zur objektiven Schadensersatzpflicht. 1896.
Schneider, Treu und Glauben im Rechte der Schuldverhältnisse des Bürgerlichen Gesetzbuchs. München 1902.
Schollmeyer, Kommentar zum Bürgerlichen Gesetzbuch. Recht der Schuldverhältnisse.
Schopenhauer, Die Welt als Wille und Vorstellung. (Griesebach.)
Schopenhauer, Über die vierfache Wurzel des Satzes vom zureichenden Grunde.
Seuffert, Archiv.
v. Sigwart, Logik Bd. 2.
Staub, Kommentar zum Handelsgesetzbuch 6./7. Aufl. 2. Bde. Berlin 1900.
Staub, Abstrakte Schadensberechnung beim Verzuge des Verkäufers. Deutsche Jur.-Zeitung Bd. 6 S. 160.
v. Staudinger, Kommentar zum Bürgerlichen Gesetzbuch Bd. 2.
Stenographische Berichte zur zweiten und dritten Beratung des Entwurfs eines Bürgerlichen Gesetzbuchs im Reichstage.
Stübel, Über den Tatbestand der Verbrechen. Wittenberg 1805.
Titze, Die Unmöglichkeit der Leistung nach deutschem bürgerlichen Recht. Leipzig 1900.
Verhandlungen des 26. Deutschen Juristentages.
Verhandlungen der Reichstagskommission über den Entwurf eines Gesetzes betreffend Änderungen der Zivilprozeßordnung.
Wach, Die Novelle zur Zivilprozeßordnung in der Deutschen Juristen-Zeitung Bd. 8.
v. Weinrich, Die Haftpflicht wegen Körperverletzung und Tötung eines Menschen nach den im Deutschen Reiche geltenden Rechten. 2. Aufl. Berlin 1902.
Wendt, Eigenes Verschulden in Jherings Jahrbüchern Bd. 31.
Wendt, Die im Verkehr erforderliche Sorgfalt. Archiv für die zivilistische Praxis Bd. 87.
Windscheid in der (Heidelberger) Kritischen Zeitschrift für die gesammte Rechtswissenschaft Bd. 2.
Wundt, Logik Bd. 1. 2. Aufl.
Zitelmann, Das Recht des Bürgerlichen Gesetzbuchs. Allgemeiner Teil. Leipzig 1900.

Einleitung.

§ 1. Das konkurrierende Verschulden und seine Voraussetzungen.

Der § 254 BGB., mit dessen Bestimmungen wir uns im folgenden zu beschäftigen haben, regelt die Lehre vom mitwirkenden Verschulden des Beschädigten bei Schadensersatzansprüchen. Diese Lehre war im gemeinen Recht als „Kulpakompensation" bekannt und ist viel umstritten worden. Die Entstehung der Bezeichnung „Kulpakompensation" stammt aus einigen Stellen der Pandekten, in welchen von einem dolus compensandus[1] gesprochen wird. Insbesondere gehört hierher die berühmte l. 39 D. soluto matrimonio 24,3: paria enim delicta mutua pensatione dissolvuntur sowie die l. 203 D. de R.J. 50,17 quod quis ex sua culpa damnum sentit, non intellegitur damnum sentire. Im Anschluß an die Lehre von der Forderungskompensation und ihre Legaldefinition[2] hat sich die Anschauung gebildet, daß in den Fällen, in welchen auf Seiten des Schädigers und des Beschädigten ein Verschulden vorhanden ist, dieses beiderseitige Verschulden gegeneinander aufgewogen und dadurch die Haftpflicht des Schädigers beseitigt wird, der Beschädigte also infolge seines eigenen Verschuldens keinen Ersatz erhalten kann. Dies ist die allgemeine Auffassung aller Schriftsteller gewesen, die sich mit der Frage beschäftigt haben.

Die jüngere gemeinrechtliche Litteratur ist vorwiegend darauf ausgegangen, die Frage nach dem Rechtsgrund dieser Kulpakompensation zu lösen. Mommsen, Demelius, Pernice, v. Bar, Wendt[3] haben in

---

[1] l. 3 § 3 D. de eo per quem 2,10: ab utraque parte dolo compensando; l. 57 § 3 D. de contr. empt. 18,1 dolo inter utramque partem compensando.

[2] l. 1 pr. D. de comp. 16, 3.

[3] Mommsen, Die Lehre vom Interesse S. 157; Demelius, Über Kompensation der Kulpa in Iherings Jahrbüchern V S. 52 ff.; Pernice, Sachbeschädigungen

der verschiedensten Weise versucht das Problem zu entwickeln,[4] ohne jedoch zu einem einigermaßen annehmbaren Resultat — Wendt ausgenommen — gelangt zu sein. Vorwiegend ist das unbefriedigende Ergebnis auf die irrige Vorstellung von der Kompensation zurückzuführen, welche hier eingriff und stets die Erinnerung an die Forderungskompensation weckte, obwohl man sich bewußt war, daß es sich doch nur um einen bildlichen Ausdruck handeln könne. Einigermaßen befreit von diesen Anschauungen hat sich erst Wendt, welcher ausführt,[5] daß es auf die Abwägung des Verschuldens ankommen solle; je nachdem das Verschulden des Beschädigten dem des Schädigers gleich sei oder es übertreffe, sei die Ersatzpflicht zu bestimmen. Danach werden die sich aus dem Verschulden ergebenden Leistungen aufgerechnet und aufgewogen, so daß z. B. bei gleichem Verschulden auf beiden Seiten der Beschädigte keine Ersatzforderung geltend machen kann. Wollen wir vorläufig gegen eine derartige Anwendung des Kompensationsbegriffes (vgl. aber unten) nichts einwenden, so ist andererseits nicht zu verkennen, daß auch bei Wendt der alte Begriff der Kulpakompensation noch seine Wirkungen übt; denn er sieht sich genötigt, eine Trennung der Fälle eigentlicher Kulpakompensation von anderen Fällen vorzunehmen, in denen von uneigentlicher Kompensation gesprochen wird,[6] eine Unterscheidung, die vermieden wäre, wenn er überhaupt jene Bezeichnung vermieden hätte.

Es ist einleuchtend und wird nunmehr auch allgemein anerkannt, daß es eine Kompensation der Kulpa im Sinne einer Aufrechnung und Aufwägung überhaupt nicht geben kann. Es ist die Kulpa keine Größe, welche mit einer anderen derart in ein Aufrechnungsverhältnis gebracht werden kann, daß dabei ein Überschuß, ein Saldo, wenn man diesen Ausdruck hier verwenden darf, herauskommt. Das ein-

S. 58 f., Labeo II; v. Bar, Kausalzusammenhang S. 22 f. bes. S. 27, S. 181; in Grünhuts Zeitschrift Bd. IV S. 21. Wendt in Jherings Jahrbüchern Bd. XXXI S. 137 ff., S. 148 ff.; vgl. ferner Levison Compensatio culpae, Bonner Inaug.-Diss., Priester compensatio culpae, Erlanger Inaug.-Diss. 1896; Ruhm, Das eigene Verschulden des Verletzten als Grund zur Ausschließung der Ersatzpflicht im gem. R., Greifswalder Inaug.-Diss. 1898; Labowsky, Eigenes Verschulden bei Schadensersatzansprüchen 1899; Endemann, Rechtswirkungen der Ablehnung einer Operation S. 51 ff.; v. Leyden, Kulpakompensation S. 20.

[4] Die genauere Darstellung der einzelnen Lehren, vgl. Priester aus §§ 1—6. Auch Levison a. a. O.

[5] A. a. O. S. 148 ff., bes. S. 165 f.

[6] A. a. O. S. 151, 166; vgl. Priester a. a. O. S. 81, 76 f.

mal in die Erscheinung getretene Verschulden bleibt bestehen, es kann nicht retrotrahierend durch ein auf der Seite des Beschädigten eintretendes Verschulden aufgehoben werden. Wollte man dies annehmen, so wäre die ganz natürliche Folge, daß auch die mit dem Verschulden in unmittelbarem Zusammenhange stehende Zurechnungsfähigkeit und Verantwortlichkeit ex post fortfallen müßte. Die einmal vorhandene Verantwortlichkeit bleibt bestehen; eine andere Frage ist es, wie weit die Folgen dieser Verantwortlichkeit reichen, d. h. wie weit die Haftung geht, wie groß ihr Umfang ist.

Nicht „aufgewogen" also kann das Verschulden werden, sondern nur „abgewogen". Der Richter hat zu prüfen, auf welcher Seite ein schwereres Verschulden vorliegt. Dies tut er unter völliger Aufrechterhaltung des einmal vorhandenen Verschuldens. Auf wessen Seite sich dann das größere Verschulden ergibt, ist bedingend für den Umfang des Schadens. Nun ist aber hierfür kein fester Maßstab aufzustellen, sondern es entscheidet der einzelne Fall unter Berücksichtigung aller Umstände. Weil die einzelnen Leistungen ausgeglichen werden können, ist es aber nach unserer Ansicht nicht begründet, diesen Kompensationsgedanken auszudehnen auf das Verschulden und von einer Kompensation der Kulpa zu sprechen.[7]

Dem gegenüber tritt der Gedanke der Abwägung in stärkerem Maße hervor. Lange Zeit hat es gewährt, bis er zum Durchbruch gelangte, selbst die Judikatur war schwankend; wir haben die verschiedenartigsten Entscheidungen der höchsten Gerichte, die sich für und wider das Prinzip aussprechen.[8] Hätte man in der gemeinrechtlichen Lehre compensatio culpae mit „Abwägung des Verschuldens" wiedergegeben, so wäre viel Streit vermieden worden. Denn es steht u. E. nichts entgegen compensatio im Sinne von Abwägung, dem eigentlichen und ursprünglichen Sinne des Wortes, aufzufassen, besonders da in den Pandekten selbst pensatio mehrfach für compensatio gesetzt ist.[9] Es erscheint aber angebracht, nach dem bisher angeführten das

[7] Der Kompensationsgedanke hat Pernice, Sachbeschädigungen S. 62, dazu geführt nur dolus mit dolus und culpa mit culpa in das Aufrechnungsverhältnis zu setzen.

[8] Dagegen z. B. Oberstes LG. Bayern, Seuffert Bd. XXXV Nr. 285; OLG. Braunschweig, das. Bd. XXXXIV Nr. 86. Vgl. die in der Abhandlung von Wendt zahlreich erwähnten Entscheidungen.

[9] Z. B. l. 7 § 2 D. de comp. 16,2; l. 7 § 2 D. de neg. gest. 3,5; l. 3' D. sol. matr. 24,3. Das RG. 51 S. 278 spricht von „Vergleichung" beiderseitigen Verschuldens.

Wort Kulpakompensation, überhaupt aus dem Spiele zu lassen und durch einen geeigneteren Begriff zu ersetzen. Man hat in der Literatur und Judikatur den u. E. viel zutreffenderen Begriff des konkurrierenden oder wie das BGB. § 254 sagt, des mitwirkenden Verschuldens des Beschädigten, welcher dem vollständig entspricht, was die gemeinrechtliche Theorie unter Kulpakompensation verstand, der sogar insofern noch besser ist, als er die Scheidung der eigentlichen von der uneigentlichen Kulpakompensation unnötig macht.[10] Denn, wie noch auszuführen sein wird, setzt das mitwirkende Verschulden des Beschädigten durchaus kein Verschulden des Schädigers und Haftpflichtigen voraus; es fallen daher unter den Begriff alle jene Fälle, die man im gemeinen Recht dem Kompensationsgedanken zu Liebe ausgeschlossen hatte.[11] Es kommt nicht darauf an, ob beide Teile im Verschulden sind, sondern nur darauf, ob eine Verpflichtung zum Ersatz auf Seiten des Schädigers unabhängig von jedem Verschulden besteht und ob ein die Haftung ausschließendes Verschulden des Beschädigten selbst vorhanden ist.[12]

Der Abwägungsgedanke und nicht der Kompensationsgedanke scheint es schließlich auch zu sein, der den Entscheidungen der römischen Juristen zu Grunde gelegen hat. Von den zahlreichen Stellen, die zur Untersuchung herangezogen worden sind, halten die meisten nicht Stand. Nur wenige sind schließlich übrig geblieben; Priester hat in seiner eingehenden Analyse unter den wirklichen Beispielen für die Kulpakompensation nur vier Stellen im ganzen gefunden, von denen er in der einen, l. 52 pr. D. ad leg. Aqu. 9,2 nur eine partielle Kulpakompensation sehen will.[13] Die Stelle scheidet insofern schon ganz aus, als es sich gar nicht um ein mitwirkendes Verschulden des Beschädigten, sondern um einen Eingriff eines Dritten handelt. Die

---

10 Die von Haß a. a. O. S 415 vorgeschlagene Formulierung ist m. E. erstens zu umständlich, wie Haß selbst bemerkt, sodann aber bezieht sie sich auf die Haftung und garnicht auf die Kompensation. Die treffende Bezeichnung des BGB. „mitwirkendes Verschulden des Beschädigten" läßt zugleich erkennen, daß ein Verschulden eines Dritten nicht in Frage steht. Ich würde es für einen großen Vorteil für die Lehre vom Verschulden und vom Schadensersatz halten, wenn der Begriff Kulpakompensation aus der juristischen Literatur völlig verschwände. Für Beibehaltung der Bezeichnung Köhler, Umfang der Schadensersatzpflicht S. 55.

11 Vgl. Priester a. a. O. S. 42 ff., der unter den von ihm angenommenen Beispielen der eigentl. Kulpakompensation noch wieder scheinbare Beispiele geschieden hat, § 24 S. 57 ff.

12 So auch Wendt S. 156, der nur den Gedanken nicht strikte durchgeführt hat.

13 Priester a. a. O. § 25 S. 67 ff.

von Priester zum erstenmal in der Lehre der Kulpakompensation erwähnte l. 30 pr. D. ad leg. Aqu. 9, 2

qui occidit adulterum deprehensum servum alienum, hac lege non tenebitur

dürfte kein glücklich gewähltes Beispiel für unsere Lehre sein, und es wird wohl seinen Grund gehabt haben, warum die Stelle niemals als Quellenbeispiel für die Kulpakompensation verwandt worden ist. U. E. bleiben überhaupt nur zwei Stellen übrig, in denen das Kompensationsprinzip anzuwenden wäre, aber auch hier ist von einer Kompensation nach unserer Meinung gar keine Rede. Die erste Stelle ist l. 11 pr. D. ad leg. Aqu. 9, 2

Item Mela scribit, si, cum pila quidem luderent, vehementius quis pila percussa in tonsoris manus eam deiceret et sic servi, quem tonsor habebat, gula sit praecisa adiecto cultello: in quocumque eorum culpa sit, eum lege Aquilia teneri. Proculus in tonsore esse culpam: et sane si ibi tondebat, ubi ex consuetudine ludebatur vel ubi transitus frequens erat, est quod ei imputetur: quamvis nec illud male dicatur, si in loco periculoso sellam habenti tonsori se quis commiserit, ipsum de se queri debere.

Proculus und Ulpian sind verschiedener Meinung; Mela hat die Frage in dubio gelassen. Proculus sagt, der Barbier ist in culpa, denn wenn er an einer so gefährdeten Stelle rasiert, so sind ihm die daraus entstehenden Folgen zuzuschreiben. Auch den Sklaven, so ist der zwischen den Zeilen liegende Gedankengang des Proculus zu ergänzen, trifft ein Verschulden, denn er braucht sich nicht an einer gefährdeten Stelle rasieren zu lassen; wenn man sich aber überlegt, welch ein Leichtsinn dazu gehört, an einer so gefährdeten Stelle andere zu rasieren, so kommt man zu der Überzeugung, daß das Verschulden des Sklaven ein geringeres ist, und wenn man beides abwägt, so kommt man zu dem Ergebnis, daß der Barbier infolge seines größeren Verschuldens haftbar ist — est quod ei imputetur; in tonsore esse culpam. Wäre hier der Kompensationsgedanke verwandt, so hätte die culpa des Barbiers gegen die des Sklaven aufgerechnet werden müssen und es hätte keiner für haftbar erklärt werden dürfen.[14] Ulpian

[14] Es ist interessant zu bemerken, daß die Karolina im Art. 146 ein gleiches Beispiel gewählt und kasuistisch entschieden hat; den Fall der l. 11 pr. l. c. entscheidet sie wie Proculus. Daß bei Anwendung des Kompensationsprinzips kein Teil für haftbar hätte erklärt werden können, folgt daraus, daß culpa gegen culpa,

geht dagegen von der entgegengesetzten Überlegung aus und sagt, es liegt auf beiden Seiten ein Verschulden vor — das ergibt der letzte Satz — das Verschulden des Sklaven ist aber ein größeres, denn er braucht sich an einer so gefährdeten Passage keinem Barbier anzuvertrauen. Entsteht ihm daraus ein Schaden, daß er es dennoch tut, so hat er sich diesen selbst zuzuschreiben. Denn da sein Verschulden das größere ist, so trifft ihn, wenn man abwägt, die Verantwortlichkeit. Es würde auch hier der Kompensationsgedanke die Haftpflicht ausschließen müssen, da culpa gegen culpa steht.

Die zweite Stelle ist l 28 pr. D. ad. leg. Aqu. 9,2:

> Qui foveas ursorum cervorumque capiendorum causa faciunt, si in itineribus fecerunt, eoque aliquid decidit factum deterius est, lege Aquilia obligati sunt: at si in aliis locis, ubi fieri solent, fecerunt, nihil tenentur. Haec tamen actio ex causa danda est, id est si neque denuntiatum est neque scierit aut providere potuerit: et multa huius modi deprehenduntur, quibus summovetur petitor, si evitare periculum potuerit.

Es ist nach Lage des Falles abzuwägen, das ist der kurze Inhalt des letzten Satzes, wen ein größeres Verschulden trifft. Wenn der Kläger in den Graben fällt an einer Stelle, wo derartige Gräben gelegt zu werden pflegen, so ist er überhaupt allein in Schuld, es kann von einem Kompensationsgedanken nicht die Rede sein. War der Graben aber an einer belebten Straße angelegt und fällt der Kläger in den Graben, so ist der Beklagte ersatzpflichtig. Es kommt vor allem darauf an, ob der Beschädigte irgend wie gewarnt war, oder wußte, daß an der betreffenden Stelle Gräben gelegt waren. In dem ersten Falle überwiegt das Verschulden des Beschädigten, im zweiten das Verschulden der Schädiger. Auch hier kann nur aus dem Gedanken der Abwägung heraus die Entscheidung gegeben werden; ein Kompensieren würde die ratio der Entscheidungen, wen die culpa trifft, nicht rechtfertigen.

Es tritt uns also in diesen Fällen nicht eine Kompensation entgegen, sondern nur das Prinzip abzuwägen, auf wessen Seite das größere Verschulden liegt. Ist dies auf Seiten des Klägers festgestellt, so ist der Schaden als durch seine Schuld entstanden an-

---

oder da die Quellen nur von beiderseitiger negligantia sprechen l. 10 pr. D. de comp. 16,2, negligentia gegen negligentia steht und hierbei kein Unterschied der Grade gemacht wird, wie etwa zwischen dolus und culpa.

zusehen; hier greift die Regel des Pomponius aus l. 203 D. d. R. 50,17 ein.[15]

Wenn wir nunmehr den Gedanken der Kompensation endgültig verlassen und auf das Prinzip der Abwägung zurückkommen, welches Wendt dargelegt hat, so wird für das mitwirkende Verschulden des Beschädigten eine zweite Frage zu lösen sein, die im gemeinen Recht ebenfalls umstritten war, ob nämlich der Abwägung das Verursachen oder das Verschulden zu Grunde zu legen ist. Pernice und v. Bar[16] sehen den Ausschluß der Haftung des Schädigers in der Unterbrechung des Kausalzusammenhanges zwischen der Tat des Schädigers und der des Beschädigten, Wendt[17] dagegen legt auf das Verschulden das Hauptgewicht; es kommt ihm darauf an die verschiedenen Grade des Verschuldens abzuwägen. Dieser Auffassung ist auch der erste Entwurf des bürgerlichen Gesetzbuchs § 222 gefolgt.[18] Es muß „bei der Entstehung des von einem anderen verschuldeten Schadens eine Fahrlässigkeit des Beschädigten . . . mitgewirkt" haben, um die Ersatzpflicht und den Umfang derselben durch den Schädiger zu begründen. Es ist also ein Abwägen beiderseitigen Verschuldens erfordert, der Entwurf sagt: „Das Gericht hat bei der Entscheidung insbesondere zu würdigen, ob und inwiefern das Verschulden des anderen oder die Fahrlässigkeit des Beschädigten überwogen hat." Vorausgesetzt ist dabei, wie die Motive sagen,[19] daß durch das eigene Verschulden der Kausalzusammenhang nicht unterbrochen wird. Der zweite Entwurf § 248 änderte diese Bestimmung ab und faßte den ersten Satz in gleicher Weise wie auch der § 254 Abs. 1 BGB. gefaßt ist. Dabei sagen die Protokolle:[20] „Als der für die Abgrenzung der Ersatzpflicht vorzugsweise maßgebende Umstand wird nicht die Schwere des beiderseitigen Verschuldens, sondern das Kausalverhältnis bezeichnet."[21]

---

15 Praktische Bedeutung ist insofern der ganzen Frage heute nicht mehr beizulegen, da ja das BGB. endgültig mit dem Kompensationsgedanken gebrochen hat. Das Prinzip der Kompensation ist ein wie gesagt ganz unnatürliches, da das Verschulden des Täters, wenn es geringer ist, als das des Beschädigten in letzterem aufgehen müßte und umgekehrt. Das ist der grobe Fehler, den wir bekämpfen und den wir auch den römischen Juristen nicht zutrauten.

16 Pernice, Sachbeschädigungen S. 173 f., Bar, Kausalzusammenhang S. 27. Ebenso Haß, a. a. O. S. 416.

17 Wendt, a. a. O. 165.

18 Vgl. Motive II S. 28 f.

19 A. a. O. S. 24.

20 Protokolle II S. 602. RG. 51 S. 277.

21 Vgl. v. Jecklin bei Gruchot Bd. 36 S. 861 f.

Das BGB. § 254 Abs. 1 hat sich demnach grundsätzlich auf den Standpunkt gestellt, daß es in erster Reihe das Ursachenverhältnis entscheiden läßt. Nach dem Zusammenhange der Bestimmung ist es aber unerläßlich auch das auf beiden Seiten vorhandene Verschulden in Betracht zu ziehen.[22] In welchem Verhältnis beide zueinanderstehen, kann an dieser Stelle nicht untersucht werden, das Gesetzbuch hat nicht eine kasuistische Regelung gegeben, es hat die Entscheidung im einzelnen Fall von dessen Umständen abhängig gemacht. Es handelt sich nicht, wie Endemann zutreffend bemerkt,[23] um eine „mechanische Verursachungskompensation", sondern um eine Verteilung des Schadens, welche auf dem Gedanken einer sorgsamen Abwägung des Falles beruht. Es ist zum mindesten — wie schon hier bemerkt werden soll — eine Abwägung der Intensität der Verursachung geboten.

Damit hat sich das BGB. auf den Standpunkt von Pernice, v. Bar und Haß gestellt, indes auch hier nicht prinzipiell gesagt, daß das mitwirkende Verschulden eine Unterbrechung des Kausalzusammenhanges bedeute. Es wird sich vielmehr auch hier aus dem Einzelfall ergeben, ob eine Unterbrechung oder ob ein Mitwirken im eigentlichen Sinne derart vorliegt, daß nicht erkennbar hervortritt, wer den Schaden vorwiegend verursacht hat. Bei gleichen Ursachen treten gleiche Wirkungen ein, d. h. der Schaden ist von beiden Teilen gemeinsam zu tragen.

Sieht das Gesetz den Rechtsgrund des mitwirkenden Verschuldens des Beschädigten in dem Gedanken der Abwägung, so regelt es die Voraussetzungen dieses Instituts im allgemeinen entsprechend der Lehre des jüngeren gemeinen Rechtes. Vorausgesetzt ist

1. Die Entstehung eines Schadens.
2. Ein Haftgrund des Schädigers.
3. Ein mitwirkendes Verschulden des Beschädigten, welches seinerseits bestehen kann
   a) in einem Tun (§ 254 Abs. 1),
   b) in einem Unterlassen (Abs. 2).
4. Die auf Grund der Voraussetzungen zu 2 und 3 streitige Verpflichtung zum Ersatze des Schadens.

Danach gibt uns das Gesetz selbst eine Handhabe zur systematischen Anordnung der Darstellung. Wir werden in einem ersten Abschnitt

---

[22] Dernburg, Bürgerl. Recht II Abt. 1 S. 75, ebenso Planck, Ziff. 1 zu § 254; S. unten § 14.

[23] Einführung S. 595.

die allgemeinen Voraussetzungen des § 254 BGB. behandeln; sodann im zweiten Abschnitt das mitwirkende Verschulden des Beschädigten einer genaueren Untersuchung unterziehen und im dritten Abschnitt von dem Umfang und Ersatz des Schadens sprechen. Daran schließen sich einige spezielle Fragen.

I. Abschnitt.

Die allgemeinen Voraussetzungen des § 254 BGB.[1]

§ 2. Die Entstehung des Schadens.

So mannigfache Fragen und Probleme auch im § 254 enthalten sind, wenn man die Bedeutung dieses Paragraphen auf seine Zweckbestimmung ansieht, wird man trotz aller Spezialfragen die Verteilung der Schadenslast als seinen wesentlichsten Inhalt betrachten müssen. § 254 enthält eine Regel für diese Verteilung und spricht damit ein Rechtsprinzip von allgemeiner Bedeutung aus. Dem entspricht auch sein Platz im System des Gesetzes unter den allgemeinen Bestimmungen der Lehre vom Schadensersatz. Nur da, wo ein Schaden entstanden ist, kann § 254 zur Anwendung kommen.

Was das Gesetz unter Schaden versteht, spricht es nicht besonders aus, es ergibt sich aber, daß es nichts anderes darunter versteht, als die Wissenschaft des gemeinen und des preußischen Rechtes. Demnach ist Schaden bezeichnet als Nachteil, der uns trifft, und zwar besonders als Vermögensnachteil.[2] Einen Anhaltspunkt für eine eventuelle Begriffsbestimmung könnte allein § 249 gewähren; danach müßte man sagen: Schaden ist die Verletzung eines rechtlich geschützten Zustandes. Dagegen enthält das Gesetz eine Scheidung des Schadens in Vermögensschaden und Schaden, der nicht Vermögensschaden ist (§ 253). Der letztere kann jedoch nur in den besonders erwähnten Fällen gefordert werden;[3] wir können ihn daher mit Recht aus der folgenden Betrachtung ausscheiden. Der Vermögensschaden ist seinem Grunde nach entweder kontraktlicher oder außerkontraktlicher Schaden; d. h. aus unerlaubten Handlungen entstandener. Für beide Arten gelten im allgemeinen die gleichen Bestimmungen. Die besonderen für den

[1] Soweit im folgenden nicht nähere Bezeichnungen für die Paragraphen gegeben sind, werden stets solche des BGB. gemeint.

[2] Dernburg, Pandekten II § 44. Bürgerl. Recht II Abt. 1 § 24; Endemann, Einführung, § 128. Vgl. v. Liszt, Deliktsobl. S. 1 ff.

[3] Z. B. §§ 847, 1300.

außerkontraktlichen Schaden gegebenen Vorschriften sollen hier nicht behandelt werden.[4]

Ist der Schaden demnach ein den Menschen in seinen Rechtsgütern treffender Nachteil, so drängt sich die Frage auf, wo und wie er in dem Rechtskreise des Individuums auftritt und welchen Umfang er annehmen kann. Wir haben es also mit zwei Momenten zu tun und müssen die Entstehung des Schadens von dem entstandenen Schaden scheiden. Zwischen diesen beiden Punkten, die weiter von einander entfernt oder näher aneinander liegen können, bewegt sich die Entwickelung des Schadens, wächst er oder mindert er sich, bis er eine übersichtliche, wenn auch nicht immer ziffermäßig bestimmbare Gestalt angenommen hat.[5] Unter dem Begriff der Entstehung des Schadens ist daher die Entwickelung des Schadens von seinem ersten Auftreten an zu verstehen. In diesem Sinne spricht auch der § 254 von einer „Entstehung des Schadens".

Es ergiebt sich aber nunmehr die weitere Frage, ob dieses erste Auftreten erst im Augenblick des Eingriffs in die Rechtssphäre des Beschädigten stattfindet oder ob es zurückzudatieren ist auf den Zeitpunkt der schädigenden Handlung. Für den Fall, daß beide Momente so unmittelbar aufeinander folgen, hat diese Frage keine besondere Bedeutung. Es wird hier die Entstehung des Schadens zugleich mit der schädigenden Handlung angenommen, so z. B. wenn ich einen Gegenstand, etwa eine Vase, umwerfe und zerbreche. Hier fällt die Entstehung des Schadens und das Entstandensein des Schadens unmittelbar zusammen. Schwieriger ist dagegen die Frage, wenn zwischen dem Auftreten der schädigenden Handlung und dem Eintreten von deren Folgen ein größerer Zwischenraum liegt. Hierher könnte der bekannte Fall zu zählen sein, wenn A an B eine Höllenmaschine schickt, welche durch das Öffnen der Kiste, in der sie verpackt war, explodiert und den B verletzt; hierher gehört ebenfalls der vom Reichsgericht behandelte Fall,[6] in welchem jemand durch einen Brief, in dem er eine unrichtige Empfehlung gibt, einem andern einen Schaden zufügt.

Obwohl man eine Entstehung des Schadens erst in dem Augenblick annehmen kann, in welchem er tatsächlich in der Rechtssphäre des Beschädigten in die Erscheinung getreten ist, muß man doch den genannten Zeitpunkt zurückbeziehen auf den Augenblick, in welchem

---

[4] Vgl. Dernburg, Bürgerl. Recht II Abt. 2 S. 626 f.

[5] Schollmeyer, § 254 Ziff. 2; Cohn bei Gruchot Bd. XXXXIII, S. 112.

[6] RG. 19 S. 383.

seine Ursache durch die verpflichtende Handlung gegeben war, d. h. die Entstehung des Schadens wird auf den Zeitpunkt zurückgeführt, in welchem die verpflichtende Handlung begangen ist.[7]

Das Gesagte kann von Bedeutung werden im Konkurse des Ersatzpflichtigen. Denn wenn eine schädigende Handlung zur Zeit der Konkurseröffnung vorliegt, so kann der Beschädigte, wenn auch der Schaden erst nach der Konkurseröffnung entstanden ist, doch seine Schadensersatzforderung anmelden, denn die Pflicht zum Ersatz bestand bereits. Ebenso kann im Konkurse des Beschädigten der Konkursverwalter, wenn ein Schaden nach Eröffnung des Konkurses entsteht, die Begehungshandlung aber bereits zur Zeit der Eröffnung des Verfahrens vorlag, den Ersatzanspruch gegen den Beschädiger geltend machen.

Der Unterschied in der Zeit zwischen der Begehung der Handlung und dem Eintritt des Schadens kann von Bedeutung werden z. B. bei der Verjährung. Deutlich spricht dies § 11 Abs. 2 des Ges. zur Bekämpfung des unlauteren Wettbewerbes aus: „Für die Ansprüche auf Schadensersatz beginnt der Lauf der Verjährung nicht vor dem Zeitpunkt, in welchem ein Schaden entstanden ist.[8] Das Gleiche ließe sich auch für das BGB. sagen.[9]

Die Entstehung des Schadens ist beendet, wenn man die Folgen des Schadens übersehen kann.

§ 3. Die Haftpflicht des Schädigers.

Eine zweite allgemeine Voraussetzung für die Anwendung des § 254 ist die Haftpflicht des Schädigers, die wir in ihren allgemeinen Grundzügen gleichfalls kurz behandeln können. Fehlt sie, so kann von einem vorwiegenden Verursachen des einen oder des anderen Teiles nicht mehr die Rede sein. Hier kommt der Fall in Betracht, wenn der Täter nicht in dem vom Gesetz erforderten Verschulden sich befindet. Dann entfällt die Haftung.

Der Grund der Haftung kann verschieden sein; sie braucht nicht auf einem Verschulden zu beruhen. Diese Regelung hat das Gesetz abweichend vom Entwurf I. § 222 gegeben, in welchem auf seiten des Schädigers ein Verschulden, auf seiten des Beschädigten eine

---

[7] Schollmeyer § 254; vgl. v. Leyden, Kulpakompensation S. 44 f.

[8] Die letzten Worte bedeuten nur den Eintritt des Schadens, nicht etwa den entstandenen in dem Sinne, seinem Umfange nach feststehenden, wie wir eingangs des Paragraphen ausführten.

[9] Dies folgt aus § 249 in Verbindung mit § 194.

Fahrlässigkeit gefordert war. Dadurch, daß man die Änderung vornahm, hat man erreicht, daß nunmehr die Ersatzpflicht des Schädigers nicht auf schuldhaften Tun zu beruhen braucht.

Die Haftung wird im Einzelfall durch eine konkrete Handlung begründet, sie kann sich aus der ganzen juristischen Lage des Schädigers ergeben, z. B. bei der Eisenbahn nach dem Haftpflichtgesetz, beim Tierhalter. Die zum Ersatz verpflichtende Handlung kann an sich sogar bisweilen eine völlig gesetzmäßige sein, z. B. wenn jemand auf Grund eines vorläufig vollstreckbaren Urteils pfänden läßt (§ 717 Abs. 2 CPO.); erst mit dem Eintritt der Aufhebung dieses Urteils zu Gunsten der gepfändeten Partei tritt mit Rückziehung die Ersatzpflicht ein. Nur muß ein Verschulden des Beschädigten mitgewirkt haben, wenn § 254 anwendbar sein soll.

Planck[1] meint, die Ersatzpflicht trete auch ein, wenn der Ersatzpflichtige infolge einer übernommenen Garantie hafte. Er selbst ist sich bewußt, daß die Vorschrift des § 254 ihrem Wortlaute nach nicht anwendbar sei; da es sich um einen zufälligen, nicht um einen von dem Ersatzpflichtigen verursachten Schaden handele. Den Grundgedanken des § 254 hält er für anwendbar, er führe dahin, abzuwägen „ob der Schaden vorwiegend durch den Zufall oder durch das Verschulden des Beschädigten verursacht worden ist". Wir glauben, daß in diesen Fällen der Garantie und in sonstigen Fällen, in denen eine Tätigkeit irgend welcher Art seitens des Ersatzpflichtigen nicht vorliegt, eine Anwendung der Grundsätze des § 254 ausgeschlossen ist. Denn wie der Begriff des Mitwirkens sagt, soll ein Schaden durch beiderseitige Tätigkeit entstehen, nur dann kann von einem Verursachen die Rede sein.[2]

Das Verschulden des Schädigers kann nach allgemeinen Grundsätzen Vorsatz oder Fahrlässigkeit sein.

Daß die Haftpflicht auf einem Tun beruhen muß, ist nicht gesagt, es kann ebenso das Mitwirken in einem Unterlassen bestehen. Nur müssen die bereits entwickelten sonstigen Voraussetzungen der Unterlassung vorhanden sein.

Liegt auch eine Haftpflicht des Schädigers vor, so kommt als drittes Erfordernis ein mitwirkendes Verschulden des Beschädigten hinzu. Dieses Erfordernis bietet aber einerseits zu so mannigfachen

---

[1] § 254 Ziff. 5.

[2] Über die Haftung des Tierhalters vgl. RG. 51 S. 278.

Fragen Anlaß und stellt sich andererseits als Hauptproblem des § 254 dar, so daß wir seine Besprechung einem besonderen Abschnitt überlassen müssen.

II. Abschnitt.

Das mitwirkende Verschulden des Beschädigten.

§ 4. 1. Der Begriff des Mitwirkens.

Während das Gesetz auf Seiten des Schädigers die bloße Haftpflicht ohne Rücksicht auf ein Verschulden fordert, verlangt es auf Seiten des Beschädigten ein schuldhaftes Mitwirken bei der Entstehung des Schadens; eine Mitwirkung des Beschädigten die nicht schuldhaft ist, begründet daher keine Anwendung des § 254. Während der Richter Verschulden und Mitwirken gewissermaßen uno actu prüft, müssen wir, in der systematisch-theoretischen Untersuchung, jeden Begriff besonders behandeln und die aus ihm sich ergebenden Konsequenzen ziehen. Wir behandeln zunächst das Mitwirken; das Verschulden, soweit es für den § 254 Besonderheiten enthält, wird in den folgenden Paragraphen dargestellt.

Die Bedeutung des Mitwirkens liegt, wie sich aus dem § 254 ergibt, in einem zweifachen: es muß sich einmal auf die Entstehung des Schadens beziehen, sodann aber für den Erfolg maßgebend sein. Daraus folgt, daß das Mitwirken die Frage nach dem Kausalzusammenhange regelt. Es muß, und dies ergibt sich aus der kausalen Bedeutung des Begriffs, zunächst ein Kausalzusammenhang bestehen zwischen der Handlung des Täters und dem Erfolg und sodann zwischen der Handlung des Beschädigten und dem Erfolg. Jede dieser Handlungen beginnt eine besondere Kausalreihe, beide aber vereinigen sich und führen e i n e n Erfolg herbei. Dies ist, unter dem Gesichtspunkt der Kausalität betrachtet, das Wesen des Mitwirkens. Eine Vereinigung beider Tätigkeiten erzeugt den Schaden; hierbei ist zu beachten, daß wir unter dem Vereinigen nicht ein Ineinanderübergehen der Kausalreihen verstehen, sondern ein Verbundensein zu einer Einheit, gleich wie man mehrere Sachen zu einer einheitlichen verbinden, kombinieren kann. Daher hat auch das Reichsgericht von dem Mitwirken eines Tuns oder einer Unterlassung des Beschädigten als einer „kombinierten Kausalität" gesprochen.[1]

Es tauchen bei dieser Frage wiederum die verschiedenen Probleme

[1] Jur. Wochenschr. 1899, S. 169 Nr. 181.

der Kausalität auf. Seltsam erscheinen hier die Ausführungen Rümelins,[2] welcher meint, die beiden Vorgänge, die Handlung des Dritten[3] und die Handlung des Beschädigten müßten condiciones sine qua non der eingetretenen Schadenswirkung sein; ob man sage, sie müßten auch im adäquaten Kausalzusammenhange stehen, sei ohne praktischen Belang, denn wenn jener nicht gegeben sei, könne auch § 254 nicht angewandt werden. Wenn Rümelin in diesen Fällen, in denen es sich doch gerade einmal um eine Anwendung des Kausalbegriffes handelt, seiner Theorie nicht mehr Bedeutung beilegt, als der von ihm bekämpften der condicio sine qua non, wenn er sich nur auf ihre allgemeine Anwendbarkeit überhaupt beruft, so zeigt dies, daß die adäquate Theorie auf recht schwacher Basis steht.

Wir können uns Rümelins Ausführungen nicht anschließen, sondern glauben, daß die von uns vertretene Lehre auch hier zu einigermaßen brauchbaren Ergebnissen führt. Wenn wir soeben die doppelte, „kombinierte" Kausalität erwähnten, so bedeutet dies nach unserer Auffassung, daß ein doppelter Eingriff in die Rechtssphäre des Beschädigten erfolgt sein muß, wobei hier die leicht hereinzuziehende Frage nach dem eigenen Verschulden des Beschädigten völlig außer Betracht bleibt. Der Kausalzusammenhang, d. h. der sich aus dem Eingriff ergebende Veränderungsprozeß, setzt sich aus beiden „kombinierten" Kausalreihen zusammen und bildet einen Schadenserfolg, dessen Umfang nun allerdings verschieden sein kann, je nach der Mitwirkung der Beteiligten. Nun muß sich aber ein Kriterium finden lassen, nach welchem eine Handlung tatsächlich als mitwirkende erscheint, so daß sie in mehr oder weniger großem Maße zum Erfolge beizutragen geeignet ist. Den Gegensatz bildet die Handlung, die den Zusammenhang unterbricht oder dem bestehenden Entwickelungsprozeß eingerechnet wird. Hier scheint mir die adäquate Theorie zu versagen. Erinnern wir uns dagegen des von uns gemachten Unterschiedes zwischen den kausal selbständigen und den kausal unselbständigen Handlungen, so werden wir sagen, daß von einem Mitwirken im Sinne des § 254 nur bei den kausal selbständigen Handlungen die Rede sein kann. Diese sind von uns als diejenigen bezeichnet worden, welche entweder einen neuen Veränderungsprozeß erzeugen oder sonst

[2] Kausalbegriffe S. 189.

[3] Von der Handlung eines Dritten zu sprechen, halten wir hier für verfehlt; es kann leicht die Vermutung aufkommen, als ob auch mitwirkendes Verschulden anderer Personen als des Schädigers und des Beschädigten gemeint sei.

eine neue Kausalreihe begründen können. Wenn z. B. A. bei B. Waren bestellt und B. diese Waren schuldhaft zu spät liefert, wozu auch ein Verschulden des A. beigetragen hat, so daß A. an C. dem er die Waren weiter verkauft hat, eine Konventionalstrafe zahlen muß, so ist durch das Verhalten des A. ein Mitwirken bei der Entstehung des Schadens gegeben, durch diese Handlungsweise wird eine neue Kausalreihe begründet,[4] welche zusammen mit der durch B. erzeugten den Erfolg herbeiführt. Dagegen wird in dem von uns mehrfach zitierten Fall,[5] wenn jemand z. B. beim Versuch einen anderen zu retten, verletzt wird, ein kausales Mitwirken bei der Entstehung des Schadens in der Regel nicht angenommen werden. Es liegt zwar auch ein gewisses Mitwirken des beschädigten Retters vor, es kann sogar ein vielleicht überaus leichtsinniges Verhalten mitgespielt haben; das charakteristische Moment, welches für den § 254 in Betracht kommt, fehlt aber; denn von einer selbständigen neuen Kausalreihe ist nicht die Rede. Es ist ein derartiger Eingriff vom Beschädigten in seine eigene Rechtssphäre nicht erfolgt, so daß seine Handlungsweise bei der Entstehung des Schadens mitwirken könnte. Die Entscheidung im Einzelfall werden die jeweiligen Umstände ergeben.

Diese werden besonders auch erkennen lassen, ob sich das Mitwirken als ein derartiges herausstellt, daß man es als Unterbrechung des Kausalzusammenhanges bezeichnen muß. Letztere scheidet sich vom Mitwirken, wie es soeben dargestellt ist, dadurch, daß der Eingriff des Beschädigten die Wirkung der Handlung des Täters auf den Erfolg hin aufhebt und den weiteren Erfolg selbst herbeiführt, so daß die Entstehung des Schadens und seine Entwickelung nicht mehr auf einer **mitwirkenden** Tätigkeit beider Teile beruht, sondern vom Beschädigten allein erzeugt ist.

Das Mitwirken ist sonach eine Art der „Mitursache", welch letztere auf der Annahme mehrerer Eingriffe in die Rechtssphäre beruht.[6] Die Mitursache enthält aber außer diesem Mitwirken im Sinne des § 254 noch eine andere Art des Mitwirkens, die der Mittäterschaft, von welcher das Mitwirken im Sinne des § 254 streng zu scheiden ist.

Die Mittäterschaft ist ein deliktischer, im Anschluß an die Bestimmungen des Strafgesetzbuchs (§ 47 ff.) gebildeter Begriff, welchen

[4] Vgl. ROHG. 18 S. 197; RG. 19 S. 25. Diese Fälle liegen allerdings etwas anders und sind hier verändert angewandt.

[5] RG. 29 S. 120.

[6] AM. v. Leyden, S. 41.

das BGB. im § 830 erwähnt und den es dahin bestimmt, daß eine von mehreren gemeinschaftlich begangene unerlaubte Handlung vorliegen muß. Dem gleich stehen die Fälle, in welchen es nicht ersichtlich ist, wer von mehreren Beteiligten den Schaden durch seine Handlung verursacht hat, sowie die Fälle der Anstiftung und der Beihülfe. Daß die Gemeinschaftlichkeit der Begehung auf einem bewußten und gewollten Zusammenwirken beruhen muß, ist nicht erfordert,[7] es kann auch der Fall der „Nebentäterschaft", wie v. Liszt ihn nennt, vorliegen. Jedenfalls aber ergiebt sich, daß das Zusammenwirken im Sinne der „Mittäterschaft" stets nur auf Seiten der Schädiger vorliegen kann, nie aber auf Seiten mehrerer mitwirkender Beschädigter. Denn wenn sie auch durch ihre Handlungen oder Unterlassungen gemeinschaftlich bei der Entstehung des Schadens mitgewirkt haben, so fehlt doch hier das Moment der unerlaubten Handlung; gegen sich selbst gibt es eine unerlaubte Handlung nicht; daher kann von einer Mittäterschaft im Sinne des § 830 nicht die Rede sein. Ebensowenig ist dies daher der Fall bei der Mitwirkung eines Beschädigten und eines Schädigers, hier liegt nicht ein gemeinschaftliches Begehen einer unerlaubten Handlung im Sinne des § 830 vor. Sind mehrere Beschädigte vorhanden, so kann durch eigene Mitwirkung nur derjenige mit seinen Ersatzansprüchen ausgeschlossen werden, in dessen Person sie vorliegt.

Da das Mitwirken ein Kausalverhältnis darstellt, kann es sich an sich, wie wir anderen Orts ausgeführt haben, nicht der Qualität, sondern nur der Intensität nach verändern. Indessen hat diese Frage hier keine besondere Bedeutung. Denn da das Mitwirken in einem Verschulden bestehen muß, so wird es mehr auf den Grad des Verschuldens, als den des reinen Mitwirkens ankommen.

Der Begriff des Mitwirkens setzt ein Tätigwerden, ein Eingreifen in den Gang der Ereignisse voraus; es besteht aber nicht nur in einem Tun, sondern kann, wie § 254 Abs. 2 besonders betont, gleicherweise in einem Unterlassen bestehen. Wir haben aber bereits ausgeführt, daß die Kausalität der Unterlassung nur da gegeben ist, wo eine Pflicht zum Handeln besteht. Diese Pflichten zählt das Gesetz im § 254 Abs. 2 auf. Wir werden diese Lehren erst in den folgenden Paragraphen darstellen können.

Der Beschädigte muß „bei der Entstehung des Schadens" mitgewirkt haben. In welchem Zeitpunkt die Mitwirkung stattgefunden

[7] Vgl. Planck § 880 Anm. 1; v. Liszt, Lehrb. d. Strafr. § 50.

hat, kann dabei ganz außer Betracht bleiben. Der häufigste Fall wird der sein, daß eine Handlung des Schädigers der des Beschädigten vorangegangen ist und der letztere nunmehr im Lauf der Entwickelung des Schadens durch seine Handlung auf dieselbe einwirkt. Es kann aber die Mitwirkung tatsächlich in dem gleichen Augenblick eintreten, wie die Handlung des Schädigers, sie kann ebenso auch vor der letzteren liegen.[8] Diese Fragen sind ziemlich unbestritten. Die Hauptsache ist eben nur, daß beide Faktoren zusammen den Schaden herbeigeführt haben. Die Zahl der Einzelfälle ist eine so große und die Art der Mitwirkung eine so verschiedene, daß es unmöglich ist, eine kasuistische Darstellung zu geben.[9]

2. Der Begriff des Verschuldens des Beschädigten.

§ 5. a) Voraussetzungen.

An anderer Stelle haben wir die allgemeinen Voraussetzungen und Wirkungen des Verschuldens sowie seine Arten, den Vorsatz und die Fahrlässigkeit behandelt und haben gesehen, daß es sich als eine gegen andere Personen gerichtete Tätigkeit darstellt. Von dieser allgemeinen Begriffsbestimmung macht der § 254 insofern eine Ausnahme, als er von einem eigenen Verschulden des Beschädigten spricht, welches also seine Wirkungen nicht auf den Rechtskreis anderer Personen, sondern auf den des Beschädigten selbst erstreckt. Diese besondere Bedeutung des Begriffs hat zu zahlreichen Kontroversen geführt.

Die ersten Meinungsverschiedenheiten treten uns sogleich entgegen, wenn wir nach dem Grunde der Anrechnung des eigenen Verschuldens fragen. Jenen Grund hat man verschieden zu bestimmen versucht und den Unterschied des sogenannten eigenen Verschuldens von dem gegen andere gerichteten in der Art des Werturteils gefunden.[1] Zitelmann hat das eigene Verschulden als ein „Verschulden gegen sich selbst" bezeichnet. Es ist aber eine derartige Bezeichnung nicht zutreffend; es ist auch durchaus nicht ersichtlich, daß sie für die Klärung der so bestrittenen Frage etwas beizutragen imstande ist;

---

[8] Vgl. Rümelin, a. a. O. S. 189 f.; Schollmeyer § 254 Anm. 2.

[9] Die Fälle des wechselseitigen Schadens, in welchem also beide Teile sich gegenseitig beschädigen, fallen nicht unter die Bestimmung des § 254. Hier ist nicht von einem Mitwirken, sondern von einem Entgegenwirken die Rede (Cohn a. a. O. S. 115). Wir müssen die zuletzt besprochenen Fragen im folgenden Paragraphen von einem anderen Gesichtspunkt betrachten.

[1] Zitelmann, Das Recht des BGB. Bd. I S. 166 ff.

Verwechselungen mit dem eigenen Verschulden im Gegensatz zum fremden Verschulden, sind, wie Rümelin zutreffend hervorhebt,[2] nicht zu befürchten; wir halten daher die Bezeichnung „eigenes Verschulden" wie sie auch die Reichsgesetzgebung in dem von uns gebrauchten Sinne benutzt[3] bei, glauben aber, daß die Bezeichnung „mitwirkendes Verschulden des Beschädigten" noch richtiger die Bedeutung der betroffenen Rechtsverhältnisse zum Ausdruck bringt.

Die von Zitelmann vorgetragenen Gründe sind nicht stichhaltig. Er führt einmal die Mißbilligung des eigenen Verhaltens auf sittliche Motive zurück. Diese wollen wir völlig beiseite lassen, da sich aus ihrer Betrachtung nichts ergibt, was für die rechtliche Beurteilung von Erheblichkeit sein könnte. Sodann aber sagt er, erfolge die Mißbilligung vom eigenen Interessenstandpunkt aus, es sei eine objektive Mißbilligung des Verhaltens geboten. Eine Rechtspflicht bestehe nicht, daher könne das Verhalten „weder objektiv noch subjektiv rechtswidrig sein". Nicht recht erklärlich erscheint es nach den letzten Worten, überhaupt noch von einem Verschulden, und besonders einem Verschulden gegen sich selbst zu sprechen.

Es dürfte sich zunächst um die von Zitelmann angeschnittene Frage handeln, ob denn überhaupt keine Rechtspflicht für den Handelnden, d. h. den Beschädigten besteht, sei es nun eine Rechtspflicht gegen sich selbst, sei es gegen den anderen Teil, d. h. den Schädiger. Zitelmanns Standpunkt vertritt insbesondere Rümelin,[4] während Endemann und v. Liszt eine Rechtspflicht des Beschädigten zum Andershandeln annehmen.[5]

Diese Frage ist nach unserer Meinung nicht ohne weiteres in dem einen oder dem anderen Sinne zu beantworten. Zunächst gilt hier in Bezug auf die eigenen Angelegenheiten sicherlich der Grundsatz, daß man über seine Person sowie über sein Vermögen nach eigenem Gutdünken verfügen kann, solange nicht ein Recht eines anderen dadurch in Mitleidenschaft gezogen wird, z. B. jemand zerbricht einen ihm gehörigen Gegenstand, man veräußert seine Sachen &c. Was insbesondere das Recht an der eigenen Person anlangt, so kann man frei über dieselbe verfügen; es besteht keine gesetzliche Vorschrift,

---

[2] A. a. O. S. 141.

[3] Reichshaftpflichtgesetz § 1; Postgesetz § 6.

[4] S. 141 f.

[5] Endemann, S. 598; v. Liszt, Deliktsobligationen S. 84. Vgl. aber wegen dieser Ausführungen unten Anm. 8.

die den Selbstmord mit Strafe belegt. Ausgenommen ist die freie Verfügung nur da, wo höhere Verpflichtungen, z. B. gegen den Staat obwalten, wie denn auch § 142 StGB. die Selbstverstümmelung um sich der Wehrpflicht zu entziehen, mit Strafe belegt.

Da aber das einzelne Individuum nicht bestehen kann, ohne mit anderen in Berührung zu kommen, so ist die Folge, daß seine Rechtskreise sich mit denen der anderen berühren. Dies kann nun, und darauf kommt es uns hier an, derart geschehen, daß der andere ein Recht, z. B. ein Anrecht auf eine bestimmte Art des Verhaltens, an meinem Vermögen, bezw. dessen Teilen erhält. Damit hört die oben geschilderte Unbeschränktheit aber auf.

Denn sobald das Interesse eines anderen sich mit dem meinen berührt, muß ich mein Handeln so einrichten, daß ich durch Verfügung in meinen Angelegenheiten den anderen Teil möglichst in seinen Rechtsgütern ungestört lasse. Dies bedeutet aber, daß ich durch mein Handeln den in meine Rechtssphäre hineinragenden Anspruch eines anderen nicht verkümmern darf. Ausfluß dieser Anschauungen ist das Chikaneverbot.[6] Da ein anderes Handeln schadensersatzpflichtig macht, so ist anzunehmen, daß für den Handelnden eine Rechtspflicht besteht. Diese kann wiederum eine eigentliche Rechtspflicht sein, welche durch das Gesetz direkt vorgeschrieben ist oder eine Verkehrspflicht, d. h. eine Pflicht, die nach Treu und Glauben zu handeln gebietet, auch wo ein Gesetz es nicht direkt ausspricht. Dadurch aber, daß das Gesetz dies anerkennt, macht es ein derartiges Handeln zur Vorschrift. So besteht also eine Verpflichtung zur Rücksichtnahme auf andere.

Es fragt sich nunmehr, wie sich ein Handeln charakterisiert, durch welches ein Schaden in der eigenen Rechtssphäre sowohl wie in der des anderen entsteht. Das Wesentliche dabei ist, daß **auch** die eigene Rechtssphäre, eventuell **diese allein** eine Einbuße erleidet. Stellt sich ein solches Handeln als ein Verschulden dar? Die Rechtswissenschaft spricht vom eigenen Verschulden. Die Frage ob der allgemeine Begriff des Verschuldens in der Lehre vom eigenen Verschulden eine besondere Bedeutung hat, soll unten behandelt werden. Hier kommen nur die Normalfälle in Frage. Es ist nach § 254 ein Verschulden, d. h. eine schuldhafte Handlung des Beschädigten erfordert. Es müssen demnach die allgemeinen Voraussetzungen des Verschuldens

---

[6] § 226. Sehr klar tritt dieser Grundsatz u. a. in der Lehre von den Bedingungen hervor; vgl. z. B. §§ 160, 161.

überhaupt, wie sie oben dargelegt sind, vorhanden sein. Daher muß das Verschulden des Beschädigten begrifflich dasselbe sein, wie das Verschulden gegen einen anderen. Der Erfolg ist auf dieselben Bedingungen zurückzuführen, wie bei jedem Verschulden, nur daß die Folgen sich in dem Rechtskreise des Täters selbst zeigen. Es kann danach das eigene Verschulden im Vorsatz sowie in Fahrlässigkeit bestehen. Meist wird letztere in Frage stehen; sie allein hatte der erste Entwurf auch im Auge, da er nur von einer mitwirkenden „Fahrlässigkeit des Beschädigten" sprach. Der Beschädigte hat daher für die Folgen seiner Handlung einzustehen, d. h. das was er selbst verschuldet hat, kann er nicht von einem anderen ersetzt verlangen. Dieser allgemein anerkannte, von Mommsen aufgestellte Satz gilt auch für das BGB. Wir können also einen Wesensunterschied des eigenen Verschuldens dem Verschulden gegen andere gegenüber nicht sehen, sondern halten beides für wesensgleich.

Nunmehr aber kommen wir zu der, oben — ohne Rücksicht auf ein Verschulden, — gegebenen Unterscheidung zurück. Ist durch eigenes Verschulden in dem Vermögen des Beschädigten ein Schaden entstanden, so weit das Vermögen der unbeschränkten Verfügung unterliegt, d. h. ohne daß ein anderer daran ein rechtliches Interesse hat, so ist ein derartiges Verschulden überhaupt irrelevant; z. B. jemand zerbricht vorsätzlich eine ihm gehörige Vase.

Tritt die schuldhafte Handlung mit ihrem Erfolg aber in den Kreis der zwar der eigenen Sphäre unterworfeneu Rechtsgüter, die aber mit Rücksicht auf das Recht eines anderen nicht mehr unbeschränkt der eigenen Verfügung unterworfen sind, so tritt der Begriff des eigenen Verschuldens in seine rechte Bedeutung. Hier hat der Beschädigte sein Verschulden dem anderen gegenüber zu vertreten; was er selbst verschuldet hat, kann er wie soeben gesagt ist, nicht vom anderen ersetzt verlangen. Dies gilt sowohl dann, wenn das Verschulden des Beschädigten allein den Schaden herbeigeführt hat[7] (eigentlicher Fall des eigenen Verschuldens), als auch, wenn der andere den Beschädigten seinerseits beschädigt und dieser durch seine schuldhafte Handlung mitwirkt (Fall des eigenen mitwirkenden Verschuldens; auch eigenes Verschulden genannt). Letztere Fälle behandelt der § 254 ex professo. Gerade in diesen Fällen greift die Mommsensche Regel

[7] Zu beachten ist hier, daß die Wirkung dieselbe ist, wie in dem Fall, in welchen ein Recht an der Handlung nicht besteht, daß aber die rechtlichen Voraussetzungen ganz andere sind.

ein, mag es sich um ein Vertragsverhältnis handeln oder ein außervertragliches Verhältnis. Wenn A. den B. verletzt und dieser den Schaden durch eigenes Verschulden vergrößert, etwa indem er den Verband abreißt, so kann er den hierdurch entstehenden Schaden nicht von A. ersetzt verlangen.

Wir haben bisher die Voraussetzungen des eigenen Verschuldens in der Weise darzulegen versucht, daß wir es auf seine Elemente zurückführten. Wenn wir nunmehr zusammenfassend nach dem Wesen und dem Grunde seiner Anrechnung fragen, so wird nach dem bisher gesagten Zitelmann und Rümelin insofern Recht zu geben sein, daß es sich meist auf die eigenen Angelegenheiten erstrecken wird. Doch ist dies nicht ausreichend genug, denn in vielen Fällen werden die Rechtskreise anderer in Mitleidenschaft gezogen. Hierbei stehen zu bleiben und das Verhalten des eigenen Verschuldens allein vom eigenen Interessenstandpunkt aus zu mißbilligen, ist unmöglich. Es ist vielmehr weiter zu gehen und zu sagen, daß das eigene Verschulden deshalb gemißbilligt wird, d. h. den Ersatzanspruch mindert, oder ausschließt, weil es Rechts- und Verkehrspflichten verletzt, welche eine Rücksichtnahme auf andere Personen, d. h. den Schädiger, verlangen und rücksichtslos egoistisches Handeln ausschließen. Wir stehen somit auf dem Standpunkt, das wir das eigene Verschulden einerseits als eine Mißbilligung vom eigenen Interessenstandpunkt aus ansehen, andererseits aber im eigenen Verschulden auch einen Verstoß gegen fremde Interessen erblicken. Dies können wir dadurch, daß wir eine Rechtspflicht annehmen so zu handeln, daß man den anderen Teil nicht in seiner rechtlichen Lage beeinträchtigt. Dies ist unbedingt anerkannt nicht nur für das eigene Verschulden durch Unterlassungen (§ 254 Abs. 2), bei welchem Endemann und v. Liszt es annehmen[8], sondern bei Handlungen. Es ist daher auch nicht erfindlich, wie man hat sagen können, daß man zu einer Rechtspflicht gegen den Verletzenden „allenfalls auch mittelst einer verkünstelten Zugrundelegung bedingter Pflichten auf dem Schadensersatzgebiet" gelangen kann.[9] Dies ist angesichts des § 254 um so merkwürdiger,

---

[8] Endemann, a. a. O. S. 598, v. Liszt S. 84; vgl. Rümelin S. 164, auch S. 141, wo demnach das Zitat zu Anm. 75 das. nicht angebracht ist. Wenn Rümelin S. 168 bei § 254 Abs. 2 keine Rechtspflicht annimmt, sondern auf Treu und Glauben abstellt, so verkennt er, daß die Rücksichtnahme hierauf auch eine Verkehrs- und Rechtspflicht enthält. Seine Ansicht ist daher nicht zutreffend.

[9] Rümelin, S. 162 Anm. 202.

da ja doch hier der Gesichtspunkt der Schadensverteilung auf Rechtspflichten beider Teile zurückgeführt wird. Wir halten im Gegenteil gerade nach den Bestimmungen des § 254 die Annahme einer Rechtspflicht gegen den Schädiger für unumgänglich nötig und meinen, daß die dies leugnende Ansicht den tieferen Rechtsgrund der ganzen Lehre verkennt.

Es ist nunmehr leicht begreiflich, daß man aus der Annahme, es handele sich um einen besonders gearteten Begriff des Verschuldens, folgerte, daß das Verschulden des Beschädigten sich durch hervorstechende Eigenheiten vor dem gewöhnlichen Verschulden auszeichne.

Während nach der herrschenden Meinung das Verschulden sich allein auf die verursachende Handlung, nicht aber an die daraus entspringenden Folgen sich bezieht, d. h. also daß man, von einigen besonderen Fällen, z. B. § 826 abgesehen, eine Voraussehbarkeit des Schadens nicht annimmt, ist für den Fall des eigenen Verschuldens die Ansicht vertreten worden, daß das Verschulden des Beschädigten gerade in der Voraussehbarkeit des Schadens bestehe und sich gerade auf diesen beziehe.[10] v. Liszt, der diese Ansicht besonders vertritt, ist aber den Beweis hierfür schuldig geblieben. Er kommt zu dem Resultat, daß demnach das Verschulden auf Seiten des Beschädigten und des Schädigers verschieden bestimmt sei. Dies ist aber u. E. eine unmögliche Konsequenz. Einen Versuch, diese Ansicht zu begründen, unternimmt Cohn,[11] indem er sagt, daß Verschulden solle sich „gerade auf die Entstehung des Schadens beziehen". Hier scheint die Verwechselung darin zu liegen, daß Cohn das Mitwirken des Verschuldens „bei der Entstehung des Schadens" auf die dadurch herbeigeführte Schadensfolge bezieht, die er nur in anderem Sinne ebenfalls eine Entstehung des Schadens nennt. Dazu gibt aber das Gesetz keine Veranlassung. Das eigene Verschulden ist in seinen Wirkungen, wie wir sehen, insofern anders geartet, als es sich auf die eigene Rechtssphäre des Beschädigten miterstreckt. Damit ist aber nicht gesagt, daß nun der Beschädigte diese Folge voraussehen mußte. Daß es in vielen Fällen tatsächlich geschieht, kann nicht dazu führen, die Voraussehbarkeit des Schadens in den Begriff des eigenen Verschuldens aufzunehmen. Wenn der Beschädigte durch eine fahrlässige oder vor-

---

[10] So v. Liszt Deliktsobl. S. 82; Cohn bei Gruchot 43 S. 110, der in dem nach § 254 Abs. 1 geforderten Moment der Voraussehbarkeit eine günstigere Lage des Beschädigten erblickt.

[11] A. a. O. S. 110.

sätzliche Handlung mitwirkt, so besteht die Fahrlässigkeit in der Voraussehbarkeit der schadenden Handlung, der Vorsatz in deren Voraussicht. Die daran sich weiter anschließenden Folgen werden ihm zur Last gelegt, ohne daß er sie zu kennen brauchte. Die definitive Schadenswirkung soll ja nach § 254 gerade der Beurteilung unterzogen werden. Unmöglich kann der Beschädigte diesen Erfolg dadurch entkräften, daß er behauptet, er habe diese Schadenswirkung nicht vorhersehen oder wissen können und etwa einen dahingehenden Eid leistet. Dann wäre der Gedanke des § 254 vereitelt. Wenn wir schließlich in dem Verschulden des Beschädigten zugleich ein schuldhaftes Handeln gegen den Schädiger sehen, so dürfte darin ein gegen andere gerichtetes Verschulden involviert sein, für welches man sicherlich, den Normalfällen gemäß, keine Vorhersehbarkeit annehmen könnte.

Zweifelhaft könnte die Frage für die Fälle des § 254 Abs. 2 sein, ob nämlich bei diesen nicht eine Vorhersehbarkeit des Schadens vom Gesetz erfordert wird. Hier müssen wir die Frage insoweit bejahen, als sie sich auf die Anzeigepflicht bezieht, im übrigen müssen wir sie verneinen, wenn wir auch anerkennen, daß in zahlreichen Fällen eine Vorhersehbarkeit des unterlassenden Beschädigten gegeben ist. Das Verschulden beschränkt sich auf die Unterlassungen, sagt das das Gesetz. Damit ist nur zum Ausdruck gebracht, daß das schuldhafte Verhalten sich auf die Unterlassung beziehen muß, d. h. darauf, daß der Beschädigte die ihm auferlegten Rechtspflichten des Minderns und Abwendens verabsäumt. Daß er den hierdurch entstehenden Schaden vorhersehen konnte, ist nicht erfordert.

Mithin braucht also das eigene Verschulden sich nicht auf den dem Beschädigten schädlichen Erfolg zu beziehen.[12] Das von Rümelin zum Beweise für seine Behauptung aufgestellte Beispiel ist aber nicht geeignet, für alle Fälle vorbildlich zu sein. Der Dieb, der bei Gelegenheit des Diebstahls durch eine Fahrlässigkeit des Bestohlenen verletzt worden ist, verlangt von dem letzteren Schadensersatz. Rümelin will diesen Anspruch aberkennen, „obwohl das Verschulden des Diebes sich keineswegs auf die Verletzung seines eigenen Körpers bezogen hat, die betreffende Verletzung vielmehr von ihm in keiner Weise vorauszusehen war.“ Diese Entscheidung mag im einzelnen Falle richtig sein, es muß aber nach dem Wortlaut des § 254 berücksichtigt

---

[12] Rümelin, S. 140, 163.

werden, ob denn die schuldhafte Mitwirkung tatsächlich „bei der Entstehung des Schadens" mitgewirkt hat. Wird der Beschädigte bei der Begehung einer unerlaubten Handlung abgefaßt und von dem Verletzten dabei verletzt, so wird die Entstehung des Schadens nicht bis auf die vom Diebe begangene unerlaubte Handlung zurückzuführen sein, so sehr man auch den Begriff ausdehnen kann. Es wird vielfach ein Zusammenhang zwischen beiden Handlungen vorliegen, die Entstehung des in concreto geltend gemachten Schadens wird nicht ohne weiteres bei der Begehung der unerlaubten Handlung beginnen. So ist folgender Fall zur Entscheidung der Gerichte gelangt:[13] A. wird bei der Begehung des Ehebruchs mit der Frau des B. abgefaßt und von B. im Affekte getötet. Die Erben bezw. die Witwe des A. klagt gegen B. auf Schadensersatz. Dieser wendet nach § 846 eigenes Verschulden des Getöteten A. ein. Das OLG. hielt diese Einrede nicht für durchgreifend; es führt aus, daß, wenn auch zwischen dem Ehebruch und dem Entschlusse des Beklagten B., den A. zu töten, kausaler Zusammenhang bestand, doch nicht ersichtlich ist, daß bei der Entstehung des Schadens, d. h. der Tötung, ein Verschulden des Getöteten mitgewirkt habe. Diese Entscheidung halten wir für zutreffend. Zwischen dem Ehebruch und der Tötung ist, wie das Gericht annimmt, ein Zusammenhang vorhanden. Auf eine Vorhersehbarkeit seitens des Getöteten bezüglich dieser Schadensfolge kommt nichts an; die Entstehung des Schadens ist mit der verletzenden Handlung des B. begonnen, ein Mitwirken des A. liegt nicht ersichtlich vor. Anders wäre der Fall zu beurteilen, wenn A. etwa auf B. losgegangen wäre; denn dann wäre ein mitwirkendes Verschulden anzunehmen. Ohne weiteres kann man ein Recht des B., den A. zu töten, nicht annehmen. Es ist also stets abzuwägen, ob das Verschulden des Beschädigten bei der Entstehung des Schadens auch tatsächlich mitgewirkt hat. Ein anderer, vom Reichsgericht[14] entschiedener Fall, ist der folgende. Der Kläger hatte unbefugt die Jagd ausgeübt; der Beklagte verfolgt ihn und hält dabei das Gewehr, dessen Hahn gespannt war, so, daß als zufällig der Schuß losging, Kläger verletzt wurde. Beklagter wandte eigenes Verschulden des Beschädigten ein; das RG. erachtete die Einrede mit der Begründung nicht für durchgreifend, daß die unbefugte Jagdausübung kein Verschulden an der eingetretenen Verletzung involviere, da der Kläger

[13] Rechtsprechung der OLG. II S. 440.
[14] Seuffert Bd. XXXXI Nr. 89.

diese Verletzung als mögliche Folge seines widerrechtlichen Tuns nicht habe voraussehen können und nur unter dieser Bedingung ein Verschulden angenommen werden könne. Unserer Meinung nach käme es für die Entscheidung, die in ihrem Endresultat richtig ist, nicht auf die letztgenannten Umstände an. Denn eine Vorhersehbarkeit ist ist nicht erforderlich, wie wir sahen. Im vorliegenden Falle hat aber „bei der Entstehung des Schadens" ein Verschulden gar nicht mitgewirkt. Der Schaden entstand allein dadurch, daß das Gewehr des Beklagten durch dessen Unvorsichtigkeit losging und infolge der Haltung des Gewehrs den Kläger beschädigte. Hier ist von einem mitwirkenden Verschulden der Beschädigung „bei der Entstehung des Schadens" gar nicht die Rede. Daß eine unerlaubte Handlung vorherging, ist ohne jede Bedeutung für die hier allein wesentliche Frage. Anders läge auch hier der Fall, wenn der Beklagte dem Kläger ein „Halt" zugerufen und dann, falls letzterer nicht stehen blieb, geschossen hätte. Es läge dann auf Seiten des Klägers eine Fahrlässigkeit vor, und zwar jetzt „bei der Entstehung des Schadens".

Die angeführten Fälle zeigen zur Genüge, daß es nicht möglich ist, ein allgemeines Prinzip für die Entscheidung aufzustellen, daß es vielmehr auf den Einzelfall ankommen muß, um zu einem richtigen Ergebnis zu gelangen. Es ist aber ebenfalls ersichtlich, daß bei dem eigenen Verschulden des Beschädigten prinzipiell eine Voraussehbarkeit des Schadens nicht erforderlich ist, d. h. daß das Verschulden des Beschädigten sich garade auf den Schaden beziehen muß. Es hat sich vielmehr auf die verletzende Handlung selbst zu erstrecken; daß ein Schaden vorhergesehen wird, kann und wird sehr oft vorkommen.

§ 6. b) Die Bedeutung des eigenen Verschuldens.

Wir sprachen bisher immer von einem „Verschulden" des Beschädigten in dem allgemein technischen Sinne. Man hat nun gemeint, dies genüge für den § 254 nicht, sondern es sei das Verschulden auch in einem nichttechnischen Sinne zu verstehen.[1] Die Behandlung dieser Materie ist eine äußerst schwierige; wir werden den Darstellungen, welche sie bisher erfahren hat, nachgehen und daraus unsere Schlußfolgerungen ziehen.

[1] Endemann S. 595; Rümelin S. 145ff.; Cohn S. 116; v. Liszt Deliktsobligationen S. 81f.; Schollmeyer § 254 Ziff. 8. Verschulden „in uneigentlichem Sinne" nimmt an Enneccerus Bd. II S. 405. Crome, Allgemeiner Teil S. 496f. Laß=Maier, Haftpflichtrecht S. 66; Köhler S. 55; v. Leyden S. 67.

Endemann scheidet in seinem Lehrbuche zwei Fälle. Er sagt dem Schädiger müsse die Berufung auf § 254 gestattet sein, „auch wenn ein Geisteskranker sich der Gefahr ausgesetzt hat oder wenn ein Verantwortungsunfähiger[2] durch einen Unfall auf der Straße ausgleitet und überfahren wird". Wir wenden uns zunächst dem ersten Falle des Geisteskranken zu und müssen den Grundgedanken auf alle Fälle der Unzurechnungsfähigkeit ausdehnen. Hier aber wird wiederum eine Scheidung notwendig. Es müssen die Fälle auseinander gehalten werden, in denen der Unzurechnungsfähige durch sein sogen. eigenes Verschulden bei einer unerlaubten Handlung und in denen er in einem Obligationsverhältnis in Betracht kommt.

1. Was die Deliktsfälle anlangt, so nehmen Endemann und Rümelin die Anwendbarkeit des § 254 an, d. h. sie lassen eine Einrede des eigenen Verschuldens zu, während besonders v. Liszt und Schollmeyer sich dagegen erklärt haben.[3] Die beiden ersten also nehmen ein Verschulden in einem erweiterten d. h. nichttechnischen Sinne an, wenn sie es gegen einen Geisteskranken, bezw. Unzurechnungsfähigen gestatten. Die Begründung, mit welcher sie ihre Ansicht verteidigen, ist verschieden.

Endemann[4] geht von der inkorrekten Fassung des § 254 in seinen Eingangsworten aus. Er sagt mit Recht, ein Verschulden könne nicht als solches kausal sein. Statt nun aber, wie wir es annehmen, für „Verschulden" die „schuldhafte Handlung" zu setzen,[5] deutet er „mit dem Volkssprachgebrauche" um: „war er selbst schuld daran, d. h. hat er die Ursache gesetzt oder die Gelegenheit u. s. w. herbeigeführt". Eine solche Umdeutung ist aber besonders dem § 254 gegenüber unangebracht. Denn wenn auch bisweilen selbst in dem genau gefaßten BGB. Verursachen und Verschulden gleichgestellt wird, ist gerade im § 254 ein beabsichtigter Unterschied zwischen dem Verschulden des Beschädigten und dem vorwiegenden Verursachen gemacht worden. Es ist daher eine Umdeutung, wie sie Endemann vornimmt, willkürlich und kann nur als verfehlt bezeichnet werden. Nach dieser Wendung ist es verständlich, wenn Endemann die Anwendung des § 254 dem Geisteskranken gegenüber zuläßt. Er sieht

[2] Soll jedenfalls heißen ein „Verantwortungsfähiger".

[3] Vgl. Anm. 1.

[4] S. 596 Anm. 4.

[5] Vgl. v. Liszt a. a. O. S. 81. Vgl. zu dem folgenden auch Titze, die Unmöglichkeit der Leistung S. 137f.

in ihm nicht ein eigenes Verschulden, wie wir es im technischen Sinne verstehen, sondern ein eigenes „Verursachen". Dies wäre, als rein tatsächlicher Kausalbegriff genommen, an sich auch bei einem Geisteskranken gestattet; es kann nur dem § 254 gegenüber aus den dargelegten Gründen nicht zugelassen werden. Das Verschulden bedeutet hier nichts anderes wie auch sonst.

Wir wenden uns den Ausführungen Rümelins zu. Er leitet seine Schlüsse aus § 829 ab. Wenn es zulässig sei, den Unzurechnungsfähigen nach billigem Ermessen für seine Schadensstiftungen ersatzpflichtig zu machen, so müsse es auch möglich sein, seine Ersatzansprüche nach billigem Ermessen zu kürzen oder zu kassieren, falls sie selbst den Schaden vorzugsweise verursacht haben. Er bildet das Beispiel, daß ein Geisteskranker, dessen Krankheit der Angreifer nicht kannte, sich ganz unsinnig benimmt und sich dadurch den Tod oder eine schwere Verletzung zuzieht. Hier könne man nur mit dem § 254 helfen und müsse — was ohne Analogieschlüsse möglich sei — unter Verschulden des Verletzten jedes Verhalten verstehen, „das bei zurechnungsfähigen Personen Verschulden wäre". Abgesehen davon, daß Rümelin statt des Analogieschlusses in den Fehler verfällt, eine Fiktion anzunehmen, ist die ganze Ansicht wegen der Heranziehung des § 829 nicht haltbar. Der § 829 setzt die Schadensersatzpflicht eines nicht verantwortlichen Täters fest. Es kann sich dabei nur um eine objektiv widerrechtliche Tat handeln, für welche der Ersatz gefordert wird.

Dies läßt sich in Verbindung mit § 829 aus dem § 832 folgern und ist auch vom Reichsgericht gefolgert worden.[6] Daß dabei von der subjektiven Widerrechtlichkeit, der Verschuldung abgesehen wird, ist ganz zweifellos, eben weil nur von der Person gesprochen ist, welche nicht für den Schaden verantwortlich gemacht werden kann. Da nun der § 254, wie oben bereits gesagt, ein Verschulden auf Seiten des Beschädigten verlangt, also subjektive Momente voraussetzt, kann die Bestimmung des § 829 hier keine Anwendung finden, wie sie als Ausnahmebestimmung überhaupt nicht über den Umkreis ihres Geltungsbereichs erstreckt werden darf. Da ferner das Verschulden im § 254 nur im technischen Sinne aufgefaßt werden kann, ist eine analoge Ausdehnung unstatthaft.[7] Der § 829 ist überhaupt nur vom Stand-

---

[6] RG. 50 S. 66.

[7] Dafür, daß das Verschulden im § 254 keine andere Bedeutung wie sonst überall haben kann. Vgl. Planck, Vorbem. zum allgem. Teil I S. 86f. Vgl. gegen Rümelin auch v. Weinrich, Haftpflicht S. 85.

punkt einer ausgleichenden sozialen Gerechtigkeit zu verstehen und kann nicht dazu verwertet werden, irgend welche Folgen aus ihm herzuleiten.[8] Es lassen sich daher die Ausführungen Rümelins mit dem einen Einwand beseitigen, daß der § 829 völlig ungeeignet ist, ein Verschulden des Unzurechnungsfähigen im Sinne des § 254 zu begründen, es enthält die Handlung eines Unzurechnungsfähigen zwar die objektiven Momente der Widerrechtlichkeit, nie aber die subjektiven, d. h. schuldhaften. Ferner ist es aber sehr bedenklich, wenn Rümelin sagt, das Verhalten, welches bei einem Zurechnungsfähigen ein Verschulden wäre, könne im entsprechenden Fall als Verschulden des Unzurechnungsfähigen bezeichnet werden. Es widerspricht unserer Rechtsanschauung, das Verhalten eines Geisteskranken mit dem des normalen Menschen in Hinsicht seiner Verantwortlichkeit zu vergleichen und es ist nicht richtig, wenn Rümelin etwas derartiges fingiert. Wir glauben daher auch diese Ansicht als unrichtige bezeichnen zu dürfen und zugleich nachgewiesen zu haben, daß eine Ausdehnung des Verschuldensbegriffes im § 254 im Sinne einer nichttechnischen Bedeutung unzulässig ist. Es ist mit dem Begriff des Verschuldens vielmehr der technische Sinn, „wenn auch mit abgeschwächtem Inhalt" wie Liszt sagt, zu verbinden.[9]

Es mag hier noch bemerkt werden, daß man in der Auslegung des Reichshaftpflichtgesetzes § 1 in den Fällen, in denen ein Unzurechnungsfähiger einen Betriebsunfall herbeigeführt hat, sich mit dem Begriffe der höheren Gewalt half. So wurde dies in ständiger Rechtsprechung des Reichsgerichts anerkannt.[10] Diese Einrede kann aber hier nicht in Betracht kommen, da sie nur da zulässig ist, wie wir meinen, wo sie vom Gesetz ausdrücklich aufgenommen wurde. Daß diese Annahme höherer Gewalt bei einem Eisenbahnbetriebe gerechtfertigt ist, liegt in der Art der ausgedehnten Haftung und dem Grunde der Haftung.

2. In Obligationsverhältnissen ist § 829 nicht anwendbar;[11] daher wird hier die Verantwortlichkeit der Unzurechnungsfähigen selbst von Rümelin ausgeschlossen.[12] Besonders hebt letzterer hervor, daß sie

---

[8] Vgl. Hachenburg, Vorträge S. 123, v. Liszt S. 82.

[9] Die Einzelheiten bleiben dem folgenden Paragraphen vorbehalten.

[10] RG. 1 S. 276; 21 S. 14; 44, S. 27.

[11] v. Liszt S. 82.

[12] Rümelin S. 147, vgl. das. Anm. 184.

gewisse vertragsmäßige oder vertragsähnliche Verpflichtungen nicht treffen können, wie z. B. die im § 254 Abs. 2 normierten.

Wenn wir auf das bisher Gesagte noch einmal einen Blick werfen, so sehen wir, daß man auf dem Gebiete der unerlaubten Handlungen bei Unzurechnungsfähigen die Anwendung des § 254 zugelassen, auf dem der Obligationsverhältnisse sie dagegen ausgeschlossen hat. Im ersten Fall leitet man aus einer Sonderbestimmung, die nicht ausgedehnt werden kann, ein Verschulden mit erweiterter, nicht technischer Bedeutung ab, im anderen Fall dagegen läßt man es bei dem technischen Sinne bewenden, weil man hier diese Bestimmung anerkanntermaßen nicht anwenden kann. Der Fehler, der sich uns hier zeigt, liegt darin, daß man ein außerkontraktliches Verschulden des Beschädigten von dem kontraktlichen scheidet. Das Verschulden desjenigen, der sich selbst einen Schaden zufügt, kann aber nicht eine verschiedene Qualität annehmen, je nachdem es sich um vertragliches oder außervertragliches Verschulden handelt. Man kann die Folgen der schuldhaften Handlung verschieden regeln, das Verschulden als solches bleibt das gleiche. Vorsatz und Fahrlässigkeit werden nicht qualitativ oder quantitativ dadurch geändert, daß sie in Vertragsverhältnissen oder bei unerlaubten Handlungen vorkommen. Das zeigt sich darin am besten, daß es eine Konkurrenz der Klagen aus schuldhaften Vertragsverletzungen und unerlaubten Handlungen gibt.[13] Hier wird niemand behaupten, daß das eine Verschulden anders geartet sei als das andere. Gilt dies aber für das Verschulden überhaupt, so muß es auch für das eigene Verschulden gelten, welches nach unseren obigen Ausführungen nur eine Art des gewöhnlichen Verschuldens enthält. Daraus folgt nun u. E. mit zwingender Notwendigkeit, daß man nicht in dem einen Falle ein Verschulden des unzurechnungsfähigen Beschädigten annehmen, im anderen es in Abrede stellen kann. Da man, wie wiederholt betont ist, aus der Sonderbestimmung des § 829 Schlüsse nicht herleiten kann, muß man die Einrede des eigenen Verschuldens Unzurechnungsfähigen gegenüber überhaupt annehmen oder verwerfen. Wir stellen uns mit Entschiedenheit auf den letzteren Standpunkt. Ist das Verschulden die Verantwortlichkeit, so widerspricht es allen Regeln der Auslegung, in demselben Gesetz demselben Begriff nach Belieben einen engeren oder weiteren Sinn beizulegen, es sei denn, daß das Gesetz selbst dazu

[13] A. M. Hellwig, Lehrbuch des deutschen Zivilprozeßrechts Bd. I S. 267f.

zwingt. Dieser Fall liegt nicht vor, wir fassen daher das Verschulden im technischen Sinn. Damit ist noch nicht gesagt, daß es nicht, wie v. Liszt meint, einen „technisch abgeschwächten Inhalt" haben kann. Es richtet sich die Frage nach der Art und dem Grade stets nach dem Einzelfall. Nur die Grundbedeutung bleibt bestehen.

Was den zweiten von Endemann erwähnten Fall anlangt, daß ein Verantwortungsunfähiger[14] durch Unfall stürzt oder überfahren wird, so stellt sich hier auch Rümelin auf die Seite der Gegner Endemanns[15] und nimmt an, daß hier von einem „eigenen Verschulden" nie die Rede sein könne. Wir stellen diesen Fall den oben besprochenen gleich und nehmen auch hier, mit der Mehrzahl der Schriftsteller, an, daß der § 254 nicht Anwendung finden kann.

Mit den soeben besprochenen Streitfragen hängt eine andere zusammen, welche sich auch auf den Umstand zurückführen läßt, daß man das eigene Verschulden als eine ganz besondere Abart des Verschuldens ansieht. Es wird von einigen Schriftstellern behauptet, daß das eigene Verschulden nicht die Deliktsfähigkeit, sondern die Geschäftsfähigkeit des Beschädigten verlange.[16] Wir können uns auf die oben gegebene Darstellung berufen und meinen, auf Grund derselben die Deliktsfähigkeit erfordern zu müssen. Es ist nicht einzusehen, aus welchem Grunde der Beschädigte, der sich einen Schaden zufügt und denselben von einem anderen verlangt, nicht die für das Verschulden überhaupt erforderten Voraussetzungen haben soll. Es wird zugegeben, daß bei dem Verschulden des Beschädigten eine widerrechtliche Handlung nicht vorliegt, darum aber kann man doch nicht von dem Erfordernis des Verschuldens überhaupt Abstand nehmen und den für ganz andere Verhältnisse verwendeten Begriff der Geschäftsfähigkeit hierher übertragen. Bedenkt man weiter, daß das eigene Verschulden zumeist außer der Verletzung der eigenen Rechtssphäre auch die Verletzung der Rechte anderer involviert, so kommt man zu dem Ergebnis, daß das Verschulden des Beschädigten, wie überall das Verschulden, die Deliktsfähigkeit erfordert.

---

[14] Vgl. Anm. 2.

[15] S. 147 f.

[16] Für das Erfordernis der Geschäftsfähigkeit Cohn a. a. O. S. 115. Endemann widerspricht sich anscheinend vgl. S. 595 mit § 201 Anm. 9; für die Deliktsfähigkeit, v. Liszt S. 81 f., Schollmeyer §. 254 Ziff. 3.

Wir gelangen auf Grund unserer bisherigen Darstellung über das eigene Verschulden des Beschädigten zu folgenden Sätzen:

1. Das Unterscheidungsmerkmal des eigenen Verschuldens von dem Verschulden gegen andere liegt in dem Umstande, daß es sich in seinen Wirkungen auf den eigenen Rechtskreis des Beschädigten erstreckt und die Geltendmachung des selbstverschuldeten Schadens ausschließt, mag es sich nun um obligatorische oder Deliktsverhältnisse handeln.[17]

2. Das eigene Verschulden verletzt außer dem eigenen Rechtskreise auch Rechts- bezw. Verkehrspflichten gegen den Schädiger, es enthält eine Mißbilligung des Verhaltens vom eigenen und auch vom fremden Interessenstandpunkt.

3. Es ist vom Verschulden gegen andere nicht seinem inneren Wesen nach verschieden; es verlangt insbesondere nicht Voraussehbarkeit des Schadens; dagegen setzt es die Deliktsfähigkeit voraus, und ist ausgeschlossen bei nur objektiver Rechtswidrigkeit.

4. Es ist insofern weiter greifend als das Verschulden gegen andere, als es einen abgeschwächten technischen Sinn haben kann, der sich in einem Verstoß gegen Treu und Glauben äußert.[18]

§ 7. Besondere Bestimmungen.

Nachdem versucht ist, im vorigen Paragraphen das Wesen des eigenen Verschuldens in seinen allgemeinen Grundlagen zu behandeln, müssen wir uns nunmehr den einzelnen Fällen, wie sie im § 254 geregelt sind, zuwenden.

Wir haben bereits ausgeführt, daß das Verschulden des Beschädigten „bei der Entstehung des Schadens" mitgewirkt haben muß und dargelegt, wann hierbei die Mitwirkung erfolgen kann. Was hierüber von Endemann[1] ausgeführt wird, bedarf für uns keiner weiteren Besprechung. Es ist die Mitwirkung eben gestattet bei dem den Schaden setzenden Ereignis, wie auch bei der Vergrößerung des Schadens.[2]

---

[17] Es erinnert diese Eigenheit an den oben behandelten Satz des gemeinen Rechts l. 203 D. de R. I., 50, 17. Quod quis ex culpa sua damnum sentit, non intellegitur damnum sentire, der in der gemeinrechtlichen Literatur und Judikatur für kontraktliche und außerkontraktliche Verhältnisse angewendet wurde. Vgl. Seuffert Archiv Bd. XXXXVII Nr. 184.

[18] Vgl. Enneccerus Bd. II S. 405.

[1] S. 596.

[2] Vgl. auch Linckelmann, Schadensersatzpflicht S. 57.

Das eigene Verschulden als ein dem Verschulden gegen andere wesensgleiches Verschulden kann sich als Vorsatz und Fahrlässigkeit darstellen. Es wird sich aber bei der weiteren Betrachtung herausstellen, daß es bisweilen eine erweiterte Bedeutung erlangt, daß es den Begriff der Fahrlässigkeit überschreitet und sich als ein Verschulden „mit technisch abgeschwächtem Inhalt" gibt. Die Gründe dafür liegen in dem Umstand, daß das eigene Verschulden vom eigenen und auch vom fremden Interessenstandpunkt beurteilt werden muß und das fahrlässige Handeln, das Beobachten der im Verkehr erforderlichen Sorgfalt, zum Teil andere Gesichtspunkte erfordert, als die Fahrlässigkeit im allgemeinen.

Ein derart abgeschwächter Inhalt liegt schon in dem von uns am Schluß des vorigen Paragraphen hervorgehobenen Moment, daß auch ein Verstoß gegen Treu und Glauben, ein eigenes Verschulden enthalten kann.[3]

Es ist gleichgültig für die Mehrzahl der Fälle, ob sich das Verschulden des Beschädigten als ein Verstoß gegen zivilrechtliche oder strafrechtliche Vorschriften darstellt. Meistens wird ein Verstoß gegen letztere auch eine zivilrechtliche Haftung begründen.[4] Z. B., wenn ein Kutscher infolge übermäßig schnellen Fahrens mit einem — etwa unvorschriftsmäßig um die Ecke biegenden anderen Fuhrwerk — zusammenstößt und nun den Kutscher desselben auf Schadensersatz belangt. Hier verstößt das schnelle Fahren, welches das Verschulden des Beschädigten ausmacht gegen § 366 Ziff. 2 StGBs. Es gibt aber andere Fälle, in denen eine zivilrechtliche Schadensersatzpflicht vorliegt, während im Strafrecht eine Bestrafung nicht erfolgt und umgekehrt, z. B. der Beschädigte A. wollte bei einer Messerstecherei, bei welcher er selbst kein Messer hatte, einem anderen helfen und wird dabei von B. verletzt. Hier sind alle nach § 227 StGBs. strafbar, während die Einrede des eigenen Verschuldens im Prozesse des A. gegen B. nicht durchgreift. B. kann nicht etwa aus der Beteiligung des A. allein die Anwendbarkeit des § 254 herleiten, es fehlt nach den Bestimmungen des BGB. § 830 der Kausalzusammenhang.[5] So zeigt sich hier, daß das eigene Verschulden ein mannigfach wechselndes sein kann und daß der konkrete Fall zu genauester Prüfung Anlaß gibt,

---

[3] Vgl. Oertmann § 254 Ziff. 5.
[4] Seuffert Bd. XXXVIII Nr. 5 (RG.).
[5] Vgl. Planck zu § 830; RG. 1 S. 89, 23 S. 158 u. a. m.

ob tatsächlich ein Verschulden auf Seiten des Beschädigten vorliegt, welches sich nach § 254 als ein eigenes, den Ersatzanspruch minderndes oder ausschließendes darstellt.

Eine große umfangreiche Judikatur ist durch die §§ 1 und 2 des Reichshaftpflichtgesetzes gezeitigt worden, welche gerade das eigene Verschulden des Beschädigten besonders beachten. Hier müssen die mit dem Betriebe zusammenhängenden besonderen Gefahren in Betracht gezogen werden; es ist vor allem auf die besonderen Umstände Rücksicht zu nehmen. So hat das Reichsgericht z. B. entschieden, daß Bahnarbeiter, welche von der Bahnverwaltung erlassene Schutzvorschriften mit Genehmigung ihrer Vorgesetzten übertreten, nicht eines eigenen Verschuldens sich schuldig machen, falls sie dadurch verletzt werden.[6] Ebenso befindet sich, außerhalb des Anwendungsgebietes des Reichshaftpflichtgesetzes § 1, ein Arbeiter, der den Anordnungen eines ihm vorgesetzten Arbeiters nicht widersprach, obwohl er die Gefährlichkeit der Arbeit erkennen konnte oder mußte, nicht in eigenem Verschulden, wenn er gleichwohl an der Arbeit teilnahm.[7] Ein solches eigenes Verschulden ist selbst dann nicht gegeben, wenn jemand im Augenblicke drohender Gefahr etwas sachwidriges tut, z. B. wenn jemand vom Straßenbahnwagen herabspringt, da er einen Zusammenstoß vorhersieht und nun infolge des Herabspringens verletzt wird oder wenn jemand, durch plötzliches Klingeln eines Radfahrers, welcher zu schnell fährt, erschreckt, nach der falschen Seite ausbiegt, etwa zurückgeht und nun angefahren wird.[8]

Die zivilrechtliche Haftbarkeit ist, wie wir sahen, von der Voraussetzung strafbarer Handlungen durchaus unabhängig. Daher kann ein eigenes Verschulden im Sinne des § 254 auch bei Kindern im Alter von 7—12 Jahren vorliegen (§ 828).[9] Für das Haftpflichtgesetz konnte bisweilen die Einrede der höheren Gewalt verwandt werden, falls ein Kind überfahren oder beschädigt wurde. Es mußte aber die Handlung des Kindes eine derart unberechenbare sein, daß mit ihr nicht gerechnet werden konnte.[10]

Man wird gerade bei dem eigenen Verschulden aus den mehr-

---

[6] RG. 1 S. 48; 4 S. 25.

[7] RG. 8 S. 30, bes. S. 34 f.

[8] RG. 50 S. 92 ff.; 48 S. 343.

[9] RG. 1 S. 278, 37 S. 155; Seuffert Archiv Bd. 37 Nr. 211, Bolze Bd. VIII Nr. 167, Bd. XIX S. 244 und zahlreiche andere.

[10] RG. 21 S. 14 ff.; 44 S. 27.

fach hervorgehobenen Gründen die besonderen Verhältnisse des einzelnen berücksichtigen müssen. Lebensstellung und Lebenslage, geistige und körperliche Entwickelung werden einer eingehenden Prüfung zu unterziehen und daraus festzustellen sein, ob der Beschädigte imstande gewesen ist, so zu handeln, daß ihn der Vorwurf eines eigenen Verschuldens nicht treffen kann. Während man im BGB. für die Fahrlässigkeit das Kriterium der Außerachtlassung der im Verkehr erforderlichen Sorgfalt (§ 276) aufgestellt hat — ob diese Formulierung eine glückliche ist, kann hier ununtersucht bleiben — und darin vor allem einen objektiven Maßstab gefunden zu haben glaubte,[11] scheint es uns gerade in den hier in Frage stehenden Fällen durchaus ungeeignet, bei dem objektiven Maßstabe stehen zu bleiben. Vielmehr glauben wir hier das Gewicht auf den subjektiven Gesichtspunkt legen zu sollen.

Darin können wir wiederum einen technisch abgeschwächten Inhalt des Verschuldens erblicken. Während einerseits z. B. jugendliche Unerfahrenheit bisweilen das Vorhandensein eines eigenen Verschuldens ausschließen kann, wird es andererseits Fälle geben, in denen gerade Erfahrung und Geschäftsgewandtheit geeignet sind, den Ausschluß der Ersatzpflicht stets zu begründen. Nach § 795 Abs. 3 hat der Aussteller einer ohne staatliche Genehmigung in den Verkehr gelangten Schuldverschreibung dem Inhaber den durch die Ausgabe verursachten Schaden zu ersetzen.[12] War der Inhaber beispielsweise ein Bankier, welcher die Urkunde annahm ohne den Aussteller darauf aufmerksam zu machen, so wird u. E. stets ein Verschulden desselben anzunehmen sein und sein Ersatzanspruch müßte hinwegfallen, während, wenn der Inhaber ein gewöhnlicher Mann wäre, von einem eigenen Verschulden nicht die Rede zu sein braucht. Den Bankier verpflichtet seine größere Erfahrung und seine Geschäftskenntnis, eine derartige Urkunde nicht anzunehmen ohne den Aussteller auf die Gefahren aufmerksam zu machen, die ihm daraus entstehen können. Auf einem gleichen Grundgedanken beruht die Vorschrift des § 367 HGB.[13]

---

[11] Planck, Vorbem. z. allg. Teile I S. 86; Dernburg Bd. II Abt. 1 S. 135 f.

[12] Es ist ganz unerfindlich, aus welchem Grunde man überhaupt hier die Anwendbarkeit des § 254 hat ausschließen wollen. Vgl. Motive II S. 720. Dagegen haben sich mit Recht gewandt Planck § 795 Ziff. 4, Dernburg II Abt. 1 S. 340 Anm. 7, Oertmann § 795 Anm. 3.

[13] Vgl. RG. 5 S. 204 ff.

Diese beiden Beispiele zeigen zur Genüge, daß man mit dem objektiven Maßstab allein nicht auskommt.

Die bisher gegebenen Regeln beziehen sich allgemein auf das mitwirkende Verschulden, mag dies nun in einem Tun oder in einem Unterlassen bestehen. Wir wenden uns im folgenden besonders letztgenannten im § 254 Abs. 2 geregelten Fällen zu.

Wir sehen an anderer Stelle, daß die Konstruktionsfrage der Kausalität der Unterlassungen, Gegenstand vieler Streitfragen gewesen ist. Das BGB. kennt, wie nachgewiesen wurde, die Kausalität der Unterlassungen. Gerade aus dem § 254 haben wir das Prinzip hergeleitet, daß bei Verstößen gegen Treu und Glauben von einer solchen Kausalität gesprochen werden kann. Daß außer der Verletzung dieser sog. Verkehrspflichten auch die Verletzung einer Rechtspflicht als solcher denselben Erfolg haben muß, bedarf keines Beweises. Es erscheint gleichgültig, ob die Bestimmung des § 254 Abs. 2 eine allgemeine Rechtspflicht voraussetzt, gegen welche verstoßen wird oder ob sie selbst eine solche statuiert oder ob die Unterlassungen auf Treu und Glauben abgestellt sind, während sie sonst die Übertretung von Rechtspflichten voraussetzen.[14] In jedem Fall wird eine Verletzung derartiger Verpflichtungen die Ersatzpflicht des Beschädigten beschränken.

Man hat nun gemeint,[15] daß in den Fällen des Abs. 2 der Gesichtspunkt des mitwirkenden Verschuldens nicht mehr in Frage stehe, daß hier vielmehr der Schaden von dem Beschädigten stets allein verursacht werde. Dies wollte man daraus herleiten, daß die Einleitungsworte des Abs. 2: „Dies gilt auch dann" sich nur auf den letzten Teil des Abs. 1 bezögen. Es liegt aber zu einer derartigen Annahme nicht der mindeste Grund vor; eine solche Einschränkung ist weder im Gesetze selbst vorgesehen noch ergibt sie sich aus dem Grundgedanken der Bestimmung. Denn es kann doch sehr wohl Fälle geben, wenn es auch vielleicht nicht häufig vorkommen mag, in denen trotz der Unterlassung des Beschädigten eine Verurteilung des Beklagten geboten ist, da seine Schadenshandlung, seine Kausalität, die des Beschädigten überwiegt.[16] Der Gedanke, welcher den Be-

[14] Endemann S. 598, v. Liszt S. 84, Rümelin S. 168.

[15] Cohn a. a. O. S. 119f.

[16] Es bedarf keines Wortes, daß die Unterlassungen des Abs. 2, wie bereits hervorgehoben wurde, nur dann überhaupt in Frage kommen, wenn sie kausal geworden sind. Schollmeyer § 254 Ziff. 6a.

stimmungen des Abs. 2 zu Grunde liegt, ist, wie allgemein mit Recht angenommen wird, der, daß eine Fürsorgepflicht zu Gunsten des anderen Teils geschaffen wird. Die Vernachlässigung derselben soll für den Unterlassenden den Ausschluß oder die Minderung der Ersatzforderung nach sich ziehen, wofern nicht, und dies muß ergänzend nach dem soeben Gesagten hinzugefügt werden, der Schaden trotzdem durch den Beklagten entstanden, d. h. vorwiegend verursacht ist. In welcher Weise diese Gedanken zum Durchbruch kommen, kann am leichtesten an den Einzelfällen des Abs. 2 ersehen werden. Sie enthalten nur die Regeln, unter welche der konkrete Tatbestand unterzubringen ist; die Erfahrung hat gelehrt, daß die Zahl der einzelnen Fälle eine zu große ist, um anders als durch allgemeine Bestimmungen geregelt zu werden.

Der Abs. 2 kennt drei Fälle der Unterlassungen.

1. Der Beschädigte hat es schuldhaft unterlassen, den Schuldner auf die Gefahr eines ungewöhnlich hohen Schadens aufmerksam zu machen, welchen der Schuldner weder kannte noch kennen mußte. Planck[17] führt aus, daß diese Bestimmung nur Anwendung finden könne, wenn eine Ersatzpflicht wegen Nichterfüllung einer Verbindlichkeit in Frage stehe. Er beruft sich dafür auf die Entstehungsgeschichte des Paragraphen und die in der Reichstagskommission angeführten Gründe und Beispiele. Dies ist aber nicht richtig, und hat auch in der Literatur keinen Anklang gefunden.[18] Wir können diesen Ausführungen ebenfalls nicht zustimmen; ebensowenig aber der Ansicht, daß diese Bestimmung nur innerhalb bestehender Schuldverhältnisse zur Anwendung kommen könne.[19] Aus dem Umstande, daß von einem Schuldner die Rede ist, kann die gegnerische Ansicht nicht folgen, denn unter „Schuldner" im Sinne des § 254 Abs. 2 ist der Schadensersatzschuldner und nicht etwa der Schuldner des Obligationsverhältnisses zu verstehen. Es wird zugegeben, daß Fälle, in denen bei außerkontraktlichen Beschädigungen unsere Vorschrift Anwendung finden wird, sehr seltene sein werden. Deshalb kann man aber von vornherein die Anwendung des § 254 Abs. 2, soweit er die Anzeigepflicht enthält, in Deliktsfällen nicht ausschließen.[20] Beispiele werden wir

---

17 § 254 Ziff. 8.

18 Schollmeyer § 254 Anm. 6a; bes. Cohn S. 122f. Vgl. Stenographische Berichte der zweiten und dritten Beratung im Reichstage S. 56f.

19 Schollmeyer a. a. O. Staudinger, Komm. § 254 Ziff. 6.

20 Dernburg II Abt. 1 S. 76. Rümelin S. 166; vgl. auch v. Liszt S. 84.

an anderer Stelle geben, hier handelt es sich allein um das Anwendungsgebiet der Fürsorgepflicht.

Das Verschulden des Beschädigten wird hier in der Mehrzahl der Fälle zeitlich vor demjenigen des Schädigers liegen. Die Entstehung des Schadens beginnt mit der Unterlassung der Verpflichtung, den Schuldner aufmerksam zu machen. Mit der Handlung des Schädigers, dem meist auch ein Verschulden zur Last fallen wird, tritt der Schaden in die Erscheinung. Schon hieraus kann man ersehen, daß es sich um ein „mitwirkendes" Verschulden des Beschädigten handelt, da zwei Kausalreihen vorhanden sind, die zum Erfolg führen. Nur die Verteilung der Schadensersatzpflicht wird meist zu Ungunsten des Beschädigten ausfallen.

Es ist die Voraussetzung der Anwendung dieser Bestimmung, daß der Beschädigte, d. h. der Gläubiger, die Gefahr des unverhältnismäßig hohen Schadens kannte oder kennen mußte. Ergibt sich erst späterhin, im Laufe der Entwickelung, daß ein unverhältnismäßig hoher Schaden entstanden ist, dessen Gefahr dem Beschädigten vordem völlig unbekannt war, so kann der § 254 Abs. 2 Anfang nicht Platz greifen, da in solchem Falle eine Anzeigepflicht für den Gläubiger nicht bestand. Ebensowenig kommt er zur Anwendung, wenn der Schuldner die Gefahr des unverhältnismäßig hohen Schadens kannte oder kennen mußte; denn dies folgt durch argumentum a contrario aus dem Abs. 2. Kannte der Schuldner die Gefahr des Schadens nicht oder mußte er sie nicht kennen, so ist es gleich, auf welchem Umstande diese Unkenntnis beruht. Wenn nun das Gesetz vom Beschädigten verlangt, daß er die Gefahr eines ungewöhnlich hohen Schadens dem Schuldner mitteilen soll, so ist damit noch nicht gesagt, daß nun der Beschädigte den Schaden in seinen einzelnen Wirkungen voraussehen mußte und daß er etwa dem Schuldner den Betrag des drohenden Schadens mitteilen konnte.[21] Die Voraussehbarkeit wird sich bei der Anzeigepflicht auf den entstehenden Schaden erstrecken, dies gaben wir im vorigen Paragraphen zu, ein unbedingtes Kennen der einzelnen Schadensfolge kann damit aber unmöglich verlangt werden. Worin im Einzelfalle die Gefahr des ungewöhnlich hohen Schadens liegen kann, wird sich aus dem Falle mit seinen Umständen ergeben. Eine allgemein gültige Regel läßt sich darüber nicht auf-

Köhler, Umfang der Schadensersatzpflicht S. 60. Laß-Maier, Haftpflichtrecht S. 68. v. Leyden S. 77.

[21] Planck § 254 Ziff. 8.

stellen. Nur soviel wird man wohl sagen können, daß die ungewöhnliche Höhe des Schadens sich im allgemeinen nach der Lebensstellung, auch nach den Vermögensverhältnissen der Beteiligten richten wird, in Betracht gezogen werden ferner bei einem Vertragsverhältnisse der Wert der Leistungen des Schuldners und deren Erfolg für den Beschädigten wie für den Schuldner selbst; bei einem außerkontraktlichen Verhältnis wird eine derartige Fürsorgepflicht sich anders gestalten müssen.

Soweit wären die allgemeinen Voraussetzungen des Abs. 2 erledigt. Wir wollen nunmehr, um die Mannigfaltigkeit seines Anwendungsgebietes zu beleuchten, einzelne Fälle herausheben, aus denen sich die Anwendung des Prinzips ergeben soll, wie wir es im obigen dargelegt haben. Das Gesetz kennt selbst Fälle, in welchen die Bestimmungen des Abs. 2 zur Anwendung gelangen, so z. B. im § 702, wenn der Gast dem Wirt Geld, Wertpapiere, Kostbarkeiten ꝛc. einbringt und ihn nicht darauf aufmerksam macht, daß die Sachen im Falle des Verlustes dem Wirte einen ungewöhnlich hohen Schaden bringen können.[22] Der Verwahrer, welcher die gefahrdrohende Beschaffenheit der hinterlegten Sachen kennt und dem Hinterleger davon keine Anzeige macht, wird durch den Einwand aus dem § 254 Abs. 2 zurückgewiesen werden müssen (§ 694). Andererseits wird man dem Beschädigten eine derartige Unterlassung weniger zur Last legen dürfen, wenn für den Schädiger gesetzliche oder sonstige Regeln bestanden, nach welchen ihm ein bestimmtes Handeln zur Pflicht gemacht wird und der Beschädigte annehmen durfte, daß der Beklagte diesen gemäß verfahren würde. Man wird hier sagen können, daß der Schädiger die Gefahr selbst kannte oder kennen mußte. Wenn jemand den Anordnungen eines Vorgesetzten unterworfen ist, so wird ihm nicht die Pflicht auferlegt den anderen, vielleicht Sachverständigeren, auf eine besondere Gefahr und einen besonders hohen Schaden aufmerksam zu machen,[23] jedoch kann sich auch hier nach Lage des Falles etwas anderes ergeben. Es wird ferner das in der Reichstagskommission angeführte Beispiel hierher gehören, nach welchem jemand, der einen anderen gebeten hat, einen Brief zu besorgen den sich etwa ergebenden Schaden von 10 000 nicht geltend machen kann, falls der Brief durch Versehen des Beauftragten abhanden gekommen ist. Hier wird der

---

[22] Entsprechendes ist im § 429 Abs. 2 HGB. für den Frachtführer anzunehmen.
[23] Vgl. z. B. RG. 8 S. 84.

Beklagte mit Recht einwenden können, daß der Beschädigte eine Unterlassung sich hat zu schulden kommen lassen. Andererseits wird der Kassenbote den Einwand aus § 254 Abs. 2 auch gegen sein Bankhaus nicht erheben können, da er wissen mußte, daß durch sein Versehen ein ungewöhnlich hoher Schaden entstehen kann. Was schließlich die außervertraglichen Verhältnisse anlangt, so wird der Beschädigte dem ihn überfallenden Räuber, der ihn totschlagen will, nicht zuzurufen brauchen, daß er seine Tat unterlassen solle, da er sich sonst die Unterstützung seiner zahlreichen Nachkommen aufladen würde.[24] Hier verlangt niemand eine derartige Aufklärungspflicht. Es ist aber möglich, daß eine solche angenommen werden kann, wenn z. B.[25] der verwundete A. den B. geneckt hat und sieht wie B. auf ihn zukommt, um ihn zu schlagen und vermuten kann, daß B. ihn auf die verwundete Stelle, von der B. nichts weiß, schlagen wird. Hier scheint es doch angemessen eine Pflicht zur Aufklärung anzunehmen. Nicht für zutreffend halten wir das von Dernburg[26] gebildete Beispiel. Denn wenn ein Vorübergehender eine nicht gekennzeichnete Spiegelscheibe eines Neubaus fahrlässigerweise einstößt, so wird er selbst doch zumeist die Gefahr gekannt haben, und es bedarf keiner besonderen Warnung. Aus den angeführten Beispielen ist die Tragweite unserer Bestimmung leicht ersichtlich.

2. Der Beschuldigte hat es unterlassen den Schaden abzuwenden und

3. den Schaden zu mindern.

Wir werden aus Zweckmäßigkeitsgründen beide Fälle in ihren allgemeinen Voraussetzungen zusammen behandeln. Denn die Gedanken, welche den Bestimmungen zu Grunde liegen, beruhen nahezu auf den gleichen Prinzipien. Auch hier ist eine Fürsorgepflicht gegenüber dem Schädiger festgestellt, deren Außerachtlassung eine Abweisung oder eine Minderung des Anspruchs für den Beschädigten ausschließen kann. Treu und Glauben sind die Faktoren, nach denen sich die Entscheidung im Einzelfalle richten wird. Es wird fast in noch höherem Grade eine Verkehrspflicht für den Beschädigten begründet, als wir dies oben gesehen haben. Man hat mit Rücksicht darauf, daß von einem Schuldner nicht die Rede ist, gesagt, der Beschädigte habe die ihm durch diese Bestimmungen auferlegte Verpflichtung gegen-

[24] v. Liszt S. 84. Rümelin S. 166. Endemann S. 600 Anm. 14 Abs. 2.
[25] Ein von Rümelin S. 167 Anm. 210 gebildetes Beispiel.
[26] A. a. O. S. 76.

über jedem dritten Schädiger,[27] d. h. sie bestehe auch außerhalb des Vertragsverhältnisses. Nach unserer Ansicht liegt hierin keine Besonderheit der Bestimmungen, sondern nur eine Gleichstellung mit dem früheren Falle, da ja auch dort von uns eine Anwendbarkeit außerhalb des Vertragsverhältnisses angenommen wurde.

Eine weitere Gleichstellung mit dem oben besprochenen Falle sehen wir darin, daß auch hier, bei Abwendung und Minderung des Schadens, nicht eine allgemeine Regel, nach der sich schematisch alles beurteilen ließe, aufgestellt werden kann, sondern der konkrete Fall mit seinen Eigenheiten ausschlaggebend sein muß. Treu und Glauben wird hier zwischen Schuld und Nichtschuld, Recht und Pflicht des Beschädigten die richtige Grenze ziehen. Denn es ist leicht begreiflich, daß man eine vom Gesetz im Abs. 2 aufgestellte Verpflichtung nicht etwa ins Ungemessene ausdehnen darf; es würde sich dann die wohltuende Bestimmung zu einem Privileg des Schädigers ausgestalten können, stets die Hände in den Schoß zu legen und zu warten, was der andere Teil zur Abwendung oder Minderung tun wird, um dann vielleicht gegen ihn einzuwenden, daß er eine solche Abwendung nicht vorgenommen hat. Eine absolute Diligenz z. B. des nicht säumigen Teils gegenüber dem säumigen gibt es nicht; nicht alles, was im Bereich der Möglichkeit überhaupt liegt, kann dem Beschädigten zur Abwendung zugemutet werden.[28] Auf der anderen Seite steht dem die Verpflichtung gegenüber, insoweit helfend dem anderen Teile gegenüber einzugreifen, als es nach Billigkeit und Verkehrsanschauungen verlangt werden kann, und nicht etwa, weil der andere Teil ein Verschulden begangen hat, nunmehr ruhig zuzusehen, wie die Sache sich entfalten wird, um dann mit Schadensersatzforderungen hervorzutreten. Es dürfte der Beschädigte deshalb z. B. nicht sein Geschäft stillstehen lassen, weil ein Lieferant eine, wenn auch beträchtliche Lieferung unterlassen hat.[29]

Die bisherigen Darlegungen lassen schon erkennen, in wie verschiedener Weise auch hier der Beschädigte ein Verschulden begehen kann. Dernburg[30] meint als allgemeines Prinzip den Satz aufstellen

---

[27] v. Staudinger § 254 Ziff. 6.

[28] Seuffert Archiv Bd. XXXI Nr. 212, 218; Bd. XXXVII Nr. 184.

[29] Seuffert Archiv Bd. XXIII Nr. 216; vgl. RG. Bd. 46 S. 208; bes. S. 207.

[30] A. a. O. S. 76. Ebenso Köhler S. 61. Vgl. Eck, Vorträge über das Recht des Bürgerlichen Gesetzbuchs. 2. Lieferung. Herausgeb. v. Leonhard S. 254 Anm. 2.

zu können, es dürfe vom Beschädigten gefordert werden „was er voraussichtlich tun würde, um dem Schaden zu begegnen, wenn er niemanden hätte, der ihm für denselben aufkommt.“ Dieser Satz, so ausgesprochen, geht zu weit und dürfte daher im Einzelfalle nur mit den von uns soeben ausgesprochenen Einschränkungen anwendbar sein.

Wir wenden uns nunmehr von den allgemeinen Voraussetzungen den Einzelfällen zu und werden beide gesondert behandeln.

Die Unterlassung der Abwendung des Schadens zunächst, setzt einen drohenden Schaden voraus. Es ist gesagt worden,[31] weil das Gesetz nicht von Verhütung spreche, komme sie nicht in Betracht, das Verhüten setze ein Vorbeugen des Schadens voraus. Dies ist an sich richtig. Wir glauben aber, daß trotz des Schweigens des Gesetzes das unterlassene Vorbeugen eines Schadens die Ersatzpflicht ausschließen kann. Denn auch das Vorbeugen enthält Abwendungshandlungen. Indes ist nicht zu verkennen, daß das Vorbeugen noch weiter geht als das Abwenden; wir glauben annehmen zu dürfen, daß eine Vorbeugungshandlung auch in der Pflicht liegt, auf die Gefahr eines ungewöhnlich hohen Schadens aufmerksam zu machen. Worin der drohende Schaden besteht, ist verschieden und muß von Fall zu Fall bestimmt werden; wann der drohende Schaden eintreten kann, ist gleichgültig, ebenso, daß der Beschädigte die Einzelheiten voraussah. Die Abwendung kann sich sowohl auf die Beschädigung selbst, wie auf deren Folgen erstrecken.[32] Das Verschulden des Beschädigers wird hier ebenso vor wie nach der schädigenden Handlung des Schädigers liegen können. Die Abwendung kann schon unterlassen sein, ehe der Schuldner eine Handlung begeht, sie kann es auch nach dem Eintritt der Handlung, jedenfalls liegt im Begriffe der Abwendung, daß ein Schaden noch nicht der Rechtssphäre des Beschädigten entstanden ist; in diesem Falle liegt eine Minderung des Schadens, wie wir sehen werden, vor. Daß sich die Anwendung auf deliktische Tatbestände beziehen kann, ist oben angedeutet, und bedarf keiner weiteren Erörterung. Die häufigsten und praktischesten Fälle sind die der Unterlassung des Deckungskaufes.[33] Es können hier dem Unterlassenden nicht unmögliche Anstrengungen zugemutet werden, die Anschaffuug

[31] Cohn a. a. O. S. 120; vgl. Laß=Maier a. a. O. S. 68.
[32] Schollmeyer § 254 Ziff. 6b.
[33] Seuffert Bd. XXII Nr. 26, Bd. XXIII Nr. 216; ROHG. Bd. 2 S. 387; Bd. 13 S. 197; Bd. 18 S. 378 u. a. m.

marktgängiger Ware z. B. wird aber für den Fall der Nichtleistung des Schuldnes geboten erscheinen. Das gleiche gilt für den Fall, daß A. dem B. Lieferung versprochen hat, B. seinerseits an C. und zwar unter Festsetzung einer Konventionalstrafe. A. hat dem B. und B. infolge dessen dem C. nicht geliefert; die Konventionalstrafe ist verfallen, B. ist dem C. zur Zahlung verurteilt und hält sich nun an A. A. kann dann die Einwendung aus § 254 Abs. 2 erheben, wenn B. einen derartigen Schaden nicht durch anderweiten Ankauf solcher Waren, wie sie geliefert werden sollten, abgewendet hat.[34]

Es versteht sich, daß in all diesen Fällen der Kausalzusammenhang zwischen der Handlung des Beschädigten und dem Erfolge nicht unterbrochen sein darf. Andere Fälle in denen ein Ersatzanspruch abgewiesen wurde, waren z. B. die Unterlassung der Reparatur eines schadhaft gewordenen Hauses durch den Schuldner.[35] Weitgehend erscheint die Entscheidung, in welcher die Klage wegen eigenen Verschuldens abgewiesen wurde, in folgendem Falle:[36] Der Hauswirt hatte die Treppe nicht beleuchten lassen — es war im Sommer und an dem betreffenden Orte nicht üblich, daß nach 9 Uhr die Häuser beleuchtet wurden — die Klägerin wollte die Treppe im Dunkeln hinuntergehen, fiel hierbei und beschädigte sich. Das Reichsgericht sah darin ein eigenes Verschulden, daß die Klägerin sich nicht hatte herunterleuchten lassen, was ihr ein leichtes gewesen sei. Die Nichtbeleuchtung wurde dem Hauswirt nicht als Verschulden zugerechnet, eben wegen des bestehenden Gebrauches. Hätte dagegen eine Verpflichtung des Hauswirts zur Beleuchtung bestanden, so wäre das Prinzip der Abwägung eingetreten und es hätte danach leicht zu einer Verurteilung kommen können. Man sieht auch hier wieder, daß die Unterlassungsfälle des Abs. 2 sehr wohl ein Mitwirken gestatten und nicht die Mitwirkung eines anderen ausschließen.

Von einer Minderung des Schadens kann nur dann gesprochen werden, wenn ein Schaden in der Rechtssphäre des Beschädigten bereits hervorgetreten ist. Sie enthält die Verpflichtung einer teilweisen Beseitigung und einer Verringerung. Auch hier wird nicht nach allgemeinen Gründen beurteilt werden können, sondern es wird abzuwägen sein, wann eine Unterlassung der in Frage stehenden Handlungen sich

[34] ROHG. Bd. 4 S. 192; Bd. 5 S. 169; Bd. 18 S. 279.

[35] Seuffert Arch. Bd. XXVII Nr. 122, vgl. Bd. X Nr. 258; Bd. XXXXVI Nr. 17.

[36] Seuffert Bd. XXXXVI Nr. 96; vgl. Bd. LV Nr. 202.

als ein Verschulden darstellt. Ein derartiges Verschulden des Beschädigten wird stets nach der schädigenden Handlung liegen müssen.

Eine besonders bedeutende Streitfrage ist hier darüber entstanden, ob dem Beschädigten zugemutet werden kann, sich einer Operation zur Verringerung des Schadens zu unterziehen und ob die Unterlassung bezw. Weigerung einen Ersatzanspruch auszuschließen geeignet ist. Das Reichsgericht[37] hat ausgesprochen, daß man sich nicht allen Operationen zu unterwerfen braucht, daß aber eine schuldhafte Unterlassung insbesondere dann vorliegen kann, wenn die Operation nach dem gewöhnlichen Laufe der Dinge ungefährlich ist und bei regelmäßigem Verlaufe der Dinge eine entschiedene Aussicht auf Erfolg bietet. Es ist ferner auch dem Satze beizustimmen, daß eine Ersatzforderung nur dann erhoben werden kann, wenn der Beschädigte was in seinen Kräften steht, getan hat, um den Schaden zu verringern, insbesondere Heilmittel, „welche die Wissenschaft an die Hand zu geben vermag, in vernünftiger Weise benutzt hat. Sein Verhalten muß auch in dieser Beziehung demjenigen eines vernünftigen Menschen entsprechen". Die gegen diese Entscheidungen von Endemann[38] geführte Polemik erscheint uns in ihren einseitigen Ergebnissen ungerechtfertigt.[39] Sie beruht in ihrem letzten Grunde auf der Anschauung Endemanns von der Unzulässigkeit der Kausalität der Unterlassungen. Es ist aber nicht einzusehen, warum nicht eine Verschuldung des Beschädigten darin gesehen werden kann, wenn er sich weigert, sich operieren zu lassen. Es wird die Entscheidung von dem Falle abhängen; die Schwere der Operation und ihre Gefährlichkeit, vielleicht auch der voraussichtliche Erfolg, wie der Bildungsgrad des Verletzten, um welchen es sich handelt, wird in Betracht gezogen werden müssen.

III. Abschnitt.

Die Schadensverteilung und ihre Grundlagen.

§ 8. Allgemeines. Das vorwiegende Verursachen und das mitwirkende Verschulden.

Der praktische Kern der Lehre vom mitwirkenden Verschulden des Beschädigten liegt nicht in der Bestimmung des Wesens dieses Ver-

---

37 Seuffert Bd. XXXXVI Nr. 189 I und II.

38 Die Rechtswirkungen der Ablehnung einer Operation bes. S. 52ff.; Einführung S. 589 Anm. 7.

39 vgl. Dernburg a. a. O. S. 76; Rümelin S. 166; Oertmann § 254 Ziff. 8.

schuldens, sondern ruht auf der Frage nach der Verteilung der Ersatzpflicht. Dem Schädiger soll es nicht zugemutet werden, einen Schaden zu ersetzen, welchen der Beschädigte selbst mitverschuldet hat. Er kann daher von dem ihm durch das Gesetz gegebenen Verteidigungsmittel, dem Einwande des Verschuldens des Beschädigten, Gebrauch machen und mit diesem den Anspruch des Klägers entkräften oder ihn herabmindern. Ob aber eine solche Mitwirkung seitens des Beschädigten tatsächlich vorliegt und in welcher Weise sie stattgehabt hat, soll das Gericht prüfen. Auf das richterliche Ermessen kommt es an; der § 254 spricht dies zwar nicht in direkter Weise, wie es der Entwurf I § 222 tat, aus,[1] es ergibt sich aber das gleiche daraus, daß § 254 auf die Umstände des Falles, insbesondere darauf verweist, von welchem Teile der Schaden vorwiegend verursacht ist. Dies muß festgestellt werden und zwar nach den Vorschriften der Zivilprozeßordnung.[2] Erst dann ist die Ersatzpflicht auszusprechen.

Zu den Umständen des Einzelfalles, die besonders in Betracht gezogen werden sollen, gehört auch die Frage nach dem Verschulden, die Frage also, ob ein Verschulden überhaupt vorliegt,[3] z. B. bei Handlungen Jugendlicher, ob die zur Erkenntnis der Verantwortlichkeit erforderliche Einsicht vorhanden war (§ 828), ob eine Haftpflicht des Schädigers vorlag u. a. m. Über die Umstände, welche der Richter gemäß § 287 ZPO. zu berücksichtigen hat, gehört insbesondere das Erfordernis des Kausalzusammenhanges.[4] Für unsere Fälle des mitwirkenden Verschuldens des Verletzten erstreckt sich diese Prüfung des Kausalzusammenhanges auf die Mitwirkung bei der Entstehung des Schadens, wie ja dieser Begriff sich als ein Kausalbegriff dargestellt hat. Da nun aber auch eine Kausalität auf Seiten des Beschädigten vorhanden sein muß, so ergibt sich daraus, daß auch diese vom Richter zu beachten ist, und daß beide Kausalreihen zur Abwägung gestellt werden. In dieser Beziehung gibt nun der § 254 Abs. 1 a. E. bestimmte Anweisungen. Das Gesetz sagt, Verpflichtung und Umfang hängen von den Umständen, „insbesondere davon ab, inwieweit der Schaden vorwiegend von dem einen oder dem anderen Teile verursacht worden ist." Das Wort „insbesondere" hat hier nicht die

[1] Planck § 254 Ziff. 1.

[2] Dernburg, Bürgerl. Recht Bd. II Abt. 1 S. 63 Anm. 4.

[3] Über die Frage, inwieweit der Grad des Verschuldens zu beachten ist, s. unten.

[4] Vgl. RG. 6 S. 356f., 7 S. 369, 9 S. 418, 10 S. 64f.; auch Jur. Wochenschr. 1885 S. 66 Nr. 7.

Bedeutung, die ihm oft zukommt, daß es exemplifikatorisch steht, sondern es gibt dem Richter den direkten Hinweis, daß gerade das Kausalverhältnis bei der Entstehung des Schadens zu beachten sei. Auf die Erwägung, wer den Schaden vorwiegend verursacht hat, soll der Richter den hauptsächlichsten Nachdruck legen.[5]

Wir haben bereits oben (S. 18) festgestellt, daß das BGB. die Ersatzpflicht von der Abwägung der Kausalfrage abhängig macht. Das Gesetz steht demnach auf dem Standpunkt, den schon früher Pernice, von Bar und in jüngerer Zeit Haß einnahmen.[6] Auch diese hatten das Kausalverhältnis zu Grunde gelegt. Indessen besteht zwischen diesen Theorien und dem Gedanken des § 254 ein bedeutender Unterschied. Pernice und v. Bar sehen in dem Mitwirken des eigenen Verschuldens so gut wie stets eine Unterbrechung des Kausalzusammenhanges. Denn die Fälle, in denen v. Bar eine Mehrheit der Ursachen annimmt und daher die Unterbrechung des Kausalzusammenhanges ausschließt, sind fast nur theoretisch denkbar.[7] Eine Gleichzeitigkeit des Wirkens beider Ursachen kann wohl nie in der abstrakten Weise gedacht werden, ohne daß nicht doch eine, wenn auch geringe Differenz in der Zeit 2c. vorhanden ist. Die Anschauungen beruhen auf dem von uns verworfenen Ursachenbegriff v. Bar's, welchen auch das BGB. nicht angenommen hat. Die Mitwirkung des eigenen Verschuldens kann zwar den ursächlichen Zusammenhang unterbrechen. Es gibt aber nach der Auffassung des BGB. ein Mitverursachen, d. h. es können zwei Ursachen einen Erfolg herbeiführen, ohne daß die eine Ursachenreihe die andere aufhebt. Der Kompensationsgedanke ist dem Prinzip der Abwägung gewichen. Soll nach dem Wortlaut des § 254 die vorwiegende Verursachung der ausschlaggebende Faktor sein, so folgt daraus, daß das eigene Verschulden nicht als Ersatzausschließungsgrund, sondern grundsätzlich als Ersatzminderungsgrund gedacht ist. Denn in dem Maße wie die Teilnahme des Beschädigten überwiegt, wird sein Ersatzanspruch gemindert; dies kann zur Ausschließung führen. Die Bedeutung des Wortes „vorwiegend" läßt dies klar erkennen. Es enthält den Gedanken, daß die bei der Abwägung als die größere sich herausstellende Ursache die Ersatzpflicht in der eben angegebenen Weise beeinflußt.

Das Vorwiegen der Verursachung bedeutet nun, was schon

---

[5] Cohn S. 117.

[6] Vgl. oben § 7 Anm. 3.

[7] v. Bar, Die Lehre vom Kausalzusammenhange S. 29 Anm. 4.

mehrfach hervorgehoben wurde, ein Abwägen der Größenverhältnisse beider Ursachen. Man hat in dieser Bestimmung eine Erinnerung an den Birkmeyerschen Ursachenbegriff gefunden.[8] Man mag diese Theorie festhalten oder nicht, jedenfalls hat das Gesetz dann den Begriff der wirksamsten Ursache, wie ihn Birkmeyer aufgestellt hat, abgeschwächt. Denn dieser Begriff läßt, wie an anderer Stelle ausgeführt ist, eine Mehrheit der Ursachen nicht zu, wenngleich Birkmeyer selbst anderer Ansicht ist.[9] Viel einfacher gestaltet sich nach der von uns aufgestellten Annahme das Verhältnis der Größe beider Ursachen. Da wir den bloßen Eingriff in die Rechtssphäre als die Ursache annehmen, so ist die Ursache eine größere, wenn sie sich tatsächlich als der größere Eingriff darstellt. Hieraus folgt, daß auch die Wirkungen sich nach dem Größenverhältnisse der Ursachen bestimmen; der größere Eingriff zieht die größere Schadensfolge nach sich. Danach soll dann die Ersatzpflicht bestimmt werden.

So würde sich das Verhältnis nach dem Wortlaut des Gesetzes gestalten. Diese Annahme ließe sich logisch sehr wohl rechtfertigen und würde theoretisch als Konstruktion des mitwirkenden Verschuldens anzusehen sein. Die Regelung im Gesetz bleibt aber Theorie. Bei der Anwendung des soeben entwickelten Prinzips ergeben sich so erhebliche Schwierigkeiten und Unzuträglichkeiten, daß man bei den Bestimmungen des Gesetzes nicht stehen bleiben kann, sondern nach einem Ausweg sich umsehen muß, welcher den Anforderungen der Praxis genügt. Die Regelung dieser Lehre kann daher als eine gelungene nicht bezeichnet werden.[10]

Die allgemeine Anschauung in der Literatur, welcher die Praxis der Gerichte gefolgt ist, ging in der letzten Zeit vor dem Inkrafttreten des BGB. dahin, daß man das Verschulden gegen einander abwog und hiernach demjenigen Teile, den das größere Verschulden traf, die Ersatzpflicht dementsprechend auferlegte. Danach wurde auch das Kausalverhältnis aufgesucht.[11] Es kann unmöglich angenommen werden,

---

[8] v. Liszt, Deliktsobligationen S. 81.

[9] Vgl. 8 Anm. 9.

[10] Diese Ansicht ist die allgemein verbreitetste; eben weil man das Abstellen auf die Kausalfrage als Mißgriff betrachtet. Vgl. Haß a. a. O. S. 419 Anm. 60; Wendt, Die im Verkehr erforderliche Sorgfalt im Archiv f. d. ziv. Praxis Bd. LXXXVII S. 442 f. Titze, Die Unmöglichkeit der Leistung S. 185 Anm. 18. AM. im Ganzen, Cohn S. 96.

[11] Wendt, Eigenes Verschulden, a. a. O. S. 165; Seuffert Bd. XXXVII Nr. 219; Bolze Bd. I Nr. 368; Bd. III Nr. 268; Bd. XIX Nr. 244.

daß das BGB. dieses Prinzip abgeschafft und nur dem reinen Kausalverhältnisse die herrschende Stelle eingeräumt haben sollte, wie sich aus seinen Worten allerdings zu ergeben scheint. Das Gesetz legt selbst auf das Verschulden des Beschädigten das Gewicht, während es, wie wir sehen, auf die Kausalität den Gedanken der Abwägung stützt. Eine Verwechselung oder Gleichstellung des „Verschuldens" mit dem „Verursachen" können wir nicht annehmen, dem widerspräche auch die Entstehungsgeschichte des § 254.[12] Es soll nun ein Verschulden bei der Entstehung des Schadens mitgewirkt haben, d. h. es muß kausal geworden sein. Wenn wir daran erinnern, welche Bedeutung wir den Worten beigelegt haben, „ein Verschulden ist kausal", so kommen wir zur der Ansicht, daß nur die schuldhafte Handlung oder Unterlassung die Ursache gewesen sein kann. Dies bedeutet wiederum, daß der Eingriff auf einem Willensfehler, eben dem Verschulden, beruhte. Wie ist nun der Widerspruch zu lösen, der in dem Erfordernis des mitwirkenden Verschuldens des Beschädigten und dem des vorwiegenden Verursachens liegt?

Die menschlichen Handlungen können ohne Beziehung zur Willenstätigkeit nicht gedacht werden. Der Wille steht hinter dem Tun, er beeinflußt es und läßt es in die Erscheinung treten. Dem Eingriff in die Rechtssphäre eines anderen, d. i. einer Handlung und einer Tatsache, welche wir Ursache nennen, liegt stets ein Willensmoment zu Grunde. Dieses müssen wir beachten, wenn anders wir von einer Zurechnungsfähigkeit und einer Verantwortlichkeit sprechen wollen. Bei einem Willensfehler, einem Verschulden, müssen wir daher den fehlerhaften Vorgang in Beziehung setzen zu der Handlung, die er erzeugt. Die Größe des Willensfehlers wird die Größe der Handlung beeinflußen, d. h. der Eingriff in die Rechtssphäre wird ein größerer werden, je nachdem der Willensfehler ein größerer ist oder nicht. Während aber, wie wir gezeigt haben, die Verschiedenheit in der Stärke der Willensvorgänge eine verschiedene Qualifizierung gebietet, mit der Intensität sich die Qualität verändert, nimmt die Größe der Handlung oder der Eingriff in die fremde Rechtssphäre nur der Intensität nach zu. Die Größe der Ursache steht daher in Beziehung zur Größe des Verschuldens, letzteres stuft sich aber nach verschiedenen Graden ab. Daraus folgt, daß der Grad des Verschuldens auch die Größe der Ursache im Gefolge hat, so daß wir, falls wir die Größe

[12] Protokolle Bd. II S. 601 ff.

der Ursache bestimmen wollen, nach dem oben zuerst ausgesprochenen Satze, auch den Grad des Verschuldens in Betracht ziehen müssen. Das bedeutet, daß die auf einem Vorsatz beruhende Handlung, also der vorsätzliche Eingriff in die Rechtssphäre eines anderen sich als größere, als vorwiegendere Verursachung gegenüber dem Eingriff aus Fahrlässigkeit darstellt. Dies ist beim Vorsatz auch deshalb der Fall, weil er die Voraussicht der eintretenden Wirkung enthält, während die Fahrlässigkeit nur die Voraussehbarkeit enthält. Die in dem Rechtskreis des anderen eintretende Wirkung gibt einen Maßstab der causa.

Aus allem folgt, daß man bei der Prüfung der Frage nach dem vorwiegenden Verursachen auf Seiten des Beschädigten auch den Grad seines Verschuldens unbedingt berücksichtigen muß. In welcher Weise das Verschulden selbst in die Erscheinung tritt, ist im vorigen Paragraphen besprochen worden. Hier ist nur soviel zu sagen, daß der Grad des Verschuldens bei der Abwägung, welcher Teil den Schaden vorwiegend verursacht hat, zu beachten ist, weil hieraus auf den Grad der Verursachung geschlossen werden kann.[13] Es muß hierbei bemerkt werden, daß im allgemeinen die Ausdrucksweise, deren sich die Gerichte, selbst das Reichsgericht, bedienen, eine ungenaue ist. Man kann nicht, wenn man genau juristisch spricht, davon reden, daß man untersucht, z. B. welches Verschulden als die wirkliche Ursache eines Unfalls anzusehen ist.[14] Ebenso ungenau ist es, zu sagen, es käme darauf an, festzustellen, welche Verschuldung als die überwiegende, somit eigentliche Ursache anzusehen sei.[15] Man wird in der Praxis jedenfalls von dieser Ausdrucksweise nicht abgehen; es ist nur festzustellen, daß sie ungenau ist.

Der Abwägungsgedanke tritt erst in die Erscheinung, wenn zu dem Verschulden des Beschädigten die Haftpflicht des Schädigers hinzutritt. Die Abwägung des reinen Ursachenverhältnisses ist hier meist nicht möglich. Die Frage nach dem Grade der Verschuldung tritt in die Erscheinung. Für den Beschädigten schreibt es das Gesetz selbst vor. Da aber eine Haftpflicht für den Schädiger auf Grund der Kausalhaftung, d. h. ohne Verschulden zulässig ist, so könnte es den Anschein haben, als führe die von uns vertretene Ansicht stets zu einer Abweisung des Beschädigten, dem im Gegensatz zum Schädiger

[13] Vgl. Titze a. a. O. S. 135 Anm. 18.

[14] Jur. Wochenschr. 1898 S. 85[63], S. 308[76], Bolze Bd. I Nr. 863.

[15] Bolze Bd. III Nr. 263.

ein Verschulden nachzuweisen ist. Man wird hier im Einzelfalle abzuwägen haben, ob nicht das schuldhafte Verursachen des Verletzten gleichmäßig mit dem reinen Verursachen des Schädigers mitgewirkt habe. Danach muß der Ersatzanspruch gemindert oder ausgeschlossen werden. Hier scheint das Prinzip des Abwägens der Ursachen, wie es von der Reichstagskommission geplant war, durchbrochen. Das Reichsgericht hat in einem das Haftpflichtgesetz § 1 betreffenden Falle entschieden, daß dort, wo das Verschulden des Beschädigten eine mitwirkende Ursache sei, abzuwägen sei, „in welchem Maße einerseits Verschulden des Verletzten, andrerseits die von dem Unternehmer zu vertretende Betriebsgefahr die Ursache gewesen sei".[16] Das gleiche muß man z. B. für den Fall des § 833 sagen. Hier kann eine Abwägung des beiderseitigen Verschuldens nicht stattfinden, es muß aber das Verschulden des Verletzten in Betracht gezogen werden. Stellt es sich als erhebliches dar, so würde der Tierhalter von der Haftung befreit sein, ist es ein geringeres, so tritt eine Minderung der Ersatzforderung ein.[17] Es ergibt sich demnach, daß in den Fällen der Kausalhaftung das Maß, d. h. der Grad des Verschuldens des Verletzten in Betracht zu ziehen ist. Jedenfalls würde das Zurückgehen auf die reine Kausalfrage auch hier versagen.

Ist aber auch der Schädiger in culpa und soll das Kausalverhältnis abgewogen werden, so wird man zunächst das beiderseitige Verschulden zu Grunde legen, bezw. von demselbən ausgehen müssen. Denn anders wird es nicht möglich sein, das Kausalverhältnis zu eruieren. Auch dies ergibt sich aus den obigen Ausführungen. Um das Größenverhältnis beider Ursachen an ihren Wir'ungen festzustellen, wird das Verschulden in die Abwägung mithinein gezogen werden müssen. Man wird also das Verschulden gegeneinander abzuwägen haben, um dann zu sagen, welcher Teil den Schaden vorwiegend verursacht hat. Daher wird der Grad des beiderseitigen Verschuldens für die Ersatzpflicht von besonderer Bedeutung sein und Beachtung verdienen.

Zu diesem Ergebnis gelangt die Mehrzahl der Schriftsteller.[18] Indessen ist der Weg, den die meisten einschlagen, ein anderer. Wir leiten unsere Forderungen aus den allgemeinen Beziehungen ab, welche zwischen den Grundsätzen der Kausalität und des Verschuldens bestehen.

---

[16] Deutsche Juristen-Zeitung 1908 S. 177 Nr. 82.

[17] RG. 51 S. 278; bei Gruchot 47 S. 405.

[18] Dernburg, Bürgerl. R. Bd. II Abt. 1 S. 75; Planck § 254 Ziff. 1. Vgl. v. Leyden S. 52f.

Andere dagegen haben, indem sie dem Wortlaut des § 254 zu Liebe das Kausalverhältnis als das maßgebende ansehen, die Beachtung des Verschuldens zwar gebilligt, aber unter Hinweis auf die Umstände des Falles; unter diesen sollen besonders die Grade des Verschuldens verstanden werden.[19] Es zeigt sich jedenfalls, daß das Gesetz nicht den Anforderungen entspricht, welche die Praxis stellt, und daß daher über den eigentlichen Wortlaut hinaus ein Weg gesucht werden muß, um es den Bedürfnissen des Lebens anzupassen.

Es ist bereits hervorgehoben worden, daß von einer Mitwirkung des Beschädigten nicht nur in den Fällen des § 254 Abs. 1, sondern ebenfalls des Abs. 2 die Rede sein kann. Es gilt daher das Gesagte auch für die Fälle der Unterlassungen. Besonders ist hier die Frage der Berücksichtigung des Grades des Verschuldens von Wichtigkeit, wenn bei der Entstehung des Schadens ein beiderseitiges Unterlassen, mitgewirkt hat.

§ 9. Die Ersatzpflicht und der Umfang des Ersatzes.

Nach dem vorwiegenden Verursachen soll sich, wie das Gesetz sagt, die Verpflichtung zum Ersatz und der Umfang desselben richten. Die erstere entsteht mit der Begehung der Tat, mit dem Eingriff in die Rechtssphäre eines anderen. Dieser Eingriff, die Ursache, ist der Zeitpunkt, in welchem sie für den Ersatzpflichtigen zum erstenmal in die Erscheinung tritt. Durch die vom Beschädigten selbst gesetzte Ursache kann sie wieder ausgeschlossen oder aber vermindert werden. Dazu ist eine selbstverständliche Voraussetzung, daß das schuldhafte Handeln des Beschädigten im Kausalzusammenhang steht mit dem schließlich eingetretenen Erfolge. Ergibt sich, daß dies nicht der Fall war, so kann von einer Anwendung des § 254 nicht die Rede sein. Dann muß also der Schädiger allein den Ersatz tragen. Andererseits aber wird dem Beschädigten die Ersatzpflicht auferlegt, wenn er zum größten Teile selbst den Erfolg herbeigeführt hat. Es ist hierbei zu bemerken, daß der Ausdruck, die Ersatzpflicht treffe den Beschädigten, nicht genau ist; es müßte vielmehr heißen, daß er seines Ersatzanspruches verlustig geht. Indes läßt sich die gebrauchte Ausdrucksweise vom Standpunkt einer Schadensverteilung aus wohl rechtfertigen. Die Fälle, in denen der Beschädigte den Verlust zu tragen hat, sind

---

[19] So Enneccerus a. a. O. S. 405, vgl. Rümelin S. 144 u. a. m. Dagegen bes. Endemann S. 596; Schollmeyer § 254 Ziff. 5; vgl. Labowsky, Eigenes Verschulden S. 88f. RG. 51 S. 278.

diejenigen, welche sich als Unterbrechuug des Kausalzusammenhanges darstellen. Hier hört die Haftung des Schädigers auf, das neu-eintretende Moment des eigenen Verschuldens führt den Erfolg herbei. Die Mitwirkung gestaltet sich also hier zu einer vorwiegenden Wirkung durch den Beschädigten. Ein völliges Mitwirken zu gleichen Teilen wird kaum vorkommen; sollten aber beide Parteien die gleichen oder wenigstens annähernd gleiche Ursachen gesetzt haben, so wird die Ersatzpflicht auf beide zu verteilen sein, so daß etwa der Kläger mit seinen Forderungen zur Hälfte abzuweisen wäre. Der Unterschied zwischen dem erstgenannten Fall, der Unterbrechung des Kausalzusammenhangs, und diesem wird sich auch in der Kostenverteilung bemerkbar machen.[1]

Ist einmal die Verpflichtung zum Ersatze festgestellt, so fragt es sich weiter, in welcher Weise der Umfang des entstandenen Schadens abgemessen werden soll. Der Verschiedenheit der Einzelfälle wegen können wir uns nur auf einige allgemeine Bemerkungen beschränken. Zunächst ist nur der wirklich entstandene Schaden zu ersetzen, welcher seinerseits nach objektiven oder subjektiven Gesichtspunkten ermittelt werden kann; das Interesse ist der wichtigste Fall der letzteren. Sogenanntes Affektionsinteresse, d. h. dasjenige, welches allein in der Vorstellung des Beschädigten beruht, kann nicht verlangt werden.

Der Schaden kann sowohl ein damnum emergens als auch ein lucrum cessans sein; von ersterem spricht man dann, wenn ein Verlust in der vorhandenen Vermögenssphäre des Beschädigten entsteht, von letzterem dagegen, wenn ein Gewinn nicht erzielt wird, welcher, wie § 252 sagt, „nach dem gewöhnlichen Laufe der Dinge oder nach den besonderen Umständen, insbesondere nach den getroffenen Vorkehrungen mit Wahrscheinlichkeit erwartet werden konnte". Der Einzelfall muß entscheiden.[2] Entsteht aus einem Ereignis zugleich Schaden und Nutzen, so kann als Schaden nur der überwiegende Verlust in Anrechnung gebracht werden, welcher sich nach der Ausgleichung ergibt.[3] Im Falle des § 254 kann also nur gegen diesen Schaden die Einrede des eigenen Verschuldens erhoben werden, nur er kann gemindert werden.

---

[1] Für den letztgenannten Fall würde § 92 ZPO. zur Anwendung gelangen.

[2] Vgl. im allgemeinen Cosack, Bürgerl. Recht Bd. I S. 321; auch Dernburg, Bd. 2 Abt. 1 § 29.

[3] Vgl. Oertmann, Die Vorteilsausgleichung beim Schadensersatzanspruch.

Ein Schaden kann auch dadurch entstehen, daß dem Beschädigten Verpflichtungen oder Verbindlichkeiten auferlegt werden, von denen er Befreiung verlangt. Durch eigenes Verschulden des Beschädigten kann hier der Umfang dadurch z. B. gemindert werden, daß dem Verpflichteten nur ein Teil des Ersatzes der Verbindlichkeiten auferlegt oder die Übernahme einiger anbefohlen wird.

Die Art und Weise, in welcher ein Schaden entsteht und in welcher er gemindert oder abgewendet werden kann, ist verschieden. § 249 läßt als primäre Ersatzpflicht die Wiederherstellung des Zustandes zu, der bestehen würde, wenn der zum Ersatz verpflichtende Umstand nicht eingetreten wäre.[4] Indes gewähren die §§ 250 und 251 unter bestimmten Voraussetzungen den Geldersatz. An Stelle des Geldersatzes kann eine andere Hingabe an Erfüllungsstatt erfolgen. Die Mehrheit der Fälle handeln von dem Vermögensschaden; ein Schaden, der nicht Vermögensschaden ist, kann nur in den vom Gesetz besonders vorgesehenen Fällen verlangt werden (§ 253). Ob ein solcher Schaden auch den Vorschriften des § 254 unterliegt, wollen wir sogleich erörtern.

In welchem Umfange also der Schaden ersetzt werden kann und in welcher Weise er gewährt wird, kann verschieden sein.

Besondere Schwierigkeiten machen die Rentenfestsetzungen bei Körperverletzungen. Hier ist zu beachten, inwieweit die Erwerbsfähigkeit des Beschädigten gemindert ist, ob sie aufgehoben, ob eine Vermehrung seiner Bedürfnisse eingetreten ist (§ 843 Abs. 1). Auch hier muß nach dem einzelnen Falle entschieden werden, allgemeine Grundsätze für alle Fälle lassen sich nicht aufstellen. Nur soviel ist zu sagen, daß die Rentenansprüche, einschließlich der Heilungskosten dem Einwande des § 254 unterliegen, also die Ansprüche hierauf abgewiesen oder gemindert werden können. Nun bestimmt § 847, daß im Falle der Verletzung des Körpers oder der Gesundheit von dem Beschädigten auch wegen des Schadens, der nicht Vermögensschaden ist, eine billige Entschädigung in Geld gefordert werden kann. Hat bei der Entstehung des Schadens ein Verschulden des Beschädigten mitgewirkt und fordert der Verletzte eine solche Entschädigung, etwa als Schmerzensgeld, so muß man sagen, daß auch dieser Anspruch dem Einwande des § 254 unterliegt. Wird der Verletzte völlig ab-

[4] Vgl. darüber auch unten § 16 Anm. 12.

gewiesen, so fällt auch der Anspruch aus § 847 hin, wird er ein zum Teil abgewiesen, so mindert er sich entsprechend. Denn da die Zuerkennung des nicht vermögensrechtlichen Schadens die Berechtigung einen Vermögensschaden zu verlangen, voraussetzt, so widerspräche es dem Grundgedanken des Gesetzes, dem Verletzten den Vermögensanspruch zu kürzen, den nicht vermögensrechtlichen Anspruch dagegen zu belassen.

Diese Bemerkungen erscheinen uns wesentlich, auf Einzelheiten einzugehen, ist hier nicht der Ort. Eine Frage erübrigt sich noch, die nämlich, ob der Ersatzberechtigte stets der Verletzte ist, und wenn er dies nicht ist, ob dann der dritte sich den Einwand aus § 254 entgegensetzen lassen muß. Hierüber gibt § 846 folgende Bestimmung: „Hat in den Fällen der §§ 844, 845 bei der Entstehung des Schadens, den der Dritte erleidet, ein Verschulden des Verletzten mitgewirkt, so finden auf den Anspruch des Dritten die Vorschriften des § 254 Anwendung." Der hier angezogene § 844 bestimmt für den Tötungsfall, daß der Ersatzpflichtige die Beerdigungskosten zu tragen habe. Stand der Getötete zur Zeit der Verletzung zu einem Dritten in einem Verhältnisse, vermöge dessen er diesem kraft Gesetzes unterhaltspflichtig war oder werden konnte, so hat er dem Dritten durch eine Rente Schadensersatz zu leisten, falls diesem durch die Tötung das Recht auf den Unterhalt entzogen wurde. § 845 bestimmt, daß im Falle der Tötung, der Verletzung des Körpers oder der Gesundheit und im Falle der Freiheitsentziehung der Ersatzpflichtige, falls der Verletzte kraft Gesetzes einem Dritten zur Leistung von Diensten in dessen Hauswesen oder Gewerbe verpflichtet war, dem Dritten für die entgehenden Dienste durch Entrichtung einer Geldrente Ersatz zu leisten habe. In diesen Fällen also muß sich der Dritte, z. B. die klagende Witwe den Einwand entgegenhalten lassen, daß der Verletzte, etwa der Mann, sich eines mitwirkenden Verschuldens schuldig gemacht habe. Demnach muß sie sich den Ersatzanspruch mindern lassen, kann ihn sogar auch ganz verlieren. Der Kreis der Personen, denen gegenüber § 254 anwendbar sein kann, ist ein engbegrenzter. Eine Erweiterung enthält der § 618 Abs. 3 für die kraft Vertrages Dienstberechtigten und der § 62 HGB. für die Handlungsgehülfen und Lehrlinge.

Der Ersatzpflichtige braucht nicht der Schädiger zu sein, sondern kann ebenso der gesetzliche Vertreter oder eine andere haftpflichtige Person sein (vgl. §§ 278, 831, 832, 834).

IV. Abschnitt.

Das Anwendungsgebiet des § 254 BGB.

§ 10. 1. Im Bürgerlichen Gesetzbuch.

Da der § 254 seinem Grundgedanken nach eine Verteilung der Schadensersatzpflicht enthält, so ist damit ein allgemeiner Rechtssatz ausgesprochen, welcher je nach der Beteiligung des Beschädigten bei der Entstehung des Schadens, dessen Anspruch zu mindern oder auszuschließen gestattet. In allen rechtlichen Verhältnissen wird es darauf ankommen, dieses letztgenannte Moment hervorzuheben und den Umfang des Schadens festzustellen, den der eine oder der andere Teil zu ersetzen hat. Man müßte annehmen, daß der Grundsatz des § 254 überall dort Anwendung findet, wo ein Schaden entstanden ist und es sich um dessen Geltendmachung handelt. Ein so allgemeiner Grundsatz läßt sich aber, wie wir unten sehen werden, dem Gesetze gegenüber nicht aufrecht erhalten.

Was zunächst die Anwendbarkeit des § 254 anlangt, so macht es keinen Unterschied, ob ein Vertragsverhältnis oder eine außervertragliche Beschädigung in Frage steht. Im erstgenannten Falle wiederum ist bestritten worden, daß die Bestimmung des § 254 bei der sog. abstrakten Schadensberechnung anwendbar sei.[1] Man hat sie vielmehr nur bei der Berechnung des sog. konkreten Schadens gelten lassen wollen. Es ist aber nicht einzusehen, welche Gründe dazu führen sollen, denjenigen der die Einbuße an seinem Vermögen berechnet (konkreter Schaden), schlechter zu stellen als denjenigen, der die Differenz seines Vermögens in Rechnung stellt, wie es ohne Dazwischentreten des schädigenden Ereignisses gewesen wäre, m. a. W. die Preisdifferenz des Lieferungs- und Verkaufstages liquidiert. Die abstrakte Berechnung wird ihrem Wesen nach nur bei marktgängigen Waren mit bestimmter Preisnotierung Platz greifen; es ist in der Tat völlig unerheblich, wie der Schaden geltend gemacht wird, so daß wir sowohl bei abstrakter wie bei konkreter Berechnung die Bestimmung des § 254 für anwendbar halten. Denn die Art der Berechnung ist gleichgültig; es kommt ja nur darauf an, ob bei der Entstehung des Schadens das Verschulden des Beschädigten mitgewirkt hat.

Es bedarf keiner weiteren Erwähnung, daß das Prinzip des § 254 in all den Fällen Anwendung finden muß, in denen dieser

[1] So bes. von Staub, Deutsche Jur.-Zeitung 1901 S. 160; vgl. Komm. S. 1280 Anm. 28 und S. 1285. Dagegen Broh, Deutsche Jur.-Zeitung ebd. S. 284.

Paragraph direkt oder indirekt erwähnt wird. Eine direkte Anführung geschieht im § 846, in welchem zugleich eine Ausdehnung derart geschieht, daß auch der Dritte, der in den Fällen der §§ 844, 845 bei der Entstehung des Schadens mitgewirkt hat, auf sich die Bestimmung des § 254 anwenden lassen muß. Eine indirekte Erwähnung liegt vor, wenn in einer Bestimmung der § 846 angezogen wird, denn darin liegt zugleich die Anführung des § 254, z. B. § 618 Abs. 3. Hiernach kann der Dienstberechtigte, welcher seine ihm in Ansehung des Lebens und der Gesundheit obliegenden Verpflichtungen nicht erfüllt, dem Dienstverpflichteten gegenüber sich darauf berufen, daß der letztere bei der Entstehung des Schadens (Körperverletzung, Gesundheitsbeschädigung) mitgewirkt hat.

Für das Anwendungsgebiet des § 254 könnten ferner alle Fälle sonst, wie wir sahen, in Betracht kommen, in denen eine Schadensersatzpflicht vom Gesetz statuiert wird. Aus welchen Gründen eine solche Pflicht begründet ist, kann im allgemeinen unerörtert bleiben. Wir wollen zunächst uns dem Schadensersatz aus Vertragsverletzungen zuwenden und einige Fälle besprechen, in denen unser Prinzip zur Anwendung gelangen kann. Daß wir nicht auf alle Einzelheiten eingehen, sondern nur einen geringen Teil der Bestimmungen herausgreifen können, bedarf keiner besonderen Begründung.

§ 280 bestimmt, daß der Schuldner, durch dessen Verschulden eine Leistung unmöglich wird, dem Gläubiger den daraus entstehenden Schaden zu ersetzen hat. Daß hier bei der Entstehung des Schadens ein Verschulden des Beschädigten, d. h. des Gläubigers mitgewirkt haben kann, ist wohl möglich; insbesondere ist es denkbar, daß er sich einer der Unterlassungen des § 254 Abs. 2 schuldig gemacht hat, z. B. der, den Schaden zu mindern.[2] Die entsprechende Anwendung des hier Gesagten ist im § 325 gegeben.[3]

Die gleiche Vorschrift greift in dem Falle des § 283 Platz, nach welchem der Gläubiger dem rechtskräftig verurteilten Schuldner zur Bewirkung der Leistung eine angemessene Frist setzen kann mit der Erklärung, daß er nach dem Ablaufe der Frist, die Annahme ablehne. Nach dem Ablaufe der Frist kann er dann vom Schuldner Schadensersatz wegen Nichterfüllung verlangen. Besonders wichtig ist die Frage, ob bei dem Verzuge des Schuldners ein mitwirkendes

[2] Planck, § 280 Ziff. 3; Vgl. zu dem folgenden auch v. Leyden Kulpakompensation S. 84 ff.

[3] Planck, § 325 Ziff. 1a.

Verschulden des Gläubigers denkbar und möglich ist. Dies ist aber sehr wohl anzunehmen, es ließen sich eine größere Zahl Beispiele bilden, in denen bei der Entstehung des Schadens ein Verschulden des Gläubigers mitgewirkt haben kann und in denen der Abwägungsgedanke zum Durchbruch kommt. Die gleichen Erwägungen führen auch im § 326 zu der Annahme, daß dem daselbst geltend gemachten Schadensersatzanspruche der § 254 entgegengehalten werden kann. Es sind noch zahlreiche Fälle sonst denkbar, in denen eine Anwendung des § 254 gestattet ist,[4] wir wollen an dieser Stelle nur zwei hervorheben, in denen sie angezweifelt worden ist; es sind dies die §§ 391 Abs. 1 und 867. Man hat gesagt,[5] daß dort, wo der Schadensersatz den Preis dafür bilde, daß das Gesetz eine bestimmte Handlung zuläßt, für die Ersatzpflicht nur die freie Entschließung des zur Vornahme der Handlung Berechtigten den Grund abgeben könne. Wir können in beiden Fällen keine Ausnahmen von den gewöhnlichen Regeln sehen. Aus welchem Grunde das Gesetz einen Schadensersatzanspruch feststellt, kann für die Anwendung des § 254 nicht in Frage kommen. Es ist nur zu untersuchen, ob bei der Entstehung des Schadens der Beschädigte schuldhaft mitgewirkt hat; dies ist auch dort zulässig, wo der Schadensersatz den Preis für die Zulassung einer Handlung bildet. Denn dem Beschädigten liegt hier nach § 254 Abs. 2 die Pflicht ob, den anderen Teil auf die Gefahr des ungewöhnlich hohen Schadens aufmerksam zu machen. Hieraus folgt, daß er in zahlreichen Fällen die Handlung des anderen Teiles durch jene Fürsorgepflicht hindern oder auch den entstehenden Schaden abwenden kann. So liegt es auch bezüglich der §§ 391 Abs. 1 und 867. Im ersteren Fall kann der aufrechnende Teil dem anderen gegenüber sich sehr wohl darauf berufen, daß er es unterlassen hat, ihn auf die Gefahr eines ungewöhnlich hohen Schadens, z. B. einer Konventionalstrafe, aufmerksam zu machen, der aus der Aufrechnung an einem anderen als dem bestimmten Orte entstehen könne, da er in diesem Falle von der Aufrechnung Abstand genommen hätte. Er kann damit den Ersatzanspruch des anderen ausschließen. Ebenso liegt es im Falle des § 867. Der Beschädigte, d. i. der Besitzer des Grundstücks muß den anderen Teil auf einen besonders hohen Schaden aufmerksam machen, z. B. daß derjenige, dem ein Hut auf

[4] Vgl. Cohn S. 382 ff. wegen der Vertragsstrafe, S. 884 wegen des Gesamtgläuber- bezw. Schuldnerverhältnisses.

[5] Cohn, S. 109 f.

sein Grundstück gepflogen ist, ein besonders kostbares Blumenbeet zertreten kann; unterläßt er dies, so wird der andere Teil sich auf § 254 berufen können. Es ist also nicht einzusehen, weshalb in diesen Fällen dem Schädiger nicht das gleiche Recht zustehen soll, wie auch sonst.

Was nunmehr die Anwendung des § 254 bei den unerlaubten Handlungen anlangt, so steht dieselbe im allgemeinen der bei Verträgen insofern gleich, als sie auch hier grundsätzlich zulässig ist. Es ist unbestritten, daß derjenige, der von der Wunde den Verband abreißt, für den hieraus entstehenden Schaden nicht den Täter in Anspruch nehmen kann; dieser wird sich vielmehr auf den § 254 stützen. Das gleiche gilt in den meisten der im § 823 Abs. 1 geregelten Fällen. Die Bestimmung des § 823 Abs. 2 werden wir unten behandeln. Anwendbar ist der Einwand des eigenen Verschuldens auch im § 824; denn wenn jemand durch seine eigenen Äußerungen oder dergl. zu Behauptungen Anlaß gegeben hat, wie sie § 824 schadenspflichtig macht, wird dem Anspruch des Beschädigten mit dem Hinweis auf § 254 entgegentreten können.[6] In dem Fall des § 825 dagegen wird sich der Täter nicht auf die Mitschuld der Frauensperson berufen können, etwa mit dem Einwande, daß sie in die Gestattung eingewilligt habe. Denn eine gewisse Einwilligung derselben gehört stets zu der Handlung des Täters.[7] Inwieweit die Bestimmung des § 254 Abs. 2 wegen einer Minderung des Schadens durchgreift, ist nur nach Lage des Einzelfalls und auch hier, wie uns scheint, möglichst einschränkend zu beurteilen. Der § 826 kann ebenfalls die Anwendung des § 254 auf Seiten des Beschädigten gestatten; er kann, wie mit Recht hervorgehoben worden ist,[8] sich gleichfalls eines Verstoßes gegen die guten Sitten schuldig gemacht haben und muß sich darum seine Ersatzforderung mindern lassen; er kann insbesondere eine der im § 254 Abs. 2 geregelten Unterlassungen begangen haben.

In die Reihe der unerlaubten Handlungen treten neben die eigentlichen Fälle eine Zahl solcher, welche ihnen gleichgestellt sind, obwohl man von Delikten hier nicht reden kann; es sind dies die §§ 833 ff. Hier wird man ohne weiteres der Bestimmung des § 254

[6] Vgl. auch Cohn S. 898.
[7] Cohn S. 894; bes. v. Liszt S. 96.
[8] Cohn S. 897.

Anwendung geben; z. B. wenn der durch das Tier Verletzte, dasselbe gereizt oder geneckt hatte rc.[9]

Eine Bestimmung aus dem Gebiete der unerlaubten Handlungen bedarf noch der Erwähnung, die des § 823 Abs. 2, nach welcher derjenige, welcher schuldhaft gegen ein den Schutz eines anderen bezweckendes Gesetz verstößt, dem anderen Schadensersatz zu leisten hat. Diese Bestimmung ist viel umstritten, wir müssen es uns versagen, hier auf die näheren Fragen einzugehen.[10] Wenn bei der Entstehung eines derartigen Schadens ein Verschulden des Beschädigten mitgewirkt hat, so wird hier die Anwendbarkeit des § 254 gegeben sein. Eine Bestimmung wie sie das preußische Allgemeine Landrecht I, 6 § 26 enthielt, kennt das BGB. nicht. Daher wird die Schadensforderung, die auf Grund des § 823 Abs. 2 entsteht, mit dem Einwande des § 254 abgewendet werden können. Verstößt auch der Beschädigte gegen ein Schutzgesetz, so wird sein Anspruch abgewiesen werden können, wenn dieser Verstoß als ein bei der Entstehung des Schadens mitwirkendes Verschulden anzusehen ist, besonders also, wenn dadurch der Schaden vergrößert worden ist.[11]

Außer in den bisher erwähnten Fällen der Anwendbarkeit des § 254 bei Verträgen und unerlaubten Handlungen, kann § 254 auch dann in Frage stehen, wenn es sich um eine Schadensforderung handelt, die aus keinem der soeben genannten Gründe herrührt, sondern kraft besonderer Bestimmung geschaffen ist. Es gehören hierher z. B. die §§ 31, 42, 228, 231, 989, 2219 u. a. m. In all diesen Fällen steht der Anwendbarkeit des § 254 ein Hindernis nicht entgegen.

Wir bemerkten bereits zu Eingang dieses Paragraphen, daß die Anwendbarkeit des § 254 bei Schadensersatzansprüchen grundsätzlich nicht ausgeschlossen sei, daß sich aber ein allgemeiner Satz nicht aufstellen lasse. In einer ganzen Reihe von Fällen dürfte nämlich infolge anderweiter Regelung im Gesetze der im § 254 ausgesprochene Gedanke keine Anwendung finden. Der Grund hierfür liegt in dem Umstande, daß im Gesetz selbst die Folgen des mitwirkenden Verschuldens des Beschädigten derart geregelt sind, daß eine Abwägung

---

[9] Vgl. Planck § 833 Ziff. 2c, § 835 Ziff. 2b, § 836 Ziff. 2b; RG. 51 S. 275, 52 S. 349.

[10] Vgl. v. Liszt, Deliktsobligationen S. 30 ff. Vgl. RG. in der Deutschen Juristen-Zeitung 1902 S. 92 Nr 16.

[11] Für das preußische Recht, vgl. RG. 21 S. 210.

i. S. des § 254 nicht mehr stattfinden kann, sondern daß eine Ersatzpflicht völlig ausgeschlossen ist.

Zunächst wird es sich um die Beziehung des § 254 zu §§ 249, 250 handeln. Nach § 249 soll der Schaden durch Naturalrestitution geleistet werden. In diesem Falle kann der § 254 insoweit keine Anwendung finden, als eine solche Wiederherstellung ohne besondere wirtschaftliche Aufwendungen möglich ist; nur wenn solche erforderlich geworden sind, kann auch der § 254 eingreifen.[12] Dies wird auch für den § 250 insoweit gelten müssen, als der Ersatz in Geld nicht an die Stelle des Anspruchs auf Herstellung ohne Aufwendungen tritt; denn sonst könnte sich der Schädiger mit dem Einwand aus § 254 von der Ersatzpflicht dadurch befreien, daß er die ihm gesetzte Frist verstreichen läßt, ohne die Herstellung vorzunehmen.[13]

In zweiter Reihe gehören hierher die folgenden Bestimmungen des Gesetzes:

§ 122 bestimmt, daß derjenige, welcher eine nach § 118 nichtige oder eine aus Irrtum abgegebene Erklärung anficht, dem anderen Teile des sog. negative Vertragsinteresse zu ersetzen hat. Abs. 2 sagt dann, daß die Schadensersatzpflicht nicht eintritt, wenn der Beschädigte den Grund der Nichtigkeit oder Anfechtbarkeit kannte oder kennen mußte. Hier ist nach unserer Meinung die Anwendbarkeit des § 254 in dem Falle völlig ausgeschlossen, wenn der Beschädigte die Kenntnis der Nichtigkeit oder Anfechtbarkeit zur Zeit der Abgabe der Willenserklärung hatte. Denn in diesem Falle ist, unabhängig von den Vorschriften des § 254 Abs. 1 und Abs. 2, die Ersatzpflicht im Gesetze selbst bereits derart geregelt, daß von einem Abwägen der vorwiegenden Verursachung nicht mehr die Rede sein kann. Steht erst einmal fest, daß der Beschädigte die Nichtigkeit kannte oder kennen mußte, so kommt es nicht weiter darauf an, ob ihm eine der im § 254 Abs. 2 normierten Unterlassungen zur Last fällt. Es liegt daher im § 122 Abs. 2 eine Erweiterung des Grundgedankens des § 254 zu Gunsten des Schädigers. Der bisher besprochene Fall, daß der Beschädigte die Kenntnis im Moment der Abgabe der Erklärung hatte, scheint nach dem Ausdruck des Gesetzes der von ihm allein beachtete zu sein. Wie verhält es sich aber, wenn der Beschädigte erst nachträglich von der Nichtigkeit bezw. Anfechtbarkeit Kenntnis erhält oder wenn es sich

[12] Cohn S. 879 f.
[13] Cohn S. 880.

aus nachfolgenden Umständen ergibt, daß er sie nachträglich kennen muß? In diesen Fällen greift die oben präsumierte Erweiterung zu Gunsten des Schädigers nicht durch; es macht sich der Beschädigte hier vielmehr einer Unterlassung des § 254 Abs. 2 schuldig; er muß den noch nicht entstandenen Schaden abzuwenden, den bereits entstandenen zu mindern suchen; er hat schließlich auch die Fürsorgepflicht gegenüber dem Erklärenden. Unterläßt er eine dieser Pflichten, so wird er in der Mehrzahl der Fälle mit seiner Klage abzuweisen sein. Man wird sich hier dem Gedanken der Abwägung i. S. des § 254 nicht verschließen können. Das Ergebnis wird für beide Fälle das gleiche sein, es wird in der Abweisung der Klage bestehen; nur die rechtliche Voraussetzung ist eine verschiedene. Worauf es uns ankam, war, zu zeigen, daß die Anwendbarkeit des § 254 im Falle des § 122 Abs. 2 ausgeschlossen ist.

Den zweiten Fall eines Ausschlusses des § 254 bietet der § 179. Der Vertreter ohne Vertretungsmacht hat dem anderen Teile auch hier das negative Vertragsinteresse zu ersetzen, wenn der Vertretene die Genehmigung des Vertrages verweigert. Nach Abs. 3 haftet der Vertreter dann nicht, wenn der andere Teil den Mangel der Vertretungsmacht kannte oder kennen mußte. Auch hier liegt, wie beim § 122, ein eigenes Verschulden des Beschädigten vor; aber auch hier kann der dem § 254 eigene Abwägungsgedanke nicht zum Durchbruch gelangen, da die Folge des konkurrierenden Verschuldens geregelt ist.

Diese Bestimmungen kehren in gleicher Form wieder in den §§ 306, 307. Kannten beide Teile bei der Schließung eines Vertrages die Unmöglichkeit der Leistung, so tritt nach § 307 Abs. 1 S. 2 eine Ersatzpflicht nicht ein. Es kommt auch hier nicht auf das Abwägen der vorwiegenden Verursachnng oder etwa auf eine Berücksichtigung des Grades beiderseitigen Verschuldens an. Dies ist hier die Verschiedenheit von den vorher erwähnten Fällen, daß sich hier der Schädiger stets in einem Verschulden befinden muß. Dasselbe besteht im Kennen oder Kennenmüssen der Unmöglichkeit der Leistung; in den Fällen der §§ 122 und 179 war ein Verschulden des Schädigers nicht erfordert. Da nun nach § 122 Abs. 2 das Kennenmüssen ein Nichtkennen infolge von Fahrlässigkeit ist, so tritt hier, wie erwähnt, die Beachtung des Grades des Verschuldens insoweit zurück, als die Ersatzpflicht auch dann ausgeschlossen ist, wenn auf der einen Seite ein Kennen der Unmöglichkeit, also Vorsatz oder vielleicht eine grobe

Fahrlässigkeit beim Abschluß des Vertrages vorliegt, auf der anderen Seite nur leichte Fahrlässigkeit vorhanden ist. Hier wird die Schwere des Verschuldens nicht im gegebenen Fall zur Abweisung der Klage führen; sondern es tritt die im § 307 geregelte Schadensfolge ex lege ein, ohne daß eine der im § 254 gegebenen Abwägungsregeln zur Anwendung gelangt. Daher erscheint die Verwertung des § 254 ausgeschlossen.

Im § 617 ist bestimmt, daß der Dienstberechtigte dem Verpflichteten, der in die häusliche Gemeinschaft aufgenommen worden ist, Verpflegung und ärztliche Behandlung in bestimmter Art zu gewähren hat, sofern nicht die Erkrankung von dem Verpflichteten vorsätzlich oder durch grobe Fahrlässigkeit herbeigeführt worden ist. Ist dies aber der Fall, so bedarf es bei etwaiger Verschuldung des Dienstberechtigten keiner weiteren Abwägung, sondern es fällt dann der Ersatzanspruch des Verpflichteten von selbst zusammen. Für den § 254 ist hier kein Raum. Anders allerdings ist es, wenn der Beschädigte die Erkrankung nur leicht fahrlässig herbeigeführt hat.

Sehr wichtig ist die Vorschrift der §§ 701, 702. Wenn der Gast oder die Personen, für welche er haften soll, den Schaden ohne ihr Verschulden „verursacht" haben, wie das Gesetz es vorschreibt, so kann der § 254 deshalb nicht in Frage kommen, weil dem Ersatzanspruch nicht die Einrede des eigenen Verschuldens sondern nur diejenige des eigenen Verursachens entgegengehalten werden könnte. Diese Fälle sind aber sehr selten, zumeist wird in der Handlungsweise des Gastes ein Verschulden zu finden sein. Dann aber ist § 254 verwendbar. Eine Anwendbarkeit ist auch im § 702 gegeben.

Einen besonders beachtenswerten Fall enthält der § 839. Hat ein Beamter einem Dritten gegenüber bei dem Urteil in einer Rechtssache seine Amtspflicht verletzt, so kann der Beamte unter den im § 839 Abs. 1 und 2 vorgesehenen Maßregeln ersatzpflichtig gemacht werden. Abs. 3 bestimmt aber, daß die Ersatzpflicht nicht eintreten soll, wenn der Verletzte vorsätzlich oder fahrlässig unterlassen hat, den Schaden durch Gebrauch eines Rechtsmittels abzuwenden. Ist dies der Fall, so fällt die Ersatzpflicht des Beamten fort, es bedarf keiner weiteren Abwägung, ob der Schaden vorwiegend vom Beamten oder vom Verletzten selbst verursacht worden ist. Es tritt diese Konsequenz auch dann also ein, wenn der Beamte vorsätzlich, der Verletzte nur fahrlässig gehandelt hat.[14]

[14] Andere wichtige, an die Bestimmung des § 889 sich anknüpfende Fragen

Es genügen diese wenigen Fälle, um zu zeigen, daß die Bestimmung des § 254 dort jedenfalls nicht angewandt werden kann, wo die Schadensfolge im Gesetz selbst ihren Ausdruck erhalten hat und demnach eine Abwägung der Verursachungen bezw. eine Beachtung des Grades des Verschuldens nicht Platz greifen kann.

§ 11. 2. In anderen Gesetzen.

Wenn es richtig ist, daß das Prinzip des § 254 einen Rechtssatz von allgemeiner Gültigkeit enthält, so wird seine Anwendbarkeit auch in anderen Gesetzen geboten und erforderlich sein. Denn überall wird sich hiernach der § 254 bewähren müssen, wo nicht gerade aus den besonderen Bestimmungen sich die Ausschließung ergibt, wie dies innerhalb des BGB. selbst der Fall ist. Wir werden in Kürze die wichtigsten hier in Frage stehenden Gesetze hervorheben.

I. Das Handelsgesetzbuch.

Ein doppelter Grund ist es, der uns zur Anwendbarkeit des § 254 im HGB. führt. Einmal bestimmt das Einführungsgesetz zum HGB. Art 2, daß die Vorschriften des BGB. insoweit in Handelssachen zur Anwendung kommen, als nicht im HGB. oder im Einführungsgesetz etwas anderes bestimmt ist. Über das konkurrierende Verschulden enthält das HGB. nur eine für das Seerecht wichtige Bestimmung, im übrigen bewendet es bei den allgemeinen Vorschriften. Sodann aber erwähnt das HGB. den § 254 selbst in indirekter Weise. Denn § 62 erklärt im Abs. 2 die Vorschriften der §§ 842 bis 846 BGB. für entsprechend anwendbar. Da nun im § 846 BGB. der § 254 direkt erwähnt wird, liegt in der entsprechenden Anwendbarkeit im § 62 eine indirekte Erwähnung. Damit ist aber dem § 254 auch im Handelsgesetzbuch ein weites Feld geöffnet.

Das Handelsgesetzbuch hat aber, wie bemerkt, im Seerecht Bestimmungen über das mitwirkende Verschulden, und zwar beim Zusammenstoß von Schiffen getroffen. Es sagt der § 735 Abs. 2 HGB., daß bei einem Zusammenstoß durch beiderseitiges Verschulden die Verpflichtung zum Ersatz sowie der Umfang des zu leistenden Ersatzes von den Umständen, insbesondere davon abhängt, inwieweit der Zusammenstoß vorwiegend von Personen der einen oder der anderen

---

müssen hier unerörtert bleiben; nur soviel sei bemerkt, daß unter „Rechtsmittel" nicht allein die im technischen Sinne sogenannten Rechtsmittel Revision, Berufung, Beschwerde zu verstehen sind, sondern im weiteren Sinne auch die sog. Rechtsbehelfe, wie Einspruch, Widerspruch und dgl.

Besatzung verursacht worden ist. Die Bestimmung ist offensichtlich dem § 254 nachgebildet, enthält aber die Abweichung, daß sie auch auf Seiten des schädigenden Teiles ein Verschulden voraussetzt. Infolgedessen ist aber die Schlußbestimmung völlig verfehlt, die auf das vorwiegende Verursachen den Nachdruck legt. Was soll hier noch das Zurückgehen auf das bloße Kausalverhältnis bedeuten, wo doch beide Teile ein Verschulden treffen soll. Im § 254 läßt sich dies noch rechtfertigen, weil der Schädiger nicht im Verschulden zu sein braucht; hier aber im § 735 HGB. ist eine Verwechselung oder Gleichstellung der Begriffe des Verursachens und des Verschuldens ein arger Mißgriff. Es hätte der § 735 Abs. 2 HGB. auf das überwiegende Verschulden den Nachdruck legen müssen.

Eine entsprechende Bestimmung über die Anwendbarkeit der §§ 734—739 HGB. betreffend den Zusammenstoß von Schiffen enthält das Binnenschiffahrtsgesetz § 92. Hier gilt also das zuletzt Ausgeführte ebenfalls.

II. Das Reichshaftpflichtgesetz.

Nach dem Reichshaftpflichtgesetze ist im § 1 eine Haftung der Eisenbahnen ohne Verschulden festgesetzt, die nur im Falle des eigenen Verschuldens des Beschädigten oder der höheren Gewalt zessiert. Das eigene Verschulden enthält hier dieselben Merkmale, die wir an ihm früher gefunden haben. Da nun § 1 des Haftpflichtgesetzes bei einem im Betriebe der Eisenbahn geschehenem Unfall von einem Verschulden der Eisenbahn absieht, es also bei der Kausalhaftung beläßt, so kommen hier die oben im § 8 (S. 59f.) festgestellten Regeln in Betracht. Dies gilt ganz besonders in dem Falle, wenn auch auf Seiten der Eisenbahn ein Verschulden vorliegt.[1] Damit ist aber dem Grundgedanken des § 254 genügt. Wenn man in den Kommissionsberatungen beim Art. 42 des Einführungsgesetzes Bedenken getragen hat[2] den § 254 für anwendbar zu erklären, weil der § 254 Abs. 2 eine Fürsorgepflicht normiere, welche bei dem Betriebe von Eisenbahnen keine Verwendung finden könne, und welche dem Sinne des § 1 des Haftpflichtgesetzes nicht entspräche, so ist dies nur in beschränktem Maße richtig, denn es ist kein Grund ersichtlich, aus dem man z. B. die im Abs. 2 auf-

---

[1] Vgl. Seuffert, Bd. XXXVII Nr. 219; Jur. Wochenschr. 1898 S. 227 Nr. 26. Vgl. ferner zahlreiche Entscheidungen in den Eisenbahnrechtlichen Entscheidungen und Abhandlungen von Eger, angeführt bei Eger, Komm. zum Haftpflichtges. § 1, RG. in der Deutschen Juristen-Zeitung 1903 S. 177 Nr. 32.

[2] Protokolle Bd. VI S. 595.

gestellte Minderungspflicht hier nicht gelten lassen will. Was den Abs. 1 anlangt, so ist es ohne weiteres klar, daß hier die Abwägung des vorwiegenden Verursachens und die Beachtung der verschiedenen Grade des Verschuldens angebracht erscheinen soll. Die Nichterwähnung des § 254 im Haftpflichtgesetz wird nicht imstande sein, die Anwendung des § 254 Abs. 1 auf dies Gesetz auszuschließen.[3] Wie bisher die Abwägung eingetreten ist, so wird es auch fernerhin geschehen und geschieht bereits in der Praxis der Gerichte.

Im Anschluß an diese Erörterungen über das Reichshaftpflichtgesetz mag bemerkt werden, daß die Bestimmungen des § 254 auch in einem künftigen Gesetz über die Haftpflicht der Kraftfahrzeuge Anwendung finden können. Der 26. deutsche Juristentag, welcher sich mit dieser Frage eingehend beschäftigt hat,[4] ist der Ansicht, daß die Haftpflicht der Kraftfahrzeuge nach dem Vorbilde der Haftpflicht der Eisenbahnen zu regeln sei. Demnach müßten die für das Reichshaftpflichtgesetz soeben angestellten Erwägungen auch hier Platz greifen.

III. Das Postgesetz.

Das Reichspostgesetz vom 28. Oktober 1871 bestimmte im § 6 „Die Verbindlichkeit der Postverwaltung zur Ersatzleistung bleibt ausgeschlossen, wenn der Verlust, die Beschädigung oder die verzögerte Beförderung oder Bestellung

a) durch eigene Fahrlässigkeit des Absenders herbeigeführt worden ist". Es kann hier auf das beim Haftpflichtgesetz Vorgebrachte verwiesen werden.

IV. Die Zivilprozeßordnung.

Über die Anwendbarkeit des § 254 im Gebiete der Zivilprozeßordnung hatte sich, als der Entwurf der Novelle veröffentlicht wurde, ein lebhafter Streit erhoben.[5] Es handelt sich hierbei um die §§ 302 Abs. 4, 600, 717 Abs. 2, 945. Es kann nicht unsere Aufgabe sein, hier auf die große Anzahl von Schwierigkeiten einzugehen, welche sich aus der Anwendung des § 254 ergeben können.[6] Wir werden uns damit begnügen müssen das wesentlichste hervorzuheben. Zunächst ist

[3] So v. Weinrich, Haftpflicht S. 151.

[4] Vgl. Verhandlungen des 26. Deutschen Juristentages Bd. 1 S. 27 (Gutachten von Hilse) bes. S. 44, Bd. III S. 163 ff., 596 f. (Verhandlungen)

[5] Vgl. Deutsche Juristen-Zeitung Bd. III (1898); das. Heinitz S. 54; Wach S. 66 f.; Staub S. 58; Neukamp S. 89 Anm. 1; Sievers S. 122.

[6] Vgl. darüber die eingehenden Ausführungen von Cohn S. 410—418. A. M. Kommissionsverhandlungen zur Civ.-Proz.-Nov. S. 174.

zu sagen, daß der Einwand aus dem § 254 nur in dem Stadium der Vollstreckung zur Anwendung gelangen kann, daß er daher keine Anwendung findet, wenn es sich um die Unterlassung von Verteidigungsmitteln handelt.[7] In welcher Weise der Schuldner hinsichtlich der durch die Vollstreckung eintretenden Schädigung mitwirken kann, ist eine rein tatsächliche Frage. Bei der Anlegung des Arrestes wird das mitwirkende Verschulden darin gesehen werden können, daß der Schuldner durch sein Verhalten Anlaß zum Ausbringen des Arrestes gegeben hat, es wird aber schließlich darauf hinauskommen, daß man abwägt, von welchem Teile der entstandene Schaden vorwiegend verursacht worden ist. Ein mitwirkendes Verschulden wird ferner darin zu finden sein, daß der Schuldner es unterlassen hat, den pfändenden Gläubiger auf die Gefahr des ungewöhnlich hohen Schadens aufmerksam zu machen, der ihm durch die Vollstreckung entstehen kann. Eine solche Unterlassung wird z. B. vorliegen wenn der Schuldner dem Gerichtsvollzieher über den Wert einer Kostbarkeit nicht aufklärt, falls dieser sie zu niedrig bewertet.[8] Auf Seiten des Gläubigers wird ein Verschulden nicht gefordert; darin besteht gerade die Abweichung der Zivilprozeßnovelle vom früheren Recht.[9] Es mag noch bemerkt werden, daß unter dem Gläubiger hier nicht stets der Kläger im Prozeß zu verstehen ist und unter dem Schuldner stets der Beklagte, sondern daß auch im Falle der Klageabweisung der Kläger als der Schadensersatzkläger fungieren kann, dem auch die Einwendungen aus § 254 entgegengehalten werden können.[10] Jedenfalls aber steht soviel fest, daß dem § 254 auch im Zivilprozeßrecht ein großes Anwendungsgebiet eröffnet wird.

V. Andere Reichsgesetze.

Dieselben haben das Prinzip des § 254 insoweit zur Anwendung zu bringen, als nicht in ihnen gerade die Folgen eines eigenen Verschuldens selbständig geregelt sind und die Grundgedanken des § 254 daher nicht in Frage kommen können. Von besonderer Wichtigkeit sind hier die Gesetze über die Unfallversicherung.

VI. Die Landesgesetze.

Nach Art. 55 des Einführungsgesetzes zum BGB. treten die privatrechtlichen Vorschriften der Landesgesetze insoweit außer Kraft,

---

[7] Wach, a. a. O. S. 67, Cohn S. 418.

[8] Cohn S. 416, 417.

[9] Vgl. Motive zur Civ.-Proz.-Nov. S. 146.

[10] RG. 49 S. 411.

als nicht im BGB. oder im EG. etwas anderes bestimmt ist. Soweit daher die Landesgesetzgebung Materien regeln kann, ist ihr auch gestattet, die Folgen des eigenen Verschuldens des Beschädigten so zu bestimmen, daß eine Anwendung des § 254 ausgeschlossen erscheint. Sie stehen daher in dieser Beziehung den unter V genannten Reichsgesetzen gleich. Ein derartiger Fall würde z. B. beim preuß. Berggesetz (Art. 67 EG. z. BGB.) §§ 148, 150 vorliegen. Anders verhält es sich z. B. bei den landesrechtlichen Vorschriften über Jagd und Fischerei (Art. 69 EG. z. BGB.), bei denen die Vorschriften des BGB. über den Wildschaden Anwendung finden müssen. Da bei dieser Vorschrift § 835 auch der § 254 Anwendung finden kann, so wird hier das Landesrecht trotz seiner selbständigen Regelung dieser Materien auf den § 254 Bezug nehmen müssen.

Von ganz erheblicher Bedeutung ist ferner das Gesinderecht. Hier ist die Behauptung von Cohn[11] nur teilweise richtig, daß nämlich der Art. 95 EG. z. BGB. trotz der Aufzählung einer Reihe von Paragraphen den § 254 nicht erwähne. Art. 95 Abs. 2 erklärt u. a. auch die §§ 617—619 BGB. für anwendbar; da nun im 618 eine Verweisung auf § 846 enthalten ist, dieser aber wiederum den § 254 erwähnt, so folgt hieraus ohne weiteres, daß der Gedanke des § 254 auch im Gesinderecht volle Verwertung finden muß.

Art. 105 EG. läßt die landesrechtlichen Vorschriften unberührt, nach welchen der Unternehmer eines Eisenbahnbetriebes oder eines ähnlichen Betriebes für den aus dem Betrieb entstehenden Schaden in weiterem Umfang als nach den Vorschriften des BGB. haftet. Hier die Anwendung des § 254 strikte auszuschließen, scheint uns nicht zutreffend. Es wird vielmehr dasselbe hier zutreffen, was wir beim Haftpflichtgesetz ausgeführt haben; so wird u. E. insbesondere eine Pflicht zur Abwendung und Minderung des Schadens bestehen.[12]

Im Art. 108 EG. scheint die Anwendung des § 254 ausgeschlossen, da es sich hier um eine Materie des öffentlichen Rechtes handelt.

Wir können uns der Ansicht nicht verschließen, daß für das Landesrecht bisweilen große Schwierigkeiten auf diesem Gebiete entstehen können; wir meinen aber, daß die Fragen der hier besprochenen Art im ganzen nicht einen unerfreulichen Rechtszustand zeitigen, weil Landesgesetze einer vergangenen Zeit ruinenhaft in ein Gesetzgebungswerk hineinragen, „das, von einem anderen Geiste beseelt, andere

[11] S. 426.

[12] A. M. Cohn S. 427.

Rechtsanschauungen zu Rechtssätzen verkörpert hat.“[13] Wir meinen vielmehr, daß die im BGB. getroffene Regelung dem Rechtszustande entspricht, wie er sich durch fortwährende Interpretation und Ausbildung durch den Gerichtsgebrauch den modernen Anschauungen entsprechend umgestaltet hat. Daher wird die Anwendung des § 254 nicht große Schwierigkeiten machen können, es erscheint die Bestimmung vielmehr als der Niederschlag der Anschauungen über die Verteilung der Schadensersatzpflicht, wie sie zur Zeit der Abfassung des BGB. sich gestaltet hatte.

V. Abschnitt.

§ 12. Die Haftung für Hilfspersonen im Bereiche des § 254 BGB.

Ist das Verschulden des Beschädigten, wie wir sahen, seinem Wesen nach von dem Verschulden gegen andere nicht verschieden, sondern hat es nur die Eigentümlichkeit, daß seine Wirkungen sich auf die eigene Rechtssphäre mit erstrecken, so kann es keinem Zweifel unterliegen, daß auch das Verschulden von Hilfspersonen, deren sich der Beschädigte bedienen kann, um seine Verpflichtungen zu erfüllen, letzterem in Anrechnung gebracht werden muß, falls er gegen den Schädiger Ansprüche erhebt. Die Haftung für fremdes Verschulden regelt § 278. Seine Vorschrift soll, wie § 254 Abs. 2 S. 2 besagt, entsprechende Anwendung für das Gebiet des mitwirkenden Verschuldens finden. Die Lösung der Frage, welche hier geregelt werden soll, ist aber bei weitem nicht so einfach, als der erste Anschein vermuten läßt.

Die Anwendung des § 278 soll nach dem Wortlaut des § 254 Abs. 2 S. 2 eine „entsprechende“ sein, d. h. also, die Bestimmung kann nicht ohne weiteres verwertet werden, sondern sie soll den Verhältnissen gemäß, d. h. sinngemäß verwandt werden. Die Berechtigung dieser „entsprechenden“ Ansicht leitet Planck[1] daraus ab, daß der Beschädigte nicht im Sinne des § 278 der Schuldner sei, eine sinngemäße Anwendung also nur zustande komme, wenn man statt des Wortes „Schuldner“ das Wort „Gläubiger“ oder „Beschädigter“ setze. Das mag richtig sein, ist aber keineswegs der einzige Grund. Ebenso berechtigt erscheint die Annahme von Nußbaum,[2] welcher im

---

[13] Cohn S. 427.

[1] Planck § 254 Ziff. 4.

[2] Nußbaum, Haftung für Hilfspersonen nach § 278 BGB. usw. S. 54 ff., S. 57.

§ 254 eine uneigentliche Verbindlichkeit annimmt, d. h. eine solche, die nicht in einer Verpflichtung zur Leistung, sondern in irgend etwas anderem besteht. Er meint, daß die „entsprechende“ Anwendung daher zu erklären sei, daß die Bestimmung des § 278 hier auf eine solche uneigentliche Verpflichtung angewandt werde. Wir glauben indes, daß die Anwendung außer aus diesen, auch aus ganz anderen viel tiefer liegenden und von dem Gesetze kaum bedachten Gründen, eine entsprechende genannt werden kann. Unsere Ansicht wird durch die weiteren Ausführungen begründet werden.

Die Stellung zunächst, welche die Anführung des § 278 im § 254 gefunden hat, hat zu Bedenken Anlaß gegeben. Da der § 278 im Abs. 2 des § 254 erwähnt wird, so hat man seine Anwendung allein auf diesen Absatz beschränkt und ihn im Abs. 1 nicht für verwendbar erklärt.[3] Ein Grund zu dieser Annahme liegt nicht vor. Wir halten daher § 278 auch für § 254 Abs. 1 anwendbar.

Was nun die entsprechende Anwendung des § 278 im § 254 Abs. 2 anlangt, so ist auch hier keineswegs alles zweifelsfrei. Zunächst begründet der § 278 die Haftung des Schuldners d. h. des Beschädigten für das Verschulden seines gesetzlichen Vertreters. Wer als solcher fungiert, bestimmt das Gesetz; es ist z. B. der Inhaber der elterlichen Gewalt (§§ 1626 ff.), der Vormund §§ 1773, 1896, der Pfleger § 1909, der Vorstand eines rechtsfähigen Vereines § 26 Abs. 2 u. s. w. Die Vertretung muß nur denjenigen Teil der Vermögens umfassen, zu welchem die Verbindlichkeit, deren Erfüllung in Frage steht, gehört.[4] Vorausgesetzt ist für die Anwendung des § 278 überhaupt ein bestehendes Schuldverhältnis.[5] Dies gilt auch für die zweite Kategorie von Personen, deren sich der Schuldner, zur Erfüllung seiner Verbindlichkeiten bedienen kann, die sog. Hilfspersonen. Wer als solche im Einzelfalle zu betrachten ist, kann sich nur aus dem der Beziehung des Schuldners zu derselben zu Grunde liegenden Rechtsverhältnis ergeben. Es ist gleich, ob die Hilfsperson ein An-

---

[3] Planck § 254 Ziff. 4, Endemann S. 600, Cohn S. 218; anscheinend auch Dernburg Bd. II Abt. 1 S. 77. Rechtsprechung d. OLG. II S. 456 nnd darüber Rospatt in „Das Recht“ 1902 S. 96. Vgl. v. Leyden S. 79 f.

[4] Planck § 278 Ziff. 1; vgl. Cohn S. 126.

[5] Dernburg, a. a. O. S. 145, Planck § 278 Ziff. 2 (Bd. II S. 52) Endemann S. 499, v. Liszt, Deliktsobl. S. 105.

gestellter des Beschädigten ist oder nicht; einzelne Erörterungen würden zu weit führen.[6]

Der § 278 bestimmt, daß sich der Schuldner, d. i. der Beschädigte dieser Personen zur Erfüllung seiner Verbindlichkeiten bedient haben müsse. In dem vorausgesetzten bestehenden Schuldverhältnis muß das Verschulden liegen. Dabei ergibt sich aber für uns folgendes.

1. Der Beschädigte muß sich des Gehilfen bedient haben; dabei ist vorausgesetzt, daß er sich desselben auch bedienen durfte, denn anderenfalls ist schon der Umstand, daß er eine Hilfsperson verwandte, ihm als sein Verschulden zuzurechnen.[7]

2. Der Beschädigte muß sich des Gehilfen zur Erfüllung seiner Verbindlichkeit bedient haben. Daraus folgt dann, daß ein Verschulden des Gehilfen nur dann vertreten wird, wenn es bei der Erfüllungshandlung selbst begangen wird, wobei nicht erfordert ist, daß es auch an den Gegenständen der Erfüllung geschah.[8] Das Verschulden des Gehilfen hingegen bei Gelegenheit der Erfüllung fällt nicht in den Bereich des § 278,[9] es ist der Geschädigte also nicht haftbar; auch für das Verschulden ist er nicht haftbar, welches eine Hilfsperson in Vorbereitung einer Erfüllungshandlung begeht.[10] Dagegen kann sich der Beschädigte im Rahmen des § 278 nicht durch die Einrede der custodia in eligendo befreien, sondern auch diese läßt seine Haftung weiter bestehen.

Es sind dies im allgemeinen die Grenzen, in denen der Beschädigte das Verschulden seines Gehilfen zu vertreten hat. Es läßt sich, wie bereits erwähnt, eine Abgrenzung für die Einzelfälle nicht geben, die Anwendung und Voraussetzung des § 278 muß von Fall zu Fall geprüft werden. Die Anwendung im § 254 Abs. 2 führt nun zu weiteren Konsequenzen, welche recht erheblich werden können. Wir hatten bereits Gelegenheit zu betonen, daß der § 278 nur Anwendung findet innerhalb bestehender Schuldverhältnisse und zwar bei der Erfüllung von Verbindlichkeiten. Die letzteren sind im § 254 Abs. 2 abgegrenzt; es sind die Verbindlichkeiten oder besser die Für-

---

[6] Vgl. Dernburg S. 146, Planck a. a. O. § 248 Ziff. 2, auch Cohn S. 125, dessen Ausführungen indes nicht ganz zweifelsfrei sind; auch Nußbaum S. 65 ff.

[7] So mit Recht Planck § 278 Ziff. 2.

[8] Staub, Exkurs zu § 58 Anm, 29.

[9] Staub, a. a. O.; Dernburg, a. a. O. A. M. v. Liszt, a. a. O. S. 104 Anm.

[10] Dernburg S. 165.

sorgepflichten auf die Gefahr eines ungewöhnlich hohen Schadens aufmerksam zu machen, den Schaden abzuwenden oder zu mindern. Soweit also eine dieser Verbindlichkeiten in Frage steht, kann § 278 zur Anwendung kommen. Jene Verbindlichkeiten aber können, wie wir an anderer Stelle ausgeführt haben, sowohl innerhalb von Schuldverhältnissen dem anderen Teil gegenüber als auch außerhalb derselben, also bei außervertraglichen, deliktischen Verletzungen gegenüber dem Schädiger vorliegen. Die Verpflichtungen des § 254 Abs. 2 bestehen nur soweit, als Treu und Glauben den Beschädigten zur Vornahme der daselbst vorgesehenen Handlungen verbinden. Das erste von Planck § 254 Ziff. 3 gegebene Beispiel wäre also richtig, daß der Beschädigte das Verschulden des von ihm mit der Vornahme eines Rechtsgeschäfts Beauftragten zu vertreten habe, wenn dieser es unterläßt den Schuldner auf die Gefahr eines ungewöhnlich hohen Schadens aufmerksam zu machen. Besteht keine Verbindlichkeit des Beschädigten, so tritt, wie sich von selbst versteht, auch die Anwendung des § 278 außer Kraft.[11]

Das zweite Beispiel dagegen erscheint nicht richtig begründet. Es soll der Beschädigte für den bei einer Körperverletzung zugezogenen Arzt haften, welcher es schuldhaft verabsäumt hat, die zur Heilung erforderlichen Mittel anzuwenden. Die Verwertung des § 278, die hier stillschweigend vorausgesetzt wird, erscheint uns nicht frei von Bedenken. Die Verpflichtungen des § 254 Abs. 2 bestehen bei vertraglichen und bei außervertraglichen Verhältnissen gleicherweise; es ist also der Verletzte verpflichtet, den ihm durch unerlaubte Handlung, etwa eine Körperverletzung, zugefügten Schaden zu mindern. Die Verpflichtung zur Minderung des Schadens ist eine Verbindlichkeit im Sinne des § 278. Es kommt nicht darauf an, ob sie aus einem Vertragsverhältnis oder einem Delikte entspringt. Sie ist daher eine einheitlich festgestellte Verbindlichkeit. Daraus folgt dann, daß im Falle des § 254 Abs. 2 der § 278 auch dann entsprechende Anwendung finden kann, wenn das der Verbindlichkeit zu Grunde liegende Rechtsverhältnis ein außerkontraktliches war. Verschieden ist im einzelnen Falle, was zur Erfüllung der Verbindlichkeit gehört, und inwieweit daher der Beschädigte „bei“ der Erfüllung für das Verschulden seiner Hilfspersonen haftet. Der Umfang und der Inhalt der Erfüllungshandlung kann ein größerer oder kleinerer, engerer oder

[11] RG. in der Deutschen Juristen-Zeitung 1903, S. 105 Nr. 20.

weiterer sein. Besteht die Verbindlichkeit in einer Minderung des Schadens, so kann die Verpflichtung des Beschädigten erst erfüllt sein, wenn tatsächlich der eingetretene Schaden verringert, vermindert ist, sie kann aber ebenso gut dadurch bereits erfüllt sein, daß der Beschädigte dasjenige getan hat, was zur Minderung erforderlich ist. Das Verschulden des Beschädigten bei Minderung des Schadens ist also verschieden. Da nun der Grundgedanke des § 278 der ist, daß der Schuldner, im § 254 Abs. 2 also der Beschädigte, soweit für seine Gehilfen einstehen soll, als er selbst haften würde, so wird dem Anwendungsgebiet des § 278 eine engere oder weitere Grenze gezogen werden müssen, je nachdem man dem Beschädigten eine geringere oder größere Haftung auferlegt. In unserem Falle mit dem Arzte hat der Beschädigte, wie wir meinen, seiner Verpflichtung zur Minderung des Schadens dadurch Genüge geleistet, daß er einen approbierten Arzt hinzuzog. Hätte der Beschädigte sich beispielsweise an einen Kurpfuscher gewandt, so würde er dann allerdings für den von diesem angerichteten Schaden haftbar sein. Er hätte seiner Verbindlichkeit nicht Genüge getan. Wir gelangen somit zu einem annehmbaren Resultate. Erst die richtige Prüfung der Verbindlichkeiten, die § 254 Abs. 2 aufstellt, kann uns zeigen, wie weit § 278 verwandt werden darf.

Der Grund für unsere oben aufgestellte Behauptung, daß der Beschädigte nicht für die Kunstfehler des Arztes haftet, sondern, daß er durch Zuziehung eines Arztes seine Verpflichtung erfüllt, liegt darin, daß dem Verletzten die Handlungen nicht zugerechnet werden können, welche ein Sachkundiger auf Grund seiner Erfahrung vornimmt.[12] Der Kunstfehler, den der Arzt begeht, ist im Verhältnis zum Beschädigten ein außerkontraktliches Verhalten. Hier hört das Gebiet des § 278 auf und beginnt dasjenige des § 831. Diese Bestimmung erfordert aber ganz andere Voraussetzungen.

Es bleiben noch einige wenige Fragen, welche hier hervorzuheben sind, übrig. Dahin gehört in erster Reihe die, in welcher Weise sich ein Schuldausschließungsgrund in der Person des Gehilfen für den § 254 Abs. 2 von Bedeutung erzeigen kann. Die §§ 827, 828 müssen auch für den § 278 in Frage kommen, da sie wegen ihrer Aufnahme in den § 276 auch für die vertraglichen Verhältnisse gelten. Handelt die Hilfsperson, zunächst im Rahmen des § 278, unter einer

[12] Vgl. Laß-Maier S. 72 Anm. 46.

der im § 827 S. 1 gegebenen Voraussetzungen, so ist sie nicht verantwortlich, denn sie trifft kein Verschulden; im Falle des § 827 S. 2 ist sie verantwortlich, ausgenommen der Fall des Schlußsatzes. Hier wird im allgemeinen zu sagen sein, daß der Beschädigte sich ohne weiteres auf Umstände nicht berufen kann, die eine Schuldausschließung in der Person des Gehilfen begründen; er könnte leicht dadurch sich von der Einrede des eigenen Verschuldens befreien; er muß dartun, daß er nicht im Verschulden ist, nur dann wird auch ihn die Verpflichtung des § 254 Abs. 2 nicht treffen.[13] Anzuknüpfen wäre hier gleich die Frage, wie es sich verhält, wenn nach § 278 S. 2 die Haftung des Beschädigten für den Vorsatz der Hilfsperson ausgeschlossen ist. In diesem Falle wird u. E. allerdings der Ausschluß der Haftung für Vorsatz auch dem Beschädigten selbst gegenüber nicht zu einer Geltendmachung eigenen Verschuldens führen. War doch der andere Teil mit jenem Ausschluß einverstanden!

In dem Falle des § 831 kommen wir zu einem ähnlichen Ergebnis. Hier hat der Beschädigte für die Widerrechtlichkeit der Handlung des Gehilfen einzustehen. Dies ist aber, wie bereits betont, nur das objektive Moment; ein Verschulden braucht nicht vorzuliegen; also haftet der Beschädigte auch für die Tat eines Geisteskranken. Hier kann er sich entsprechend dem für § 278 ausgeführten nur damit entschuldigen, daß er bei der Auswahl des Gehilfen es nicht an der nötigen Sorgfalt hat fehlen lassen. Nur dann ist er frei.

Besondere Bedeutung verdient angesichts des § 254 Abs. 2 die Frage, wieweit der Grad des Verschuldens des Gehilfen dem Beschädigten anzurechnen ist. Danach § 278 der Beschädigte für das Verschulden seines Gehilfen, wie für eigenes Verschulden einzustehen hat, wird zu folgern sein, daß auch der Grad des Verschuldens des Gehilfen ihm zuzurechnen ist, so daß also grobe Fahrlässigkeit der Hilfsperson gegenüber leichtem Verschulden des anderen Teils zur Abweisung des Anspruchs führen müßte.

Schließlich kann auch die Frage nicht unerörtert bleiben, ob der § 831 nicht auch für den Fall des § 254 Abs. 1 zur Anwendung gelangen kann. Da sich § 831 nicht auf ein Vertragsverhältnis gründet, ist jeder vom Gehilfen in Ausführung der Verrichtung außervertraglich verursachte Schaden vom Beschädigten wie ein eigener zu

[13] Vgl. auch Cohn S. 126 f.

vertreten. Daher wird die Anwendbarkeit des § 831 für den § 254 Abs. 1 anzunehmen sein.[14]

VI. Abschnitt.

§ 13. Zivilprozessuale Fragen.

Alles, was wir bisher über das eigene Verschulden des Beschädigten gesagt haben, diente dazu, die materiell rechtlichen Grundlagen aufzudecken und die Folgerungen zu ziehen. Aber wie alle Rechtssätze, so erhalten auch die von uns aufgestellten ihre erhöhte Bedeutung erst dann, wenn die Geltendmachung im Rechtsstreite erfolgen soll, wenn es sich darum handelt, mit den Sätzen, die wir erhalten haben, einen praktischen Erfolg zu erringen, sei es für den Kläger, sei es für den Beklagten. Die Wahrheit eines Rechtssatzes bewährt sich erst im Streite um das Recht.

Wir haben mit dem Sprachgebrauch der Juristen während unserer Ausführungen des öfteren Gelegenheit gehabt, den Ausdruck „Einwand des eigenen Verschuldens" zu verwenden. Es bedarf keiner weiteren Erörterung, daß dieser Einwand eben ein Verteidigungsmittel des Beklagten oder derjenigen Person ist, welche ihn geltend macht. Es ist eine alte Streitfrage, welche Bewandtnis es mit diesen Verteidigungsmitteln, den Exceptionen der Römer, hat; besonders für das BGB. ist man sich noch nicht einig darüber, welche Bedeutung der Einwand hat. Man stellt der „Einrede" des BGB. die Einrede der Zivilprozeßordnung entgegen und begreift unter der letzteren auch die Einwendungen des Bürgerlichen Rechtes. Das BGB. kennt beide Bezeichnungen.[1] Wir können auf diesen Streit hier nicht eingehen, da eine Erörterung hierüber einen Umfang wie die vorliegende Schrift zum mindesten erreichen dürfte, sondern müssen uns beschränken, unsere Ansichten in Kürze darzulegen.

Die Einreden des BGB. sind Gegenrechte,[2] es sind, wie die Motive zum ersten Entwurf sich ausdrücken,[3] „solche Umstände, welche die Befugnis gewähren, die Befriedigung eines Anspruchs verweigern

[14] Dies erkennt das OLG. Hamburg an; Rechtsprechung der OLG. II S. 456; vgl. dazu Rospatt in „Das Recht 1902 S. 96.

[1] Vgl. die Zusammenstellung in dem von Jatzow bearbeiteten Register zum Planckschen Kommentar S. 83 und 84 unter „Einrede" und „Einwendung".

[2] Planck, Allgem. Teil, Vorbemerkungen Bd. I S. 49.

[3] Motive I S. 359.

zu dürfen, obwohl der Anspruch an und für sich besteht." Diesen Einreden treten Einwendungen gegenüber, unter denen eine ganz besondere Stellung die sog. rechtshindernden und rechtsvernichtenden Tatsachen einnehmen. Diese entziehen, wie sich die Motive an der oben erwähnten Stelle ausdrücken, „mit und durch ihren Eintritt dem Rechte seinen Bestand; gegen ein nicht oder nicht mehr vorhandenes Recht bedarf es materiell keiner Verteidigung." Die Richtigkeit dieser Ausführungen im einzelnen lassen wir dahingestellt; wir wollen uns dem eigenen Verschulden des Beschädigten wieder zuwenden.

Hier sagt das Gesetz, die Verpflichtung zum Ersatz hängt von den Umständen ab. Damit ist zum Ausdruck gebracht, daß es sich beim eigenen Verschulden nicht um ein Einrederecht handeln kann. Denn nicht ein Leistungsverweigerungsrecht wird dem Schädiger gegeben. Es hört vielmehr für ihn die Verpflichtung zum Ersatze auf, sobald sich der Beschädigte im eigenen Verschulden befindet. Es wird damit dem Rechte der Bestand entzogen, der Beschädigte kann seine Ansprüche nicht mehr geltend machen. Das eigene Verschulden stellt sich sonach als eine rechtshindernde Tatsache und nicht als Einrede im Sinne des BGB. dar.

Es darf aus den bisherigen Ausführungen nun aber nicht gefolgert werden, daß der Eintritt des eigenen Verschuldens den Anspruch des Beschädigten in vollem Umfange aufhebt. Nicht nur, wie oben gesagt, sobald ein eigenes Verschulden eintritt, sondern, wie hier hinzugefügt werden muß, auch soweit das eigene Verschulden eintritt, hebt es das entstandene Recht auf Schadensersatz auf. Es muß also das Maß des eigenen Verschuldens festgestellt und das letztere dem Verschulden des Schädigers entgegengestellt werden. Soweit dann der Erfolg als Folge des eigenen Verschuldens erscheint, hindert es den Anspruch, es wirkt als sog. rechtshindernde Tatsache.

Es fragt sich nunmehr, wen die Beweislast des eigenen Verschuldens trifft. Da es eine rechtshindernde Tatsache ist, so muß es derjenige beweisen, der es vorschützt.[4]

Es ist behauptet worden,[5] daß sich die Einrede des eigenen Verschuldens im BGB. als eine Unterart der exceptio doli generalis darstelle. Im früheren Recht hatte diese Einrede schließlich die Be-

[4] v. Leyden, S. 82 f., der das eigene Verschulden aber als rechtsvernichtende Tatsache auffaßt.

[5] So Schollmeyer § 254 Ziff. 6b.

deutung eines Schutzes gegen ein Klagebegehren, dessen Geltendmachung zwar gesetzlich begründet erschien, „dessen Erfüllung aber eine offenbare Unbilligkeit in sich schließen würde."[6] Den gleichen Erfolg erreicht das BGB. auch, ohne indes das Institut der exceptio doli generalis aufgenommen zu haben. Sie gilt nicht, wie Eck meinte,[7] „ohne positive Anerkennung, gleichsam von Gottes Gnaden;" sie kann vielmehr nur kraft besonderer Vorschrift gelten.[8] Den gleichen Zweck wie die exceptio doli generalis, erreicht das BGB. durch Aufstellung von Vorschriften über Treu und Glauben, wenngleich beides zu scheiden ist.[9] Im § 254 Abs. 2 sind besondere Pflichten aufgestellt, die auf jenem Grundsatz von Treu und Glauben beruhen. Ein Verstoß gegen diese Pflichten ist also ein Verstoß gegen Treu und Glauben und legt dem Beschädigten die Ersatzpflicht ganz oder zum Teil auf.[10] Die Bestimmung des § 254 ist also ein Äquivalent der exceptio doli generalis, aber keine Unterart derselben, wie Schollmeyer unzutreffend meint.[11] Die Bestimmungen des § 254 sind in hervorragendem Maße dazu angetan, eine ausgleichende Gerechtigkeit zu üben, das richterliche Ermessen erhält hier freiesten Spielraum, um im höchsten Maße die Ziele des Rechtes zu verwirklichen.

---

[6] RG. in Jur. Wochenschr. 1898 S. 425.[28]

[7] Eck, in der Guttentagschen Sammlung von Vorträgen über den Entwurf Heft 1, Allgem. Teil S. 49.

[8] Gl. A. Hachenburg, Vorträge S. 9; Endemann S. 810 Anm. 16; Ramdohr „Rechtsmißbrauch" bei Gruchot Bd. XXXXVI S. 577 ff., bes. S. 600 Anm. 21.

[9] Hachenburg S. 10; Romdohr a. a. O.

[10] RG. 52 S. 351.

[11] zu § 254.

Thesen.

1. Die Kurpfuscherei wird durch ein besonderes Gesetz zweckmäßig nicht bekämpft werden können.

2. Die Verletzung obligatorischer Rechte fällt unter § 823 B.G.B.

3. Das Bürgerliche Gesetzbuch hat die Novation nicht beseitigt.

4. Die Gerade des Sachsenspiegels ist eine Institution mit vorwiegend erbrechtlichem Charakter.

5. Durch ein subsequens matrimonium putativum werden nach kanonischem Recht die vor der Ehe geborenen Kinder legitimiert.

Lebenslauf.

Verfasser der vorstehenden Arbeit wurde am 15. März 1878 zu Berlin als Sohn des damaligen Kaufmanns, jetzigen Direktors des Deutschen Kreditoren-Verbandes, Max Gottschalk, und seiner Ehefrau Adele geb. Bloch aus Prag geboren. Verfasser ist mosaischer Religion. Vom Oktober 1884 bis Oktober 1887 besuchte er die Vorschule des hiesigen Falk-Real-Gymnasiums, von Oktober 1887 an das hiesige Königl. Wilhelms-Gymnasium, das er im September 1896 mit dem Zeugnis der Reife verließ, um sich dem Studium der Rechtswissenschaft zu widmen. Verfasser studierte, mit Ausnahme des Sommersemesters 1897, in welchem er in Freiburg i. B. studierte, bis zum Sommer 1899 in Berlin. Er hörte die Vorlesungen und Seminarien folgender Professoren und Dozenten: Berner, Brunner, Crome, Dambach (†), Dernburg, Eck (†), Gierke, Heilborn, Herrmann, Heymann, Hübler, Jacobi (†), Kahl, Kohler, Mendel, Oertmann, Pernice (†), Rümelin, E. Schmidt, Seckel, Straßmann, Stutz, Wagner, v. Wilamowitz-Möllendorf. Am 19. Januar 1900 bestand Verfasser das Referendarexamen am Kgl. Kammergericht und steht seit dieser Zeit im Vorbereitungsdienste. Vom 1. Oktober 1900 bis 1. Oktober 1901 genügte Verfasser seiner Militärpflicht. Am 10. März 1903 bestand er die mündliche Doktorprüfung vor der juristischen Fakultät der hiesigen Friedrich Wilhelms-Universität mit dem Prädikat cum laude.

Allen seinen ehemaligen Lehrern, wie auch insbesondere Herrn Geh. Justizrat Prof. Hellwig für die Liebenswürdigkeit, mit der er sich vorliegender Arbeit angenommen hat, spricht Verfasser an dieser Stelle seinen ehrerbietigen Dank aus.

Druck von A. W. Hayn's Erben, Berlin und Potsdam.

MIX
Papier | Fördert gute Waldnutzung
FSC® C083411

Kolibri 360 GmbH
Ferdinand-Jühlke-Straße 7
99095 Erfurt, Deutschland
produktsicherheit@kolibri360.de